Hartmut Wilhelm

Mit Wohnwagen oder Wohnmobil durch die Normandie

Die Anleitung für einen Erlebnisurlaub

für Richard Schwegler

Verlag Roth - Schulz
D-74336 Brackenheim

Die Deutsche Bibliothek – CIP-Einheitsaufnahme

Wilhelm, Hartmut:
Mit Wohnwagen oder Wohnmobil durch die Normandie : die Anleitung für einen Erlebnisurlaub / Hartmut Wilhelm. - 1. Aufl. - Brackenheim : WOMO-Verl. Roth-Schulz, 1994
(Womo-Reihe ; Bd. 17)
ISBN 3-928840-17-7
NE: GT

Das soll der Autor sein, der da abhaut?! Aber gewiß doch!!

Titelbild: Château Gaillard über der Seine

1. Auflage 1994
Druck: Wilhelm Röck GmbH, 74189 Weinsberg
Vertrieb: GeoCenter, 70565 Stuttgart
Herausgeber: WOMO-Verlag Roth-Schulz
Hornstraße 4, 74336 Brackenheim
Tel. 07135/14553 * Fax 07135/14652

ISBN 3-928840-17-7

Die Normannen kommen..

gewiß nicht. Doch vor 1200 Jahren war dies ein Schreckensruf an den Küsten Europas und an den Ufern der großen Flüsse des Kontinents nicht minder. Diese Nordmannen, Dänen oder Norweger sind längst friedlich geworden und freuen sich auf jeden Besucher, der Geld bringt. Das ist weit gemütlicher als im frühen Mittelalter, als die kühnen Recken auf Nußschalen von Schiffen steigen mußten, um an die Schätze Europas zu kommen.

Doch sie kamen nicht nur, sie blieben auch. Sie blieben in der Normandie, die ihren Namen bekommen hat. Diese Region Frankreichs ist nicht arm aber auch nicht das Gegenteil. Die Menschen in der Landwirtschaft, die Fischer der Küsten mußten hart arbeiten, um nur leben zu können. Und sie tun es noch.

Liebe Leserin, lieber Leser,

Einen wichtigen Teil der Einkommen bringen Sie, die Besucher.

Die Normannen bieten sehr viel dafür: Wilde Küstenfelsen, Meeresbrandung mit dem Tempo eines schnellen Pferdes, moderne Städte, zahlreiche Wanderwege, eine vielfältige Gastronomie, nicht allein Calvados und noch vieles mehr.

Die jüngste Geschichte, die Invasion 1944, hinterließ zahlreiche Soldatenfriedhöfe. Junggefallene deutsche, britische, US-amerikanische, kanadische Soldaten ruhen dort in normannischer Erde. Wir sollten auch daran denken in der Normandie.

Also, wenn schon die Normannen nicht mehr kommen, gehen wir in

die Normandie

in die Wälder, an die Seen, an die Steilküsten...

Februar 1994

Erlenweg 6
D 74348 LAUFFEN

Papaaaaa,
wo liegt denn die Normandie?

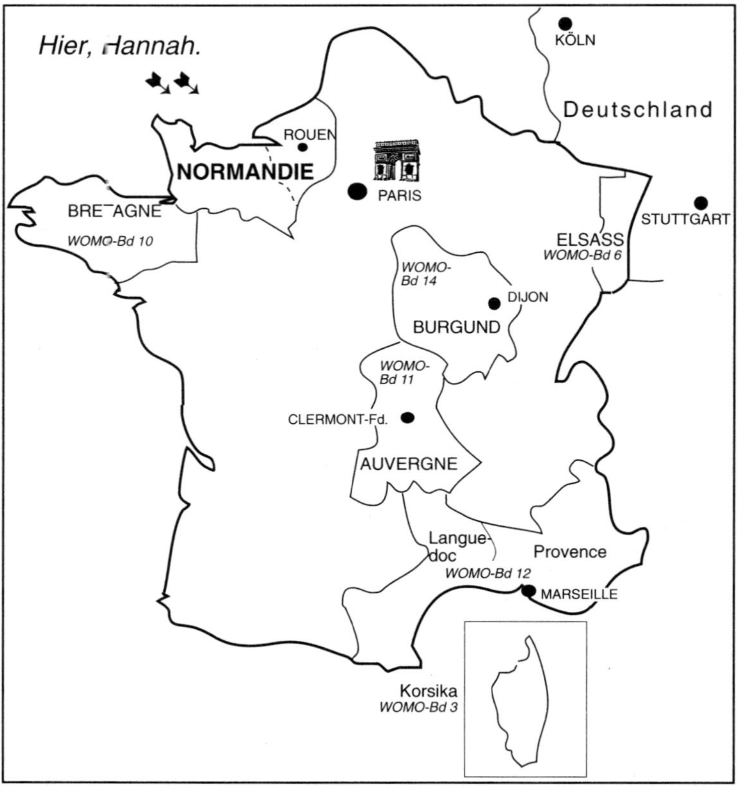

.... Normandie

Vorspiel

Anreise — 6
Normandie heute — 10
Normandie früher — 12
Camping — 9
Gesundheitstee und anderes Gesöff — 13
Gezeiten — 14
Naturparks — 15
Verkehr — 16
Zahlemann/frau & Söhne/Töchter — 18

Besser einmal sehen als zehnmal hören, darum

14 Tagesfahrten durch die Normandie

Übersicht — 241
1. Tag: Andelys, Forges-les-Eaux, Dieppe — 20
   Die Latrine entscheidet den Krieg
2. Tag: Dieppe, St.-Valéry, Fécamp, Êtretat — 38
   Fischer, Maler, Dichter
3. Tag: Êtretat, Le Havre, Jumièges — 54
   Der Normanne wird gezähmt
4. Tag: Jumièges, Rouen — 66
   Das Ende der Jungfrau, die Geburt der Heiligen
5. Tag: Rouen, Vimoutiers, Lisieux — 76
   Der Tiger rollt nach Norden
6. Tag: Lisieux, Honfleur, Deauville, Caen — 92
   Luxusstege und Atlantikwall
7. Tag: Caen, Carentan, Barfleur — 110
   Sümpfe und Gespenster
8. Tag: Barfleur, Cherbourg, Barneville-Carteret — 126
   Atomare Entsorgung am Cap
9. Tag: Barneville-Carteret, Coutances, Avranches — 134
   Bocage, Gestrüpp, steiler Strand
10. Tag: Avranches; Mont-St.-Michel, Domfront — 148
   Fremde Söhne in Frankreichs Erde
11. Tag: Domfront, Flers, Falaise — 162
   Weiße Schenkel, heiße Blicke
12. Tag: Falaise, Argentan, Sées — 176
   Das Glück dieser Erde liegt auf dem Rücken der Pferde
13. Tag: Sées, Alençon, Verneuil-sur-Avre — 186
   Der Freund will sie nackt
14. Tag: Verneuil-sur-Avre, Dreux, Évreux — 200

und daß auch alles klappt, gibt's

Tips/Hinweise — 212
Stichworte — 237

ANREISE

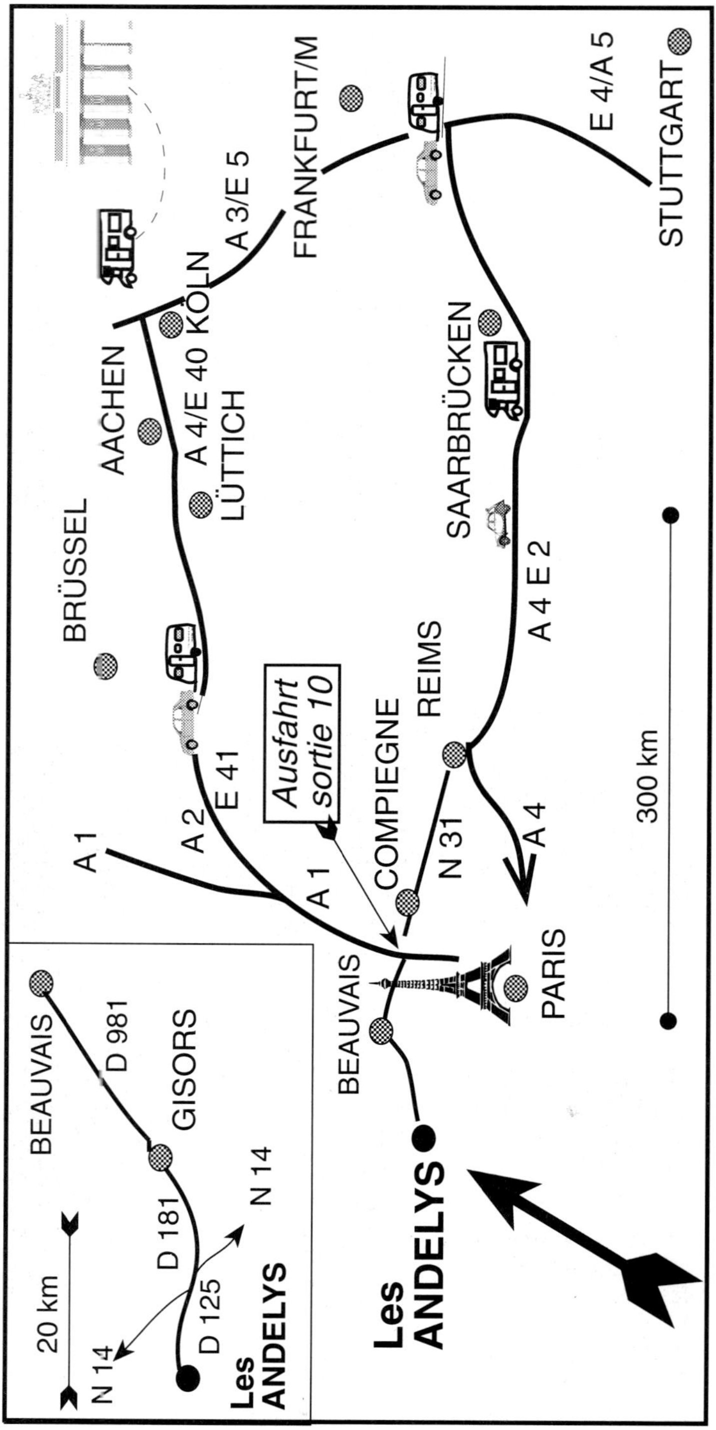
FRANKFURT/M
E 4/A 5
STUTTGART
A 3/E 5
KÖLN
A 4/E 40
AACHEN
LÜTTICH
SAARBRÜCKEN
BRÜSSEL
A 4 E 2
REIMS
Ausfahrt
sortie 10
COMPIEGNE
A 2
E 41
A 1
A 1
N 31
A 4
300 km
BEAUVAIS
PARIS
Les
ANDELYS
BEAUVAIS
D 981
GISORS
D 181
N 14
D 125
20 km
N 14
Les
ANDELYS

Compiègne: In diesem Eisenbahngefährt wurde zweimal ein Waffenstillstand unterzeichnet, nach 4 Jahren Krieg 1918 und nach 6 Wochen Kampfhandlungen 1940.

Mautstelle auf der Strecke SAARBRÜCKEN - PARIS

RÜCKREISE

Von ÉVREUX Rtg ROUEN/PARIS/A 13 auf der N 13. Über PACY-sur-Eure. Autobahnauffahrt Nr. 15. In PARIS: Périphérique Sud, Rtg METZ. Oder:

Abstecher bei Rommel's Hauptquartier

Nach la ROCHE-GUYON. N 13 Rtg BENNECOURT. Dort auf die D 100 längs der Seine an den Kreidefelsen vorbei nach La ROCHE-GUYON. Dort steht ein Schloß. Das Schloß der Herzöge von la Rochefoucauld. In dem Schloß hatte Rommel 1944 sein Hauptquartier. Genauer: Es lag hier der Gefechsstand der Heeresgruppe B.

Weiter Rtg MEULAN/D 913, dann DREUX/MANTES/LIMAY/ D 983 zur Autobahn A 13-E 5 Auffahrt 12. Durch PARIS s. oben.

Château La Roche-Guyon

Vor Nachtfahrten wird gewarnt. Nachts gibt es nur 20% des Tagesverkehrs, aber 47% der Verkehrstoten und 32% der Verletzten haben ihre Ursachen in nächtlichen Unfällen.

CAMPING in der Normandie

Frankreich ist das Land der Campingfreunde und der **Campingplätze.** Fast jede Gemeinde hat einen Platz eingerichtet und betreibt ihn zum Selbstkostenpreis. Die Preise der Übernachtungen bewegen sich bei einem Gemeindecampingplatz (camping municipal) zwischen 10.- und 15.- DM für eine Familie von 4 Personen pro Nacht. Das sind pro Urlaubs-Woche 100.- DM.

Die von den Départements eingerichteten **PAJ-Plätze** (**p**oints d'**a**ccueil **j**eunes) sind für Jugendliche und Jugendgruppen reserviert.

Die **Camping-Plätze** in der Normandie erlauben eine **nahezu unbegrenzte Beweglichkeit.** In der unmittelbaren Umgebung sind meist Einkaufsmöglichkeiten für Lebensmittel und Haushaltswaren, teils auch Restaurants.

Die Sanitäranlagen sind einfach bis gut. Campingplätze mit 3 u. 4 Sternen bieten Komfort, sind jedoch durch Vorbestellung häufig von Ende Juli bis Mitte August belegt (vor allem an den berühmten Stränden).

Grundsätzlich soll man bis zum Spätnachmittag auf dem Campingplatz eintreffen. Da ist die Auswahl der Stellplätze am größten.

Die Campingplätze werden von der Präfektur überwacht. Die Präfekturen setzen die Zahl der Qualitätssterne fest.

Das freie Camping ist in Frankreich nicht gestattet. Das bedeutet nicht, daß es nicht geschieht. In den Naturparks, in der Nähe von Waldgebieten und im Wald jedoch wird dieses Verbot durch die Polizei sehr ernstgenommen. **Übernachtungen** an den häufig anzutreffenden **plans d'eau** (See mit Freizeitgelände) sind **möglich.** (Einzahl: plan d'eau)

Mal was anderes ist das **Camping auf dem Bauernhof,** camping à la ferme. Billiger ist es dort nicht. Nur die Umstände sind individueller, vielleicht erlesener. Einige Bauersleut haben über Jahre ihre Stammgäste. Da mancher frz. Landwirt mit Subventionen auf gerade 1.000.- DM mtl. kommt, ist ein solches Zubrot nicht unerwünscht.

Gemeindecamping und Camping auf dem Bauernhof sind mit Bargeld zu bezahlen. Die gewerblichen Drei- und Viersterner akzeptieren Kreditkarten.

Empfehlenswert sind die kostenlosen, - auch **deutschsprachigen - Prospekte „Normandie campings“,** auch für jedes Département wie "Calvados campings" etc, erhältlich bei jedem Office du Tourisme. Sie enthalten ein genaues, aktuelles Verzeichnis mit allen notwendigen Angaben und eine Karte.

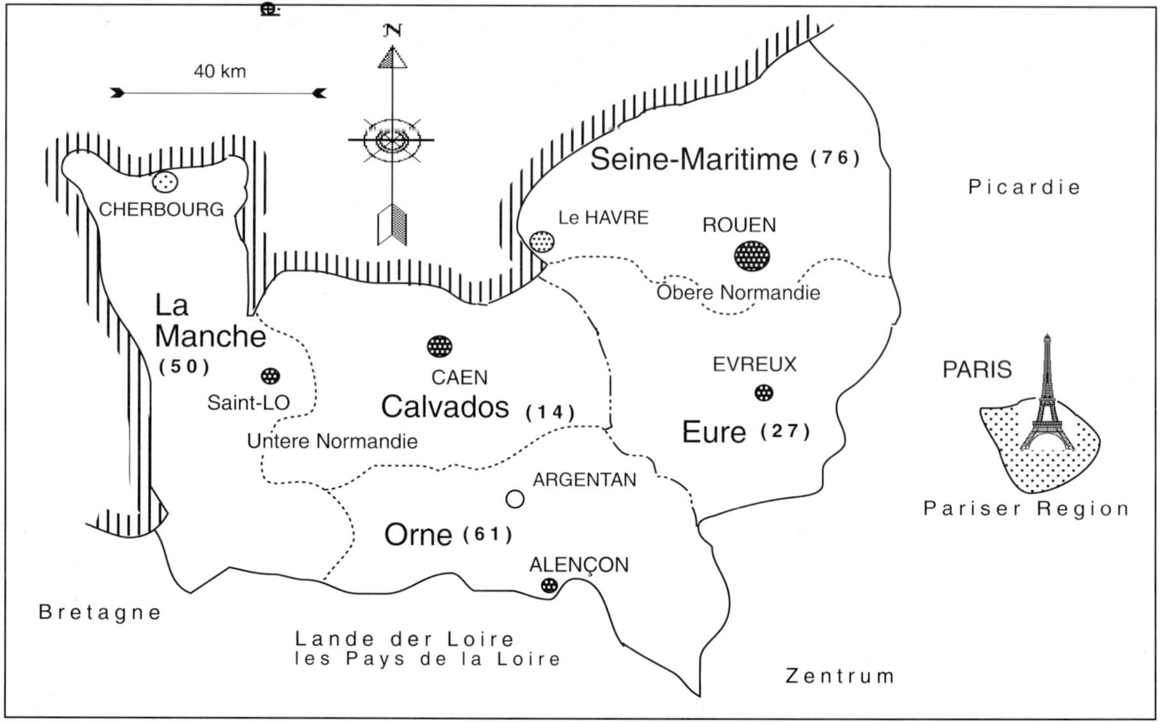

Verwaltungsgrenzen der Regionen Untere und Obere Normandie

NORMANDIE

Unsere Normandie setzt sich aus heute zwei Regionen zusammen: Die Obere (östliche) und die Untere (westliche) Normandie, Haute-Normandie und Basse Normandie. Die Normandie ist etwas kleiner als Baden-Württemberg.

Der westliche Teil zählt 1.7 Millionen Einwohner und umfaßt mit den Départements Eure (27) und Seine-Maritime (76) 12. 318 qkm. Das sind knapp 140 Menschen pro qkm. Die Hauptstadt der Region ist ROUEN. Weitere bekannte Städte sind DIEPPE, EVREUX und Le HAVRE.

Im östlichen Teil wohnen knapp 1.4 Millionen Menschen auf 17.600 qkm. Die Einwohnerdichte beträgt nur 79 Menschen pro qkm. CAEN ist der Verwaltungssitz. Drei Départements gehören zur Basse Normandie: Calvados (14), Manche (50) und Orne (61). Bekanntere Städte sind CHERBOURG, BAYEUX und vielleicht noch ALENÇON.

Die östliche Normandie liegt gerade eine Autostunde von PARIS entfernt und ist stärker industrialisiert. ROUEN und Le HAVRE (Erdölhafen) sind die Hafenstädte für die Pariser Region. Ungefähr 40 % der Arbeitnehmer sind im industriellen Bereich beschäftigt. Eine wichtige wirtschaftliche Stelle hat die Kernenergie erreicht. Die auch für Mitteleuropa wichtige Wiederaufbereitungsanlage liegt am Cap de La Hague bei CHERBOURG. Weitere 10 % finden in der Lebensmittelindustrie ihre Arbeitsstelle. Die Übrigen verteilen sich auf Landwirtschaft und Dienstleistungsgewerbe.

Die westliche Normandie ist mit den Sorten Pont-l'Evêque, Livarot und Camembert in allen guten Käseangeboten vertreten. Neben Schafs- , Pferde- und Rinderzucht betreiben die normannischen Bauern in der Gegend von ALENÇON, von FALAISE und von CAEN Weizen- und Zuckerrübenanbau. Nicht vergessen dürfen wir die verflüssigten Äpfel, den Cidre und den Calvados.

Der Fischfang hat seine Häfen in CHERBOURG, FECAMP und CABOURG. Doch bleibt der wirtschaftliche Ertrag weit hinter den finanziellen Freuden des Tourismus zurüch.

Die touristischen Schwerpunkte sind in erster Linie die Küsten. Das Hinterland gewinnt durch die Einrichtung von Naturparks zwischen Le Havre und ROUEN, auf der Halbinsel Cotentin und bei ALENÇON immer mehr Freunde.

Die Land- und Küstenbesucher kommen hauptsächlich aus den nahen Großräumen PARIS und LONDON, aber auch aus dem meereshungrigen Mitteleuropa.

GESCHICHTE
der Normandie

Während der Völkerwanderung im 5. Jahrhundert eroberten die germanischen Franken das Gebiet um die Mündung der Seine. Das Fränkische Reich erreichte unter Karl dem Großen um 800 eine Vormachtstellung in Mittel- und Westeuropa. Über zahlreiche Teilungen und Vereinigungen entstanden daraus bis um 900 das Ostfränkische Reich zwischen Rhein und Elbe und das Westfränkische Reich zwischen Rhein und Atlantik. Beide Reiche waren politisch recht labile Gebilde ohne eine starke zentrale Gewalt. Das spürten auch die Normannen.

Diese Nordmannen, Wikinger oder Waräger waren Germanen aus den Gebieten des heutigen Skandinaviens. Ab so 790 n. Ch. machten die nordischen Jungs auf Sommerurlaub. Sie fuhren mit ihren rassigen Drachenbooten an die Küsten Englands, nach Friesland und plünderten. Ab der Mitte des 9. Jahrhunderts war kaum eine stromnahe Stadt des Frankenreiches vor den Wikingern sicher. Um der mühseligen Heimfahrt zu entgehen, überwinterten sie an den Küsten des Kontinents. So betrieben es auch die dänischen Wikinger an der Seine-Mündung ab 896.

Der westfränkische König Karl der Einfältige überließ 911 die Immobilien um die Seine-Mündung den Normannen als Lehen. Sie bekamen die Verpflichtung, dieses Gebiet gegen andere böse Invasoren zu schützen. Das ist die Geburtsstunde der Normandie. Die kriegerischen Nordmänner wurden von der Bevölkerung aufgesogen.

Weltgeschichte schrieb der Normannenherzog Wilhelm der Eroberer, auch Wilhelm der Bastard genannt. Er setzte 1066 mit Heer und Flotte nach England über, besiegte den angelsächsischen König Harald IV. bei Hastings und ließ sich zum englischen König krönen. Fortan wurde die Normandie, die kontinentale Machtbasis der normannischen Könige auf dem englischen Thron, zum Streitapfel des französischen Königs und des englischen Herrschers. 1204 kam die Normandie unter die Botmäßigkeit des französischen Königs. Der Hundertjährige Krieg zwischen den beiden Königreichen (1339-1453) klärte schließlich die Lage. Die Normandie blieb französisch. England behält nur einige Kanalinseln wie Jersey.

Am 6. Juni 1944 landeten US-amerikanische, britische und kanadische Truppen an den Stränden der Normandie und eröffneten die "zweite" - de facto dritte - Front gegen das Deutsche Reich. So wurde die Normandie für Wochen wieder zu einem Schauplatz der Weltgeschichte.

Gesundheitsteesorten

bois peu mais bon - trinke wenig aber gut

Der normannische Apfelschnaps **Cidre** ist ein leichter, alkoholisch angehauchter Most. Der Cidre stammt aus dem Mittelalter und soll über Spanien aus dem Vorderen Orient gekommen sein. Er steht dem Durstigen süß (doux) oder trocken und etwas herb (brut) zu Gebote.

Der **Pommeau** (frz. la pomme - der Apfel) ist ein weiteres Apfelprodukt. Zwei Drittel Apfelsaft plus ein Drittel Calvados, das sind seine Bestandteile. Nachdem er zwei Jahre in Fässern gereift ist, kommt er in die Flaschen.

Jetzt greift die Birne mit dem **Poiré** (frz. la poire - die Birne) ins Geschehen ein. Der Birnenmost ist weniger häufig. Dieses Getränk braucht mehr Zeit, da die Birnenbäume erst nach ca 25 Jahren und mehr zu ihrer Hochform aufwachsen. Die Apfelbäume sind schon in der Hälfte der Zeit dabei. Der Poiré, ein Apéritif, ist saftiger und leichter als seine Apfelvettern.

Wer von Frankreich nichts weiß, vom **Calvados** hat er bestimmt schon ver- oder genommen. Als 1588 die spanische Armada vor den Stürmen und den britischen Verteidigern klein beigeben mußte, strandete an der normannischen Küste das span. Kriegsschiff "El Salvador", "der Retter". Das wurde im Französischen zu "calvados", und die Ecke hatte ihren Namen. Das Getränk hatten sie schon länger.

Eingeweihte Kreise meinen noch heute, daß die britischen Generalstäbler nur des Calvados wegen die alliierte Landung in die Normandie verlegt hätten. Nach dem Krieg trafen sich die Herrn zu Calvados an den Stätten ihres Befreiungskampfes jährlich wieder. Der Calva, so seine heute als unpäßlich empfundene Benennung, ist ein Sohn des Cidre. Aus dessen erster Pressung herausdestilliert, verbringt er ein Jahr im Faß. Ein elfjähriger Calvados steht in seiner Blüte. Drei Sterne bedeuten, daß der Verdauungstrunk mindestens zwei Jahre im Faß war (bei Militärs ist das anders), "vieux" oder "réservé" drei Jahre, "Vieille Réserve" oder V.S.O.P. mindestens vier, "Hors d'Age" noch länger.

Jede Ecke in der Normandie hat ihren eigenen Calvados. Vom Pays de Bray im Osten führt die Säuferspur zum Pays de la Risle bei PONT-AUDEMER in das **Calvadosherz Pays d'Auge** um LISIEUX, nach Westen in das Département Calvados und in den Norden der Halbinsel Contentin. Dazwischen gibt es noch allerlei Calvados-Versorgungspunkte.

GEZEITEN

Die **Gezeiten** (frz. les marées) sind regelmäßige Schwankungen der Meeresoberfläche. Sie bewegen sich in einer Periode von 12-13 Stunden. "Ebbe" (marée descendante, reflux, jusant) bezeichnet das Fallen, "Flut" (marée montante, flot, flux) das Steigen des Wassers. Ebbe und Flut dauern jeweils ungefähr 6 Stunden. Zwischen den beiden Bewegungsrichtungen macht das Wasser eine kleine Pause von so 5 Minuten. Der Höchststand heißt Hochwasser (marée haute, maximum du flot) das Gegenteil Niedrigwasser (marée basse, fin du jusant).

Der augenblickliche Stand von Ebbe oder Flut wird mit einem Gezeitenkoeffizienten zwischen 20 und 120 angezeigt. Bei 20 ist Niedrigwasser, bei 120 Hochwasser.

Für die Wasserbewegungen sind die **Anziehungskräfte des Mondes und der Sonne** verantwortlich. Während der Springzeit, das heißt, wenn die beiden übereinander (ein bis zwei Tage nach Vollmond oder Neumond) in einer Linie zur Erde stehen, summieren sich ihre Anziehungskräfte und verursachen eine Springflut. Falls die beiden Himmelskörper im rechten Winkel zur Erde sind, reichen die teils sich aufhebenden Kräfte noch zur Nippflut (7 bis 8 Tage nach der Springzeit). Wind, Wassertiefe beeinflussen ebenfalls die Wasserbewegungen. So sind die Gezeiten von Ort zu Ort verschieden und verschieben sich täglich.

Die einzelnen Fremdenverkehrsgemeinden teilen die jeweilige Ebbe und Flut mit **Gezeitentabellen** in Prospekten und Anschlägen am Strand etc mit. Die Höhenunterschiede von Hoch- und Niedrigwasser betragen beim Mont-Saint-Michel 15-16 m. Sonst an der Normandieküste weniger. Die Gezeitenströme können bei St.-MALO eine Geschwindigkeit bis zu 20 km in der Stunde erreichen. Insgesamt sind die Gezeitenunterschiede und die Gezeitenströme an den normannisch-bretonischen Küsten stärker als den übrigen in Europa, vielleicht mit Ausnahme von Norwegen.

Also: Vorsicht bei Wattwanderungen.

Ein Kraftwerk, das die Gezeiten zur Energiegewinnung nützt, steht an der Mündung der Rance bei St.-MALO. Bei MURMANSK/Rußland und in der Fundybai in Kanada wurden weitere Gezeitenkraftwerke als Versuchsbetriebe gebaut.

NATURPARKS

Regionale Naturparks • parcs régionaux naturels

Brotonne

55 Gemeinden schlossen sich 1974 zum Naturpark von Brotonne zuammen. Er erstreckt sich zwischen ROUEN und Le HAVRE beiderseits der Seine und nimmt das Land von Caux, das Seine-Tal, das Gebiet von Roumois und die Vernier-Sümpfe in sich auf. Das ergeben 45.000 ha mit 12.000 ha Wald. Mehr als 350 km sind als Wanderwege angelegt. (Auskunft: Haus des Parks/maison du parc F 76490 Notre-Dame-de-BLIQUETUIT, Tel. 35.37.23.16))

Normandie-Maine

1974 bildeten 151 Gemeinden den Naturpark Normandie-Maine. Er ist mit 234.000 ha fast so groß wie das Saarland (257.000 ha). Er reicht über die Normandie hinaus bis in die Lande der Loire. Teile der Täler der Sarthe und der Mayenne gehören ebenso dazu wie die Ebenen von ALENÇON und ARGENTAN, die Buschwälder der normannischen Hügel und die 45.000 ha großen Wälder von MORTAIN, ANDAINES etc. (Auskunft: Haus des Parks/maison du parc, F 61320 CARROUGES, Tel. 33.27.21.15)

Moor des Cotentin und des Bessin

Das Moorgebiet der Halbinsel Cotentin und des Bessin (le Marais du Cotentin et du Bessin) bildet ein Reservat für die regionale Tier- und Pflanzenwelt. Der Park umfaßt 108 Gemeinden. Die flache Landschaft ist von Sumpf und Meeresnähe geprägt. Der Lebensrythmus in den Sumpfgebieten ist auf die herbstlichen Überschwemmungen abgestimmt. Wiesen werden zu ausgedehnten Wasserflächen. Im Frühjahr gibt das Wasser wieder die Wiesen frei, die jetzt von Pferden und Rindern als Weide belebt werden. (Auskunft: Office de Tourisme F 50 CARENTAN, Tel. 33.42.74.01)

Gemeinsam allen Naturparkorganisatoren ist die Erhaltung und Förderung der Landschaft. Das ist kein Selbstzweck. Die so erhaltene Natur bringt vernünftige Touristen ins Land und dient der Weidewirtschaft. Das heißt Brot und Arbeit für die Normannen.

VERKEHRSVERHÄLTNISSE

Die deutsche Straßenverkehrsordnung gilt inhaltlich auch bei unserem französischen Nachbarn. Die Schilder sind die gleichen. Straßenbahn hat Vorfahrt. Zu den gängigen Vorfahrtsschildern setzen die Franzosen noch Texte. So steht in der Vorfahrtsrichtung: „passage protégé" (vorfahrtsberechtigte Straße). Bei Vorfahrt achten steht: „Vous n´avez pas la priorité" (Sie haben keine Vorfahrt).

Die Franzosen lieben schon lange den Kreisverkehr. Hier gilt: rechts vor links! Der Einfahrende hat Vorfahrt.

Sehr unterschiedlich ist allerdings das Fahrverhalten. Das macht sich bei Vorfahrt und Überholvorgängen bemerkbar. Als Landesfremder soll man d e f e n s i v fahren. Die örtliche, temperamentvollere Fahrweise klappt nur, wenn sie einem in Fleisch und Blut übergegangen ist. Nach zwei Wochen hat man das noch lange nicht drin!

Bei den Autobahnen scheinen die Mitteleuropäer im Vorteil zu sein. Da die französischen Autobahnen außerhalb der Pariser Region nicht so belebt wie die unsrigen sind, fühlen sich die Franzosen bei einem dichteren Verkehr, der für uns noch harmlos ist, schon spürbar unsicherer. Doch sollte man auf der für unsere Begriffe leeren Autobahn in der Normandie nicht die Sau herauslassen.

Fahrer aus PARIS, Endnummer des Autokennzeichens 75, genießen den Ruf, sich im Straßenverkehr für unschlagbar zu halten Das mag für den Stadtverkehr in PARIS zutreffen. Auf Landstraßen und Autobahnen sind sie zwar muckenfrech bei Ausnützen einer Lücke, aber sonst sind sie den Verkehr auf diesen Straßen nicht so gewohnt. Das zeigt sich bei höheren Geschwindigkeiten.

Eine besondere Spezies sind Fahrer von dicken Schlitten mit Pariser Kennzeichen. Das sind die Jungs, die der schwachen Intensität ihrer Lichthupe wegen und des mageren Lichtwertes des linken Blinkers die UNO-Menschenrechtskommission bemühen.

Die Geschwindigkeitsbeschränkungen betragen für PKW, Wohnmobile und Gespanne auf der Autobahn 130 km/h, bei Nässe 110 km/h, auf vierspurigen Straßen 110 km/h, übrige Straßen 90 km/h. Bei Nässe jeweils 10 km/h weniger.

Der innerörtliche Verkehr ist auf 50 km/h begrenzt, wobei sich immer mehr Tempo 30 durchsetzt mit den entsprechenden Verkehrshindernissen. Fahrer mit Führerscheinbesitz unter 12 Monate nur 90 km/h auf außerörtlichen Straßen. Eine Geschwindigkeitsregel nur für Gespanne gibt es nicht.

Die Straßenbezeichnungen A=Autobahn, N=Nationalstraße (Bundesstraße), D=Départementstraße (Kreis- oder Regionalstraße) sagen mit Ausnahme der Autobahn nicht viel. So sind zwar die Nationalstraßen in gutem Zustand, aber bei weitem nicht so schnell befahrbar wie Bundesstraßen. Die D-Straßen können besser ausgebaut sein als N-Straßen.

Die Wegbeschilderung ist gut. Das Autobahnschild ist das gleiche wie bei uns. Auf Nationalstraßen wird mit Wegweisern auf grünem Grund hingewiesen. Ebenso sind Wegweiser, die auf Département-Hauptstädte hinweisen, mit grünem Grund. Innerhalb des Départements haben die Schilder einen weißen Grund. Braune Schilder machen auf touristische Sehenswürdigkeiten aufmerksam.

Camping auf der Seine-Insel bei Les ANDELYS

ZAHLEMANN & Töchter & ..

Wie sonst halt auch, **braucht man in Frankreich Geld.** Selbst die schönsten Augen oder beste Sprachkenntnisse geben keinen hinreichenden Ersatz. Die Franzosen haben als Währung den Franc, abgekürzt FF (Franc Français). Dieses Kürzel ist auf dem Euroscheck im Kästchen „Währung" einzutragen. In der Umgangssprache sagt man auch „balle" für Franc. 100 Centimes sind 1 Franc.

Zur **Barzahlung** hat man (oder man hat nicht) **Münzen** zu 5, 10, 20 und 50 Centimes und zu 1, 2, 5, 10 und 20 FF zur Verfügung. Für Toiletten und die seltenen Münztelefone sind die 1-5 FF-Stücke, für die Einkaufswagen im Supermarkt die FF 10 Münzen notwendig. Das Angebot an **Banknoten** erstreckt sich auf 20, 50, 100 und 500 FF Scheine.

Der Wechselkurs 1994 beträgt 0.29 DM zu FF 1. Allerdings gibt es leichte Schwankungen. Der Wechselkurs verführt dazu, daß man die FF Preise nicht ernst nimmt, da man „hohe" Geldbeträge für seine D-Mark bekommen hat, und die Preise in DM umgerechnet viel „niedriger" sind.

Mit den in Frankreich selternen **Euroschecks** kommt man gut durch. Die Banken berechnen jedoch Gebühren, die Einlösebank in Frankreich (der Handel gibt ab und zu diese Gebühr an den Kunden weiter) und die eigene Bank in Deutschland. Die Auszahlung erfolgt in FF und pro Scheck im Moment bis zu FF 1.400.-. Dabei ist die Vorlage des Personalausweises oder Reisepasses notwendig. Auszahlungen in Nicht-Franc-Währungen sind für Ausländer in Frankreich untersagt. Ein Deutscher bekommt in Frankreich auf der Bank kein deutsches Geld. Nicht alle Restaurants und Geschäfte nehmen Euroschecks an! Die Banken sind von Montag bis Freitag, sehr selten Samstag, von 9 Uhr 30 bis 12 Uhr und von 14 Uhr bis 16 Uhr geöffnet.

Die **Kreditkarten** sind in Frankreich groß in Mode. Zwar nicht bei allen Geschäften, aber die Gallier sind uns dennoch munter voraus. Der Umtauschkurs bzw die Umtauschgebühren sind güntiger. Allerdings ist dabei die jährliche Kreditkartengebühr nicht mitgerechnet. Einige Kaufhäuser und Supermärkte nehmen Plastikgeld. Dort gibt es dann eine Kasse für Kreditkartenzahler. Der Parkautomat der Tiefgarage, die Péage-Stellen an der Autobahn, die Tankstellen und der Geldautomat der Banken akzeptieren die Karte. An den **Péage-Stellen** der Autobahn soll man **Bargeld** dabei haben, falls der Karten-Automat nicht funktioniert!

Die Euroscheck-Karte öffnet auch den Geldautomat, doch nicht jeden. Da sollte man sich eine Liste bei seiner Bank besorgen.

Wichtig: Die Verkäufer achten praktisch nicht darauf, ob die Unterschrift auf dem Kassenzettel mit der auf der Karte übereinstimmt, ganz zu schweigen von einer geforderten Vorlage des Personalausweises.

Nicht zu vergessen ist das **Postsparbuch.** Allein der Inhaber des Postsparbuches erhält gegen Vorlage seines Personalausweises pro Tag den Gegenwert von 1.000 DM und im Monat von 2.000 DM. Der Postsparer soll sich bei einem deutschen Postamt die Liste der geldauszahlenden Postämter (Schalter retrait à vue/Barauszahlung) in Frankreich geben lassen. Die betreffenden Postämter sind auch Inhabern von Euroschecks zugänglich. Öffnung in der Regel: mo-fr: 9-12 Uhr und 14-19 Uhr. Samstag (nicht überall) 9-12 Uhr.

Falls Sie in Frankreich größere Bargeldausgaben tätigen wollen, können Sie FF-Beträge in unbegrenzter Höhe einführen. Bei der Ausfuhr gilt es vorsichtiger zu sein. Hier ist Limit bei FF 50.000.

Gemischte Zahlungsmittel

Geldabheben mit Kreditkarte kostet pro Abheben mindestens 5.-DM oder 4% des Betrages und mehr. Nicht billig. Den Umtausch zu Hause unterstützt auch die Bank. Dann rangiert der Umtausch im Lande mit Euroscheck. Preiswerter ist das Geldabheben mit dem Postsparbuch. Zahlen mit Scheckkarte ist wohl das preiswerte Schlußlicht. Beachtenswert sind die öffentlich diskutierten Probleme mit Scheckkarten wie das Kopieren von Karten in chinesischen Lokalen. Eine Kombination der verschiedenen Möglichkeiten erscheint zweckmäßig.

Das Allerbeste kommt zum Schluß, wenn nach Rückkehr aus dem unbeschwerten Urlaub Banken und Kreditkarteninstitute meinen, unbedingt an uns denken zu müssen. Dann schlägt die Stunde der Wahrheit. Jetzt beginnt man einzuteilen: was war nötig gegen den Hungertod, was war Kultur, um sich von Masse abzuheben, was war die große Gelegenheit, irgendetwas günstigst zu erwerben, womit zu Hause keiner mehr etwas anfangen kann?

Aber: Morgen fang ich an zu sparen

TAGESFAHRT EINS

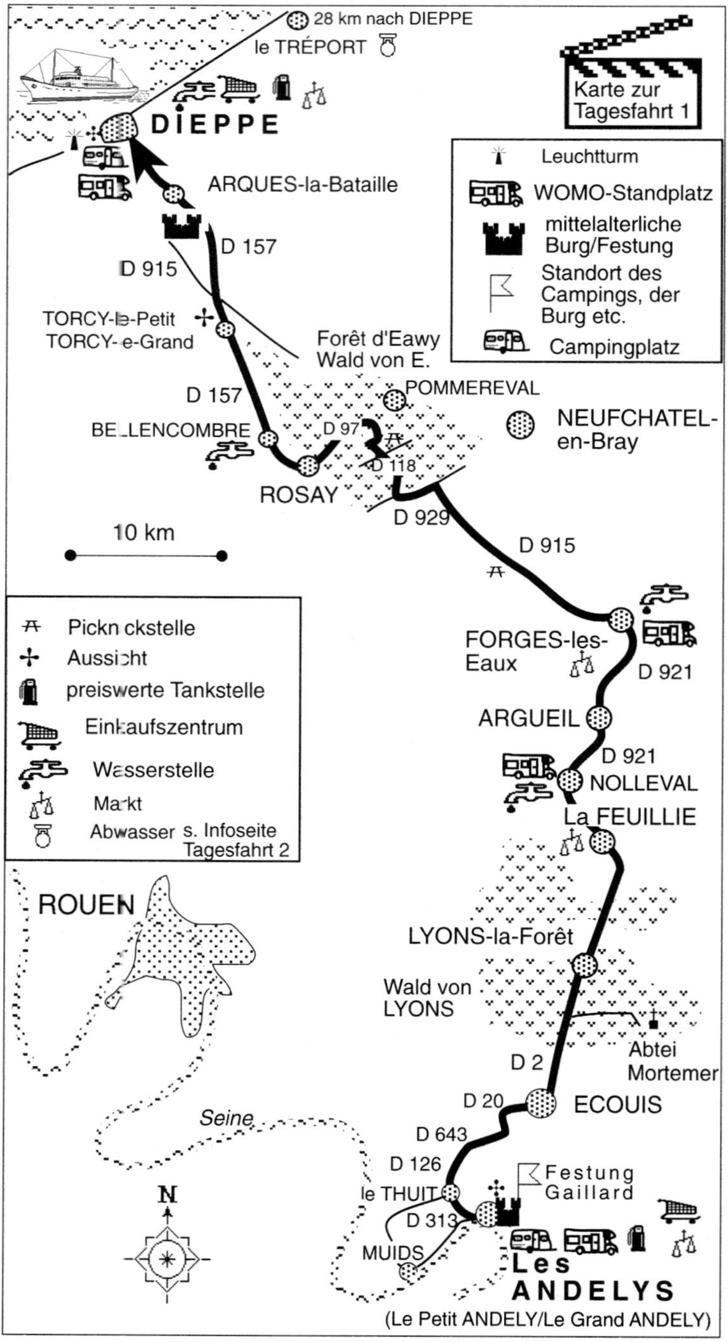

Les ANDELYS - DIEPPE

Strecke:	**Les ANDELYS** * VAL-St.-Martin * Le THUIT * CUVERVILLE * ECOUIS * LYONS-la-Forêt * FORGES-les-Eaux * D 915 * D 929 (Forêt d'Eawy) * MAUCOMBLE * D 918 * D 97 * ROSAY * TORCY-le-P. * ARQUES-la-Bataille * **DIEPPE**
Entfernung:	120 km
Besichtigen:	Seine-Ufer, Aussichtspkt TORCY-le-Petit, Abtei Mortemer (1h), Forêt d'Eawy (2h), Château ARQUES-la-Bataille (30'), DIEPPE (3h): Innenstadt/ Strand, château/musée.
Wandern:	Forêt d'Eawy
Picknick:	a) D 915, 11 km nach FORGES-les-Eaux, b) 1 km nördlich MAUCOMBLE Waldkreuzung
Wasser:	a) Sportplatzgebäude NOLLEVAL, b) außen am Sportplatzgebäude FORGES an der D 921, c) BELLENCOMBRE Ortsdurchfahrt, 450 m nach Ortsschild, d) DIEPPE am Hafengebäude westl. Ende der Strandstraße
Über nachten:	Camping: Stadtrand DIEPPE, Rtg. POURVILLE. Ausweichmöglichkeit POURVILLE-sur-Mer, WOMO-Standplatz: DIEPPE, Westl. Seite der Strandstraße (Boulevard de Verdun) oder Panorama, Rtg POURVILLE/panorama/château-musée. Siehe auch Wasserstellen a, b.
Einkauf 1: Supermärkte Tanken	Les ANDELYS: Supermarkt Intermarché, ausgeschildert. DIEPPE: Einkaufszentrum (centre commercial, Abk. centre cial) Mammouth, Rtg ROUEN, N 27, am Stadtrand von DIEPPE.
Einkauf 2: Märkte	Les ANDELYS: Sa; Flohmarkt 1. Wochenende Sept; La FEUILLE: Fr; FORGES-les-Eaux: Domorgen; LYONS-la-Forê: Do+Sa; DIEPPE: Sa.

Les ANDELYS setzt sich aus zwei Teilorten zusammen, dem kleinen im Westen und dem großen Andely im Osten, le Petit und le Grand Andely. Die Schokoladenseite der 8.000 Einwohner zählenden Kleinstadt liegt an der Seine. Die fließt

Willkommen in der Normandie. Vor meiner Wiedergeburt hatte ich auch mal ein WOMO. Aber heute wären die mir zu teuer. Da gibt's keine Subventionen von der EG

hier breit und träge an den Kreidefelsen vorbei. Eine schmucke, moderne Hängebrücke zeigt die südliche Stadtgrenze. Dort findet sich sogar auf einer Insel der Seine ein Campingplatz. Jenseits der Hängebrücke in Richtung des Dorfes TOSNY geht nach 100 m links ein Weg, rue du moulin, zum Flußufer. Dort bietet sich ein prächtiger Blick auf die Festung des Richard

Löwenherz, auf Château Gaillard. Für ein WOMO hat es Platz. Ein weiterer Zugang zum Ufer ist 500 m weiter, doch Vorsicht. Ein Teil ist Privatgelände. Die Seine und die Festung Château Gaillard, das sind die Schmuckstücke von Les ANDELYS.

Kreidefelsen an der Seine bei Les Andelys

Der aus Film und Fernsehen bekannte Richard Löwenherz, der König der Briten, der Angelsachsen, Gönner Robin Hoods, zeitweiliger Gefangener des Deutschen Kaisers Heinrichs VI. und auch Herzog der Normandie ließ 1196/97 innerhalb eines starken Jahres Château Gaillard, die kühne Burg, hochziehen. Ein 15 m breiter Graben trennte die Burg vom höher liegenden Felsvorsprung. In der Seine blockten eingerammte Baumstämme den Schiffsverkehr. Die Anlage fiel ganz nach dem Geschmack der Rüstungslobby aus. Die Bauern der Umgebung fanden das allerdings nicht so gut. Sie mußten zahlen und arbeiten.

Ebensowenig begeistert war der französische König Philipp II. August. Zwar mußte er selbst keine Steine schleppen, aber die Festung versperrte ihm den Vormarsch in die Normandie. Denn eigentlich war er als französischer König Herr der Normandie und Richard, als normannische Herzog, nur sein Vasall. Die Herren kannten sich gut. Sie hatten bereits gemeinsam einen Kreuzzug nach Palästina veranstaltet. Freund, Feind. In der Politik ist das einerlei. Sie trafen sich in Andely und Richard zeigte seinem Königskollegen und Feudalherrn die Festung über der Seine. Château Gaillard grüßt PARIS. Philipp war so beeindruckt, daß er sich entschloß, das Ärgernis zu beseitigen.

Latrine entscheidet den Krieg

1099 starb Richard. Schon 1203 schritt Philipp zur aufwendigen Belagerung. Die Festung erwies sich als nahezu uneinnehmbar. Wie so oft entschied der Zufall. Bogis, ein junger, französischer Kriegsmann bemerkte ein Loch in den mächtigen Festungsmauern. Tag und Nacht blieb es offen. So machte sich eines Nachts ein mutiger Stoßtrupp auf, in das Loch einzusteigen. Die Gallier rochen Menschliches. Sie fanden sich in den Latrinenschächten der Normannen. Die Franzosen waren geruchsfest, kämpften sich durch Gestank nach oben und durch Normannen zum Tor und konnten dies öffnen. Château Gaillard fiel. Die Normandie kam zurück unter die französische Krone. Heute ist der Eintritt in die Festung etwas gemütlicher. Der ausgeschilderte Fußweg führt 500 m von der Hängebrücke ortseinwärts nach rechts oben. Der Aufstieg ist kurz und schweißtreibend. Der ausgewiesene Fahrweg führt in einer großen Schleife auf einen großzügigen Parkplatz. Die Festung ist auf einem Felsvorsprung aufgerichtet. Der jahrelang als Steinbruch genutzte Militärbau zeigt sich immer noch als respektable Ruine.

Die Aussicht auf das weitgeschwungene Tal der Seine und auf ihre Kreidefelsen beeindruckt sehr. Nicht nur, daß dieser Blick ein herrlicher Anfang des Urlaubs ist, er vermittelt gleichzeitig einen ersten prächtigen Ein- und Ausblick auf die Normandie, deren Gäste wir in den nächsten Tagen und Wochen sein werden. Der gewaltige Bergfried mit seinen 8 m Innendurchmesser und die 5 m dicken Mauern werden nicht die letzten Kriegsbauten unserer Reise sein. Oberhalb der Festung ist ein Waldausläufer. Von dort kann man ein Panoramafoto mit Seine, Kreidefelsen und Festungsruine auf die Platte bannen. Der uneingeweihte Bildbetrachter mag glauben, daß das Foto vom Flugzeug aus gemacht wurde.

Seine-abwärts

Klein-ANDELY ist ein romantischer Ort am Seine-Ufer mit ausreichender Bewirtschaftung. Längs der Seine führt ein trauter Spazierweg bis zum Krankenhaus der Stadt.

Wir bleiben der Seine treu und fahren fluß-abwärts am Ufer entlang Rtg Pont St.-PIERRE, LOUVIERS, ROUEN, D 313. Am Ausgang von Le Petit Andely passieren wir das alte

Krankenhaus, das aber einen sehr attraktiven Neubau hat, der sich an das alte Gebäude anschließt. Links fließt die breite Seine parallel zu unserer Fahrtrichtung. Sie entspringt in Burgund und fließt über 776 km zur Kanalküste. Sie durchquert die Normandie in weiten, prachtvollen Mäandern und erreicht eine beachtliche Breite von 200-300 Metern. Rechts ragen steil die berühmten Kreidefelsen über die flache Flußlandschaft. Längs der Straße schmiegen sich reizvolle Häuschen in die Flußbiegungen. Zwischen uns und der Seine verwaist ein alter, gleisloser Bahndamm.

Die D 313 ist ein kleines Sträßchen. Das heißt allerdings nicht, daß nicht aus der kleine Straßenromantik urplötzlich ein monströser Lkw wie ein Autobahn-Saurier entgegenkommt. Rechts stapeln sich Ferienhäuschen, zum Teil reedgedeckt. Etwas, um die arme Verwandtschaft genüßlich einladen zu können. Die Kreidefelsen weichen bewaldeten Hügeln. Dämme am Ufer deuten auf die Hochwassergefahren hin. Die Landschaft wird flacher. Die Hügel verlieren an Höhe.

Zwei Wege

In **VAL-St.-Martin** haben wir zwei Möglichkeiten zur Weiterfahrt.

1.) Über MUIDS nach Le THUIT:

Die Strecke führt an der Seine entlang und gewinnt dadurch ihren Reiz. In MUIDS müssen wir aufpassen. 100 m nach Ortsanfang: nach links zeigt ein Schild zum Strand, la plage. Wir fahren nach rechts. Ein Schild weist nach LANOE. Das Schild steht allerdings auf der von uns abgewandten Seite. Wir sehen es, wenn wir einbiegen und nach rechts schauen. Die kleine Straße steigt an und führt nach ca 300 m an einem rechts stehenden Wasserturm vorbei und an weiteren Wohnhäusern an der linken Seite. Weiter in Richtung Panorama. Rechts unten fließt die Seine.

Unsere Panorama-Strecke führt durch ein Waldgebiet. Am Ende des Waldstücks treffen wir auf einen kleinen Bauernhof. Von dort weist das Schild Panorama über einen kurzen Fußweg zu einem Aussichtspunkt auf die Seine-Landschaft. Sehenswert. Steht man vor dem Bauernhof, geht unsere Richtung nach links an einer Tel.- Zelle vorbei. Wir kommen durch eine Siedlung, dann an eine Straßenkreuzung. Dort nach links. Die Telegrafenmasten haben gelbe Streifen. Wir passieren ein Kreuz mit drei Bäumen und erreichen eine Vorfahrtsstraße, die rechts nach Le THUIT führt.

oder 2.) :
In Val-St.-Martin **direkt nach Le Thuit**/Pont-St.-PIERRE. Der Ort scheint ein altes Herrengut zu sein.

Weiter Rtg HEUQUEVILLE, D 126. Die D 126 ist gerade aber wackelig. Kenner der Szene fahren rasant an uns vorbei. 2 km nach Le THUIT nach rechts Rtg CUVERVILLE/ECOUIS, C 43. Die Strecke streift Wald und Felder. Die Wege verengen sich auf Wohnwagenbreite. Das Dorf CUVERVILLE ist klein und wirkt verlassen. Jetzt ruft uns die D 643, Rtg ECOUIS. Am Horizont bauen sich Wasserturm und zwei Kirchtürme auf. Ein Traktor rumpelt uns entgegen, weicht aber ins Gelände aus. Schließlich nach links auf die D 1, einige 100 m später nach rechts auf die D 20.

König kassiert, Finanzminister hängt

Markthalle auf Eichenstämmen in LYONS-la-Forêt

Die Doppeltürme von ECOUIS haben uns bereits entdeckt. Die Straße verlangt solides Packen im Wohnwagen. Sonst greift die Schwerkraft. Die Türme in ECOUIS gehören zu der Kollegiatkirche Notre Dame aus dem 14. Jahrhundert. Kollegiatkirche heißt, daß die Kirche weder einem Bischof noch einem Kloster gehörte. Der Stifter Marigny war Finanzchef des französischen Königs Philip des Schönen. Marigny wurde Opfer von Politik und Intrigen. Er endete am Galgen.

Das knapp 800 Einwohner zählende ECOUIS hält uns nicht lange auf. Das nächste Nahziel ist LYONS-la-Forêt über die D 2. Im Wald, 3 km vor LYONS-la-Forêt stoßen wir auf eine Kreuzung. Eine Ausschilderung nach rechts geht zur 1.550 m entfernten Abtei de Mortemer. Auf halbem Wege zur Abtei ist links ein Erinnerungsmal der Forstverwaltung zum Gedenken an die in der Résistance umgekommenen Forstleute. Nach

Schieferturm in La FEUILLIE

rechts führt eine Straße hinunter zur Abtei. Weitere 300 m stehen links im Wald Kreuze, wo am 22. August 1944

Résistanceangehörige von der Wehrmacht und der franzöischen Miliz erschossen wurden. Die Abtei liegt in einem regenverhangenen, waldumsäumten Tal. Auf dem Abtei-Gelände bummelt ein Touristenzügchen herum. Der Park von

Rathaus auf Stelzen in TORCY-le-Grand

Mortemer ist 10h-12h, 14h-18h täglich geöffnet, feiertags und sonntags 10h-18h. Die Abtei stammt aus dem 12. und 13. Jahrhundert und beherbergt ein Museum. Dort ist das Klosterleben dargestellt, zumindestens auszugsweise. Auf dem Gelände steht noch ein Taubenturm. Der wurde zwischenzeitlich als Gefängnis genutzt. Wieder zurück Rtg LYONS-la-Forêt.

Eichenstämme und Ein-Parkvergnügen

Von einer Anhöhe herunter stoßen wir in die Mitte von LYONS auf eine Markthalle. Nach allen Seiten offen -wie ein weltgewandter Politiker- aber gestützt von mächtigen Eichenstämmen - darin liegt wohl ein Unterschied - beherrscht die Markthalle das Zentrum des Ortes. Als wir zu unserem Gefährt zurückkommen, finden wir es zugeparkt. Ein Fahrzeug steht in der zweiten Reihe. Als ob in einem so kleinen Ort inmitten der Fachwerkhäuser und den ca 700 Einwohnern plus einiger Gäste eine so gnadenlose Verkehrsdichte regierte. Beileibe nicht, nur die Faulheit, mehr als 10 m zum Bäcker zu Fuß zu gehen, wie es sich herausstellt. Eine Dame eilt herbei, berichtet von der zuparkenden Fahrerin, entfernt ihr eigenes Fahrzeug, das erfreulicherweise vor unserem Gespann steht. Da staunt der Fremde. Weiter nach FORGES-les-Eaux. Seitlich -östlich- in den Wäldern ruht das Schloß Fleury-la-Forêt, D 921. Wir

Das letzte Festungstor von DIEPPE

lassen es unbesichtigt. Die D 921 ist eine waldreiche Straße. In La FEUILLIE passieren wir einen Kirchturm von 52 m Höhe. Das Auffallende, der Turm ist von der Spitze bis zum Boden mit Schiefer gedeckt. Die Ortschaft ist mit Nachkriegsbauten ausgestattet. Ihre Vorgänger fielen der Invasion 1944 zum Opfer. Das werden wir in der Normandie noch öfters antreffen. In NOLLEVAL werden am nördlichen Ortsrand die Sanitäranlagen des Sportplatzes als Camping genutzt. Auf dem davorliegenden Parkplatz kann man auch ein WOMO hinstellen.

Kur- und Badeort

20 km weiter erreichen wir den Badeort FORGES-les-Eaux auf der D 921. Am südlichen Ortsrand liegt nach links der Camping, rechts ein eingezäunter Sportplatz. Am Sportplatz ist eine kleine Baumallee angelegt. WOMO-Standplatz. Wasserhahn an der Außenmauer des Sportplatzhäuschens. Ob der immer in Betrieb ist, kann nicht gesagt werden. FORGES hat ein Freibad und ist ein Kurort mit mehreren, schönen Parks. Bei den Heilquellen suchten im 17. Jahrhundert Ludwig XIII, seine auch sonst suchende Königin und der machtbewußte Kardinal Richelieu Linderung der irdischen Pein. Rtg DIEPPE, D 915.

Im Hafen von DIEPPE

Wir überqueren wiederholt die Bahn. Bei Gleisübergängen in Frankreich ist es ratsam, langsam zu fahren. Die Achsen danken, das Wohnwagengehäuse auch. Auf einer Wiese unterwegs rosten zwei verfallenene Wellblechschuppen vor sich hin. 11 km nach FORGES ist links der Picknickplatz (aire de) Mainemare eingerichtet, kein Wasser. Uns zieht es weiter. Im Anschluß an den Picknickplatz öffnet sich der Blick auf eine weite Tallandschaft. Die D 915 kreuzt bei dem Weiler Les HAYONS die N 28-E 44-E 402, eine Straße aus dem Verkehrshochadel. Wir biegen in diese nach links Rtg St.-SAËNS ein. Rtg St.-SAËNS führt nach 1 km auf die D 929. Unter uns die Autobahn, und nach ein paar Metern erscheint MAUCOMBLE, ein kleines Nest. Aber wichtig. Denn hier b egen wir rechts ab in die D 118, Rtg VENTES-St.-Rémy.

Wald von EAWY

Die Strecke hat Wohnwagenbreite und taucht in den Wald. Nach einer Straßenkreuzung mitten im Wald entdecken wir rechterhand einige kleine Bänke und Tische mit Papierkörben. Wir nutzen die Stätte zu einem Waldvesper und zu einem kleineren Spaziergang. Der Arzt hat ja größere Bewegungen untersagt. Oder war es nur das Horoskop, das warnte? Bei einer Kreuzung müssen wir zwischen Les VENTES-St.-Rémy und POMMEREVAL wählen. Wir entscheiden uns für POMMEREVAL, D 118. Wir durchstreifen - im Auto - Wald und kleinere Wiesen, auch Ferienhäuser-Ausläufer von Les-VENTES. Wir halten einfach so. Da stoppt ein Lieferwagenfahrer und will uns weiterhelfen. Denn wer hier hält und eine departementfremde Autonummer hat, der kann nur irre geworden sein. Wir bedanken uns herzlich und erklären munter, wir wüßten schon.

Die Straße wird etwas breiter. Das ist die D 12. Diese verfolgen wir 2 km bis ins Tal. Bei der D 97 biegen wir nach links Rtg ROSAY. Die 97 führt an einem Camping auf dem Bauernhof - der Bauer bietet Ziegenkäse zum Verkauf an - vorbei und verläuft inzwischen in einem reizvollen Tal. Weiter nach ROSAY, D 1. Diese stößt auf die D 154. Wir biegen nach rechts Rtg BELLENCOMBRE/DIEPPE, D 154, links steht ein Kriegerdenkmal. In BELLENCOMBRE, 450 m nach dem ersten Ortsschild, ist auf der linken Straßenseite eine eingefaßte Wasserstelle. Weiter nach DIEPPE, D 154, längs der Varenne. Der kleine Fluß zieht im Zickzacklauf zum Kanal, vornehmer: im Mäanderlauf. Vor dem Dorf la FRENAYE sehen wir große Fischteiche. Davor kann man rasten. Die Kühe tragen schwarzweiß oder dunkelbraun. Das Tal der Varenne ist breit mit einer sanft ansteigenden Hügellandschaft. TORCY-le-Petit taucht auf und direkt danach führt nach links Rtg Bois-Robert, die D 107, zum Panorama vallée de la Varenne, Tal der Varenne. Die Erwartungen werden erfüllt. Wir genießen einen prächtigen Blick auf die Weite der Landschaft.

Vor uns das Meer

Baguette, täglich frisch

Weiter über die D 154 nach DIEPPE. In ARQUES (2.800 Einwohner) grüßt die mehrfach umgebaute Burgruine aus dem 11. Jahrhundert. Der Beiname "La Bataille" berichtet von einer Schlacht. Sie wurde 1589 von dem französischen König und Chef der Protestanten/Hugenotten Heinrich IV. gegen die

Katholischen geschlagen und gewonnen. Die bösen Rechtgläubigen mußten ihm anschließend PARIS öffnen und ihn als König anerkennen. Der Sieger schreibt die Geschichte und seither trägt ARQUES den Beinamen. Wir durchqueren ARQUES-la-Bataille. Arques heißt auch der Fluß, der verstärkt durch die Varenne, die Béthune und die Eulne durch DIEPPE ins Meer fließt. Da wir das Meer schon länger nicht mehr gesehen haben, fahren wir direkt in das Hafengelände und an den 1.800 m langen Strandbereich von DIEPPE. Dieser ist breit angelegt. Hotels, ein geheiztes Schwimmbad mit Meereswasser und viele Parkplätze markieren das Gelände.

Der Aufbau nach dem Krieg mußte rasch erfolgen. An der Westseite, stadteinwärts, steht ein mächtiges Tor mit zwei Türmen, die Reste der Mauern der Stadt. Davor, unterhalb des Schlosses eignet sich der Parkplatz als WOMO-Standplatz. Doch Einsamkeit kommt nicht auf. Ein Häuschen zwischen Parkplatz und Ufer bietet Wasser und WC. Das Stadtzentrum schließt sich fast unmittelbar an den Strand- und Hafenbereich an. Der städtische, ganzjährig geöffnete Campingplatz (du Pré Saint Nicolas) von DIEPPE ist in Rtg POURVILLE am Stadtrand aufzufinden. Dazu fährt man vom Strand unterhalb des Schlosses nach links, landeinwärts, und bei der nächsten Ampel Rtg POURVILLE nach rechts.

Nach ca 500 m weist ein Schild nach rechts Château-Musée, panorama (weiter geradeaus geht es zum Camping). Dabei gelangt man auf eine kleine Straße hoch über dem Meer. Das eine Ende bildet die Panoramaecke mit Bunkerbasis. Von der Panorama-Ecke führt ein Fußweg zum Schloß-Eingang. Das andere Ende ist etwas auffälliger. Dort steht ein zweiter Bunker aus früheren Tagen. Dazwischen möglicher WOMO-Standplatz. Von dem Panorama-Schild auf der Straße nach POURVILLE ca 200 m weiter ist links ein großer Schulparkplatz. Während der Ferienzeiten von Juli bis Anfang September auch ein WOMO-Standplatz. Ein zweiter Camping ist der städtische Camping du Pollet an der Hafeneinfahrt, östliche Seite.

Die Lufthoheit über der Fußgängerzone von DIEPPE haben die Seemöwen. Die Geschäfte und Cafés sind auf britische Gäste eingestellt. Quittungen werden auch in Englisch ausgedruckt. Das Office de Tourisme ist auf der Strandstraße, boulevard de Verdun, am westlichen Ende zu finden. DIEPPE zählt 35.000 Einwohner. Sie leben vom Hafen und von den Touristen. Der Schwerpunkt ist der Hafen (Passagier-, Fischer, und Handelshafen). Man kann täglich ab 04h00 6 mal nach Großbritannien ablegen. Es werden Tagesfahrten, Fahrten von 2 bis 5 Tagen angeboten. Alte Fischer-Viertel und moderne Hafeneinrichtungen stoßen aufeinander. Die Stadt scheint Anhängsel des Hafengeländes und des ausgedehnten Strandes zu sein.

Frankreichs Tor zur Welt

Der Hafen von DIEPPE bedeutete für Frankreich bereits im 16. Jahrhundert Anschluß an die Weltmeere und die Entdekkung fremder Länder durch wagemutige Franzosen. Die hatten es vor allem auf die reichen Portugiesen und ihre Stützpunkte an der afrikanischen Küste abgesehen. Die Kapitäne des Diepper Feeders Ango sollen mehr als 300 portugiesische Schiffe aufgebracht haben. Dieser "erworbene" Reichtum floß in die Stadt. Der prachtvollen Landsitz von Ango, Manoir d' Ango, steht in VARENGEVILLE. Die heilenden Kräfte des Meerwassers von DIEPPE zogen auch die um ihre Gesundheit bangende Pariser und Versailler Gesellschaft an und begründeten den Ruf des ältesten Kurortes des modernen Frankreichs. Im 18. Jahrhundert wurde einer Hofdame der Königin ein Bad im Meer in völlig entkleidetem Zustand verordnet, bei ärztlicher Aufsicht. Die Herrn waren schon kleine Schelme. Die Dame hätte, so wird berichtet, den wachsenden Stolz des Meeres, soviel Schönheit zu umfassen und ihre eigene Schamröte gespürt, soviel davon enthüllt zu haben. Ein Erlebnisbad war es offenbar.

Hoch über den Strandbereich erhebt sich das Schloß. Zur Sommerzeit kann man vom Strand aus zum Eingang kommen. Sonst siehe Ausschilderung. In dem wuchtigen Gebäude ist ein Museum untergebracht. Öffnung: 10h-12h, 14h-18h, geschlossen: dienstags 1. Okt. - 15. Juni, 1. Jan, 1. Mai, 1. Nov, 25. Dez. Sehenswert sind die Schiffsmodelle aus dem 18. und 19. Jahrhundert, Karten und Navigationsinstrumente aus dem 16. und 17. Jahrhundert. Sonst finden sich Gemälde und eine Elfenbeinsammlung. Die Elfenbeinschnitzerei der Kunsthandwerker von DIEPPE hatte im 17. Jahrhundert einen europaweiten Ruf.

DIEPPE 1942, Unternehmen "Jubilee"

Die moderne Bügelfachkraft, zumal männlich, kennt "Jubilee" als Sprühstärke mit Frischeduft. Doch das war schon mal anders. Im Jahre 1942, während die Deutsche Wehrmacht höchst bedrohlich für das Sowjetreich auf STALINGRAD und zum Kaukasus vorstieß, drängte Stalin die Westmächte, auf dem europäischen Kontinent eine zweite Front gegen Deutschland zu eröffnen. Allerdings waren die Amerikaner und die Briten noch nicht in der Lage, eine großangelegte Landung durchzuführen. So entschlossen sich die Briten zu einem begrenzten Landungsunternehmen. Das geographische Ziel waren die Strände von und bei DIEPPE. Da die 10. deutsche Panzerdivision innerhalb von 8 Stunden von AMIENS aus in den Landungsbereich entscheidend eingreifen konnte, mußte das Unternehmen zu diesem Zeitpunkt beendet und die gelandete Truppe wieder auf dem Rückmarsch über den Kanal sein.

Sollte Stalin getäuscht werden?

Das politische Ziel der Briten war ganz sicher, Stalin zu beruhigen. Stalin fürchtete, die Westmächte könnten in aller Ruhe abwarten, bis NS-Deutschland und das kommunistische Sowjetrußland sich gegenseitig erschöpft hätten. Militärisch verfolgte die britische Führung an der Kanalküste die Politik der Nadelstiche. Kleinere englische Kommandounternehmen zwangen die Deutschen, erhebliche Mittel und Kräfte für den Objektschutz bereitzustelllen. Die rund 6.000 Mann (davon 5.000 Kanadier) der kanadischen und britischen Einheiten des auf "Jubilee"/Jubiläum getauften Unternehmens hatten den Auftrag, deutsche Schiffe im Hafen von DIEPPE zu entwenden, Radarstellungen zu zerstören bzw Radargeräte zu erbeuten. Die Briten hatten im Februar 1942 bei einem Komandounternehmen bei BRUNEVAL, westlich DIEPPE, deutsche Radargeräte erbeutet. Dabei zeigten diese Geräte, daß die deutsche Entwicklung den Engländern voraus war. Weiterer Auftrag war, die Küstenbatterien zu vernichten und den Flugplatz südlich von DIEPPE unbrauchbar zu machen.

Möglicherweise war auch die Bildung eines Brückenkopfes geplant. Dafür spricht, daß der Hafen von DIEPPE Mittelpunkt der Operation war, dort 30 schwere Panzer gelandet wurden, und die angegriffenen deutschen Einheiten den Schutz dieses Hafens zum Auftrag hatten In der Nacht zum 19. August 1942 wurden die anglo-kanadischen Soldaten in ihren Unterkünften

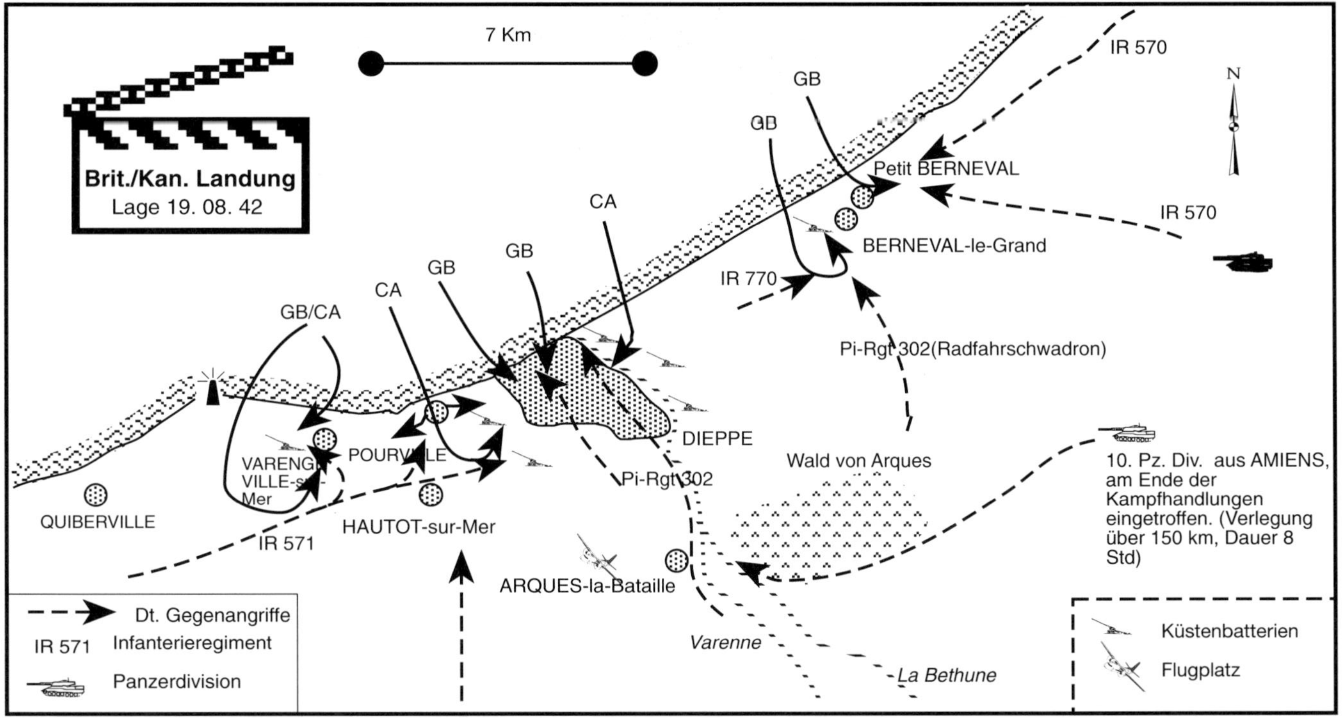

Landung der Briten und Kanadier 1942 im Raum DIEPPE

alarmiert und ohne Einweisung unter Vorgabe eines Manövers direkt zu den Häfen transportiert. Um 03h00 traf die Landungsflotte auf einen deutschen Marineverband von Küstenmotorschiffen, die gerade von BOULOGNE nach DIEPPE unterwegs waren. Durch eine Leuchtrakete verschaffte sich der deutsche Verbandsführer, ein Oberleutnant, Klarheit. Die Landungsflotte war entdeckt. Das sich anschließende Seegefecht brachte beiden Seiten erhebliche Verluste. Während ein britisches Kommando von 245 Mann die Batterie bei VARENGEVILLE zerstören konnte, endeten die Landungsoperationen auf der Promenade von DIEPPE, am Strand von POURVILLE und östlich von DIEPPE bei PUYS und bei BERNEVAL nicht zuletzt durch den erfolgreichen Einsatz der Luftwaffe in einem Desaster für die Anglokanadier.

Bis zum letzten Kanadier

Um 14h45 meldete die Einsatzleitung der deutschen Verbände den Abschluß der erfolgreichen Abwehr der Landung. Von den 5.000 Kanadiern waren 3.000 gefallen oder in deutsche Gefangenschaft geraten. Die britische Luftwaffe verlor 100 Maschinen, die deutsche 48. Der deutsche Propaganda sender in PARIS verkündete: "Die Briten kämpften bis zum letzten Kanadier". Bedeutsam für den Fortgang des Krieges waren die Schlußfolgerungen aus dem Unternehmen "Jubilee". Angesichts der materialintensiven Kriegsführung der Anlgo-Amerikaner erwartete die deutsche militärische Führung, daß eine nächste alliierte Landung mit Schwerpunkt auf die Wegnahme von leistungsfähigen Nachschubhäfen erfolgen würde. Die Briten hingegen gaben dem Versuch, starkverteidigte Hafenanlagen zu erobern und intakt zu bekommen, keine großen Chancen mehr. Sie entwickelten deshalb künstliche, transportable Häfen. Die Reste davon liegen heute noch vor ARROMANCHES. Stalin soll den gescheiterten Landungsversuch als ein politisches Signal der Westmäche an Hitler gedeutet haben, daß sie eine zweite Front nicht ernsthaft planen würden.

1992 beging die Stadtverwaltung von DIEPPE die 50-jährige Wiederkehr dieser Ereignisse mit einer großen Seglerparade und lud dazu die kanadischen Veteranen ein.

TAGESFAHRT ZWEI

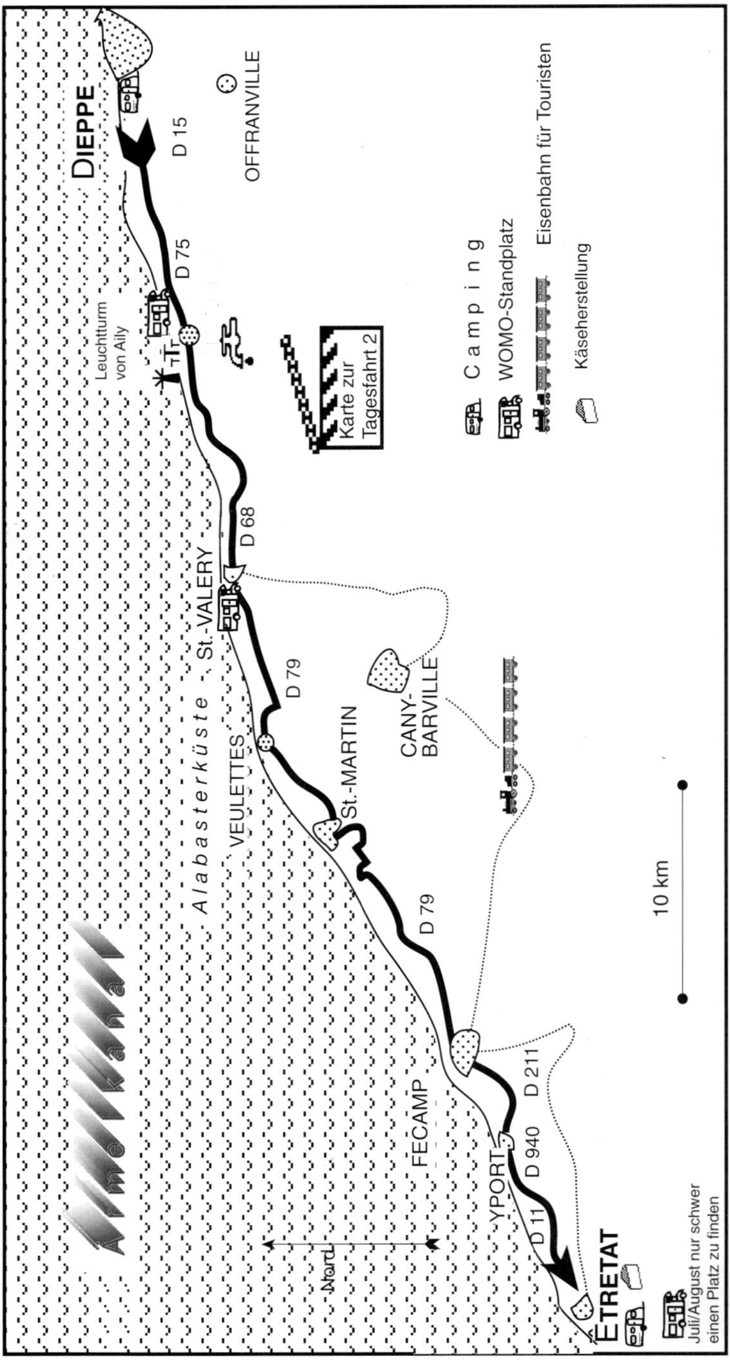

DIEPPE - ÉTRETAT

Strecke:	**DIEPPE** * POURVILLE-sur-Mer (D 68) * Saint-AUBIN-sur-Mer * VEULETTES-sur-Mer(D 79) * FÉCAMP (D 940) * YPORT (D 11) * **ÉTRETAT**
Entfernung:	100 km
Besichtigen:	Parc Floral des Moutiers (bei Pourville-sur-Mer), Soldatenfriedhof bei St.-Valéry, St.-Valéry (Zivilbauten), Château d'Anglesqueville, ÉLETOT la mer valleuse, Fécamp, Touristen-eisenbahn St.-Valéry - Cany - Barville - Valmont - Fécamp - Epreville - Étretat, Bauernhof La Valaine, Êtretat (Falaise d'Aval, Falaise d'Amont)
Wandern:	a) am Leuchtturm von Aily 2h-3h), b) zum Felsen von Aval und/oder von Amont (je 1h)
Picknick:	a) VARENGEVILLE: Roman. Kapelle Verlängerung Rtg Parc Floral des Moutiers, b) Leuchtturm/phare d' Aily,
Wasser:	s. Picknick (a) neueres Friedhofshäuschen, b) St.-VALÉRY, camping-car Platz - ausgeschildert
Übernachten:	WOMO-Standplatz a) am Leuchtturm von Aily, b) s. Picknick (a), c) St.-VALÉRY Platz-Camping-Car, ÉTRETAT: Camping, WOMO-Standplatz ggf Rtg Camping Parkplatz Schule
Einkauf 1:	Supermarkt in ÉTRETAT
Einkauf 2: Märkte	VEULES-les-Roses: Mi; St.-VALÉRY: Fr; FÉCAMP: Sa; YPORT: Mi; ÉTRETAT: Do;
Abwasser:	Le TRÉPORT, Camping Parc International du Golf, Route de DIEPPE/D 940

s. auch Abwasser bei Hinweise

Das Fahrt-Ambiente ändert sich. Ab DIEPPE ist rechts die See unsere ständige Begleiterin. Wir kommen auf der D 75 aus dem Landesinneren heraus auf die Bucht von POURVILLE-sur-Mer. Gleich öffnet sich ein prachtvoller Blick auf Bucht und Meer. Damit der Genuß auch einer bleibt und nicht zum Verkehrshindernis wird, haben die Franzosen an der Straße einen Parkplatz eingerichtet. Das Gelände ist gespickt mit Ferienwohnungen. Am Strand wehen viele englische Flaggen. Weiter nach VARENGEVILLE-sur-Mer, D 15. Die D 15 geht etwas vom Meer weg. Die Orte hier haben meist eine Partnergemeinde in Großbritannien, nicht in Deutschland. Im Landesinnern ändert sich das. Anfang des 19. Jahrhunderts haben Engländer die Normandie bereist, ihre historischen Wurzeln seit Wilhelm dem Eroberer gesucht, Reiseführer geschrieben und eine Art Tourismus begründet. Die größte Touristengruppe kommt immer noch von der Insel. Wir gondeln durch eine Art Parklandschaft mit schönen, alten Häusern. Immer wieder Seitenwege rechts runter zum Meer mit Ausschilderung "la mer".

Blumen, Kapelle und ein alter Wikinger

In VARENGEVILLE folgen wir dem Schild zum Parc Floral des Moutiers. Der im englischen Stil gehaltene Park von 9 Hektar Größe ist auf einem Schloßgelände angelegt. Seine botanischen Anfänge liegen um 1900. Die Natur bietet die Blütenpracht von Ostern bis Allerheiligen. Das Schloß wurde 1898 von einem englischen Architekten gebaut. Hunde sind nicht zugelassen. Geöffnet: 10h-12h und 14h-18h. Wir fahren die Straße weiter und kommen an einen Friedhof und zu einer romanischen Kapelle aus dem 12. Jh mit Veränderungen aus dem 13. und 15. Jahrhundert und herrlichem Blick aufs Meer. Parkplatz WOMO-Standplatz. Wasserstelle im neuen Friedhof. Dieser alte Friedhof, cimetière marin, genießt eine ähnliche Berühmtheit durch seine Lage mit Blick aufs Meer - für die Besucher - wie der Friedhof von SÈTE an der französischen Mittelküste. VARENGEVILLE besteht aus mehreren Weilern. Die einzelnen Ansiedlungen bergen zum Teil einen gehobenen Lebensstil. Der Name VARENGEVILLE, die "Stadt" des Varenge geht auf einen nordischen Haudegen namens Waring zurück, dem dieser Flecken mal gehörte. (vgl. engl. war=Krieg).

Zurück auf die D 75 Rtg FÉCAMP. Die Häuschen sind zum Teil reedgedeckt. Die Orte gehen ineinander über. Nach VARENGEVILLE zweigt eine kleine Straße zum Phare/Leuchtturm, d'Aily ab. Von dort kann man - fast routinemäßig - den

Neptun's Gewalten bei ELETOT

Blick aufs Meer richten. Am Picknickplatz ist eine Karte für markierte Rundwanderungen von ca 10 km aufgestellt (WOMO-Standplatz). Die D 75 ist eng und kurvig. Die Landschaft kann nur der Beifahrer genießen. Hinter St.-AUBIN nehmen wir die D 68, Rtg St.-VALÉRY-en-Caux. Die D 75 führt ins Landesinnere. Man hat das Gefühl, auf einer Hochfläche zu fahren. Viele

Aily: Der Leuchtturmwärter fährt Wohnwagen

Mopedfahrer bereichern/verunsichern das Verkehrsgeschehen. Zur Steilküste sind es rechts noch einige hundert Meter. Oberhalb der Steilküste verlaufen markierte Wanderwege. Die Campingplätze an der Küste werden meist von Jahrescampern genutzt. Das Hinweisschild zum Strand "la plage" entwickelt sich zur Dauereinrichtung. Erfreulicherweise führen hin und wieder reine Fußwege/voies piétonnes zum Wasser. Die meisten Gemeindestrände haben eigene Parkplätze mit Gebühren. Zwischen St.-AUBIN und SOTTEVILLE befahren wir eine Straße mit Wohnwagenbreite rechts der D 68 in Küstennähe und kommen durch eine cité des pêcheurs (Fischerdorf). Danach wieder zur D 68.

Elf Mühlen

Wir streifen VEULES-les-Roses. Normalerweise hat dieser Ort knapp 700 Einwohner. Im Sommer etwas mehr. Durch VEULES fließt die Veules. Diese ist mit 1. 194 m der kleinste Fluß Frankreichs und hat Quelle und Mündung im Dorfbereich. Im Dorf stehen noch 11 Mühlen. La VEULES-les-Roses wurde Ende des 19. Jahrhunderts als Badeort entdeckt und mauserte sich zum Modebad. Seine - küstenüblichen - Badebauten werden als neo-normannischer Stil bezeichnet oder verspottet. Die Gemeinde hat einen hübschen 3, 5 km langen Spazierweg zur Entdeckung der örtlichen Schönheiten angelegt.

Das Normandie-Ufer ist ständig eine Berg- und Talstrecke. Halbkreisförmige Sandbuchten wechseln sich mit majestätischer Felsküste ab. Die hellen Felswände inspirierten zu dem Namen Alabasterküste. Die D 925 Rtg FÉCAMP. Mit "belvédère" beschriebenen Straßenschilder weisen laufend auf Aussichtsplattformen hin. Sie sind meist auf festen Grund gebaut, auf Bunker des ehemaligen Atlantikwalls. Diese haben sich verblüffend gut erhalten. Allerdings schafft die Erosion auch sie. So mancher ist bereits die Steilküste hinabgestürzt. Überhaupt ist die Steilküste sehr tückisch. Wichtig: **es ist verboten, an die Küstenlinie direkt ranzugehen.** Längs der Küste verläuft ein rot-weiß markierter Wanderweg, die GR/ Grande Randonnée 21 (Teil des Fernwanderwegenetzes). Auf diesem Weg kann man die Küste bestens und gefahrlos kennenlernen.

Weiter nach St.-VALÉRY, jedoch nicht die LKW-Strecke. Wir folgen in St.-VALÉRY der Ausschilderung zum Monument zu Fuß. Am Hang, mit Blick zum Meer hat die Gemeinde ihren Camping angelegt. Windstille herrscht nur im Wohnwagen oder Wohnmobil. Oben auf dem Gedenkplateau genießen wir eine weite Aussicht auf Stadt, Hafen und Meer sowie das diebische Vergnügen, all die Autofahrer von hoch oben bei ihrer vergeblichen Parkplatzsuche im Hafenbereich zu beobachten. Wenn man unbedingt in Strandnähe einen Parkplatz haben will, hält dieses Unterfangen das Parkplatzleben und den Kreislauf in Schwung.

Wir halten uns derzeit im Lande Caux auf. So heißt die Gegend um St.-VALÉRY-en-Caux/in Caux. Wie überall in Frankreich, dem Lande der gesegneten Mahlzeit, ist auch hier der Tisch voll. Wie wäre es mit etwas Hühnerfleisch/poule, Steinbutt/turbot oder Kabeljau/morue, einem Schnitzel, Muscheln/moules, gar Jakobsmuscheln/coquilles de Saint Jacques dazu die regionalen Getränke cidre, pommeau oder calvados?

Fortune ohne Fortüne

Die Gedenkstätte auf dem Plateau erinnert an die 51. schottische Division, die hier am 11. Juni 1940 vergeblich versuchte, den Vorstoß der 7. deutschen Panzerdivision (von den Franzosen Geisterdivision getauft) unter Rommel zu stoppen oder zu verzögern. Der schottische Kommandeur hieß Fortune. Dort steht auch ein Denkmal zu Ehren zweier französischer Piloten, die 1930 zum ersten Mal mit dem Flugzeug von PARIS nach NEW-YORK geflogen sind. Das Denkmal in VALÉRY steht unterhalb der Flugroute, die hier festen, französischen Boden verlassen hat.

Schickimicki-Strohhütte

Eine Treppe führt runter zum Strand. Am ersten Mai-Samstag gibt es in St.-VALÉRY einen Foire-à-Tout. Das ist ein Flohmarkt. Weiter Rtg VEULETTES-sur-Mer D 79. Vorbei an dem stacheldrahtbewehrten, elektronuklearen Forschungs-Kraftwerk von PALUEL. Es hat eine Kapazität von 5. 200 Mega-Watt. Das Meer entfernt sich wieder. Die D 79 führt vorbei an älteren Backstein-Ferienhäuschen, eine Strecke mit Wohnwagenbreite. Nicht unbeachtet bleiben sollen die chaumières/Strohhütten. Manche erfüllen noch einen niedrigen Zweck. Sie verfallen oder bewahren irgendwelches altes Zeug auf. Andere sind dagegen zur postmodernen Schickimicki-Bleibe mutiert. Das normannische - senkrechte - Fachwerk glänzt in frischen Farben. Unterwegs fallen immer wieder schöne Häuser auf, die aus der Jahrhundertwende stammen, aus der Blütezeit des Bourgeois. Madame hatte Köchin, Waschfrau, Gärtner, Kutscher, Kinderfräulein und Frust. Heute hat sich davon doch einiges verändert. Zwischen Les Petites Dalles (wörtlich die kleinen bzw großen Steinplatten) und Les Grandes Dalles wechseln wir von der D 68 in die D 79. In St.-PIERRE-en-Port sehen wir in einem Gemischtwarenhandel zahlreiche Gasflaschen. Ein Zeichen dafür, das keine zentrale

Gasversorgung vorhanden ist. St.-PIERRE bedankt sich mit merci de votre visite. In ELETOT weist ein Weg zu la mer valleuse d'ELETOT ("valleuse" ist ein normannisches Dialektwort und bedeutet "kleines Tal" oder "zum Meer zugewandtes

Blick auf St.-VALÉRY.

Tal"). Der Weg zum Meer am Felsen und sogar durch den Felsen führt etwas abenteuerlich über eine -verbotene- Treppe. Die Sicherung ist nicht toll. Dann weiter auf der D 925 für 200 m, dann D 79, SENNEVILLE nach FÉCAMP.

Felsdurchbruch zum Meer bei ELETOT

Religiöse und wirtschaftliche Wunder

Rechts der Leuchtturm und die Kirche Notre-Dame von FÉCAMP. Zuvor ein Blick am Aussichtspunkt auf die Bucht von FÉCAMP. Der erste Eindruck trügt nicht. Die 22. 000 Einwohner-Stadt hat einen wichtigen Wirtschaftshafen. Ihre Verkehrsbetriebe führen als Logo ein Wikingerschiff. Und damit sind wir fast an der Quelle der Ursprünge und des Reichtums von FÉCAMP. Die Gründungslegende besagt, daß in frühchristlicher Zeit ein Feigenbaum übers weite Meer seinen Weg nach hierher fand. An dieser Stätte schlug er wider alle Expertenmeinung in jenen Tagen Wurzeln. Ein spätantikes Beispiel für das ewige Irren der Experten. Doch nicht genug. Kirchenleute fanden in den Spalten des Baumes ein Fläschchen mit Blutstropfen. Der Absender - glaubenstreu nachgewiesen - war ein Jünger Jesu, der Joseph von Arimathia oder dessen Neffe Isaak. Joseph hatte Jesus im Felsengrab bestattet. Damit taucht er in der Bibel bei Markus 15, 43f auf.

Diese Reliquie liegt heute in der Église de la Trinité, der Dreifaltigkeitskirche. Eine solche, nach den Empfindungen der damaligen Zeit, glänzend aufgebaute und offenbar gekonnt verbreitete Gründungslegende war im frühen Mittelalter ein höchst wertvoller Standortvorteil für die politische und wirtschaftliche Förderung durch die Mächtigen und für den Zustrom von zahlenden Pilgern. Im 10. und 11. Jahrhundert ließen die Normannenherzöge Wilhelm Langschwert und sein Sohn Richard II. hier zwei Kirchen und ein Kloster errichten. Bis zum 12. Jahrhundert wurde baulich kräftig expandiert. Der Pilgerstrom boomte wie nirgends in der Normandie. Die christliche Eroberung des christlichen Englands durch die Normannen 1066 und die blutige Durchsetzung ihrer Herrschaft auf der Insel brachten viel Beute-Gold und Beute-Silber in die frommen Mauern von FÉCAMP. Heute bildet die Dreifaltigkeitskirche eine bauliche Einheit mit dem Rathaus. Sie teilen sich eine Seitenmauer.

Alexander der Große und 27 Kräuter

Das Parken in zweiter Reihe wurde in FÉCAMP nicht erfunden, wird aber fleißig praktiziert. Die Fußgängerzone erstreckt sich von der Kirche St.-Étienne, auf die wir bei der Einfahrt gleich stoßen, bis zur Dreifaltigkeitskirche. Sehenswert ist neben dem Verkehrsverhalten der Modernen der Palais Bénédictine, der Abtei-Palast in der Nähe des Hafens. Der Freundeskreis der guten Tropfen muß diese Räume unbedingt besuchen. Sie bergen die Produktionsstätte des berühmten Likörs "Bénédictine". Ein bescheidener Mann mit dem Namen Alexander der Große rekreierte 1863 nicht die mazedonische Reiterei, sondern ein nasses Kunstwerk. Der tüchtige Weinhändler bekam ein Buch aus der Zeit vor der Französischen Revolution von 1789 in die Hand. Er entzifferte die verschlüsselten Angaben zur Herstellung klösterlicher Freuden, die ein Benediktinermönch in dem Buch zusammengetragen hatte. Alexander nahm die durch die Revolution und die Ausschaltung der Benediktiner unterbrochene Produktion wieder auf und wurde reich. Der aus 27 Pflanzen und Kräutern gewonnene Likör fand weltweit über 600 Nachproduktionen. Der Kenner trinkt das Werk mit oder ohne Eiswürfel, auf jeden Fall immer langsam, mit Kakao oder Sekt, zuweilen Bénédictine mit Brandy, kurz "B and B". Im Museumsteil lassen sich der Werdegang des Likörs und Werke anderer Kunstrichtungen bewundern (Öffnung für die 125.000 jährlichen Besucher: täglich 10h00-12h00, 14h00-17h00; 10h00-18h00 4. Juli bis 13. September; November bis März in der Regel um 10h30 und um 15h30).

Mühsal, Arbeit, Tod und Not

An der Hafenpromenade Albert I. steht das gut bestückte Schiffs- und Fischereimuseum, Musée des Terre-Neuvas et de la Pêche, das 1988 eingerichtet wurde (geöffnet: täglich 10h00-12h00, 14h00-16h30, außerhalb der Saison dienstags geschlossen). Es gibt hervorragende Einblicke in das Leben der Küstenbevölkerung in den vergangenen Jahrhunderten. Am Eingang beeindruckt das Modell eines Wickingerschiffes. Diese Barbaren haben den Einwohnern von FÉCAMP ihre Schiffsbautechnik, Fischfang und Fischerhaltung beigebracht. Das Museum ist vor allem eine Stätte der Nostalgiker der guten, alten Zeiten, die allerdings in der Fischerei gnadenlos hart waren. Auf gerade 5 m langen Booten arbeiteten 20 Mann. Damit fuhren sie noch um 1800 für mehrere Monate bis in die Arktis. Zwei Mann stiegen in kleine Boote und legten lange Kordeln mit über 2.000 Angelhaken aus. Sie mußten sich dabei kilometerweit vom Schiff entfernen. Die gefangenen Fische wurden an Bord verarbeitet und in Salz gelegt. Insgesamt eine mühevolle und höchst riskante Arbeit. Die Kosten von verlorenem Angelmaterial wurden vom Lohn der Seeleute abgezogen. Den Segen für ihre langen Fahrten holten sich die Männer in der Kirche Notre-Dame-du-Salut. Viele Generation erwarben so ihr Auskommen. Die Konservatorin Mme Marie-Hélène

Desjardins erzählt über den ausgestellten Teppich "Plage de FÉCAMP" von Jules Noël von 1871. Er sei nur durch die

Fußgängerzone in FÉCAMP

Spenden von Einwohnern der Stadt und dem Hauptsponsor des Museums, der Crédit fécampois, finanziert worden. Weiter

Strohhütte ohne Strohhüttler

Im Blick aus dem Bunker: die 90 m hohe Manneporte

nach YPORT/ÊTRETAT, D 940, dann D 211. Durch CRIQUEBOEUF, eine ländlich sittliche Gemeinde. In YPORT ist in der Ortsmitte ein Parkplatz für Wohnmobile (camping-car) ausgewiesen. Weiter Rtg VATTETOT. Die D 211 schraubt sich etwas empor. Doppelte Leitplanken mahnen zur Vorsicht.

Kleinod zwischen Felsen

Gleich zu Anfang: Wildes Camping ist in ÉTRETAT ausdrücklich verboten. Toleriert wird ein ordentlich geparktes WOMO. Parkplätze sind, zumal in Strandnähe, dünn gesät. Am Strand können wir die großartige Felsenparade wahrnehmen. Links der Küstenabwärtsfelsen/Falaise d'Aval mit seinem bizarren Fels-Tor/Porte d'Aval, und rechts der Küstenaufwärtsfelsen, Falaise d'Amont. Diese gehören zur Bundesliga touristischer Anblicke. Schreiber, Zeichner, Dichter, Maler blickten bereits und würdigten ihre Werke mit diesen Felsen. Beide sind besteigbar. Wir mühten uns auf den 70 m hohen Falaise d'Aval. Es ist windig und das kühlt. Ein kleiner

ÉTRETAT: Porte d' Aval, westliche Felsentor

Beobachtungsbunker aus 43/44 auf der Höhe wandelte sich zur wilden Müllstätte. Es gibt offenbar Müll-Jogger. Die rennen extra auf die Höhe zu dem Bunker, um drinnen abzuprotzen. Gesehen haben wir keine, aber gerochen.

Für beide Felsen sind ca 3 h zu rechnen, da der dazwischenliegende Strand auch noch bewältigt werden muß. Dazu kann man bei Ebbe durch das Felstor spazieren. Auf diesem Fleckchen Erde tummeln außer uns noch ein paar

Manneporte mit Friedensmöwe

Mitbürger. Außerhalb der Sommer- und der Osterzeit sieht es günstiger aus. Camping ist ausgeschildert. Der Platz ist 1.500 m vom Strand entfernt.

Zum Camping kommt man an einem Schulparkplatz vorbei. Viele britische Flaggen und viele deutsche Autonummern bereichern das Straßenbild. Ein bekanntes Cidre-+Ziegenkäseherstellungsunternehmen, der Bauernhof de La Valaine, seine Produkte Le Valaine+Cidre, liegt an der route du Havre und bietet von März bis November Führung, Käsekauf, Getränke (9h30-12h30, 14h00-19h00) und Picknickplatz/Toiletten an. Eine seltenes Angebot bekommt man im Aquarium Marin, Meereswasseraquarium, mit seinen über 100 Fischarten und Zeugnissen des Meeresbodens zu sehen. Es ist im Parc de Loisirs des Roches, in der Nähe der östlichen Strandhälfte untergebracht (Öffnung Ostern bis Ende September täglich 10h00-12h00, 14h00-19h00; Juli/August durchgehend) - s.iehe jjeweilige Ausschilderung. Der alte, restaurierte Markthallenbau in der Ortsmitte ermöglicht feines Shopping.

Dort gibt es sicher "BILD"

TAGESFAHRT DREI

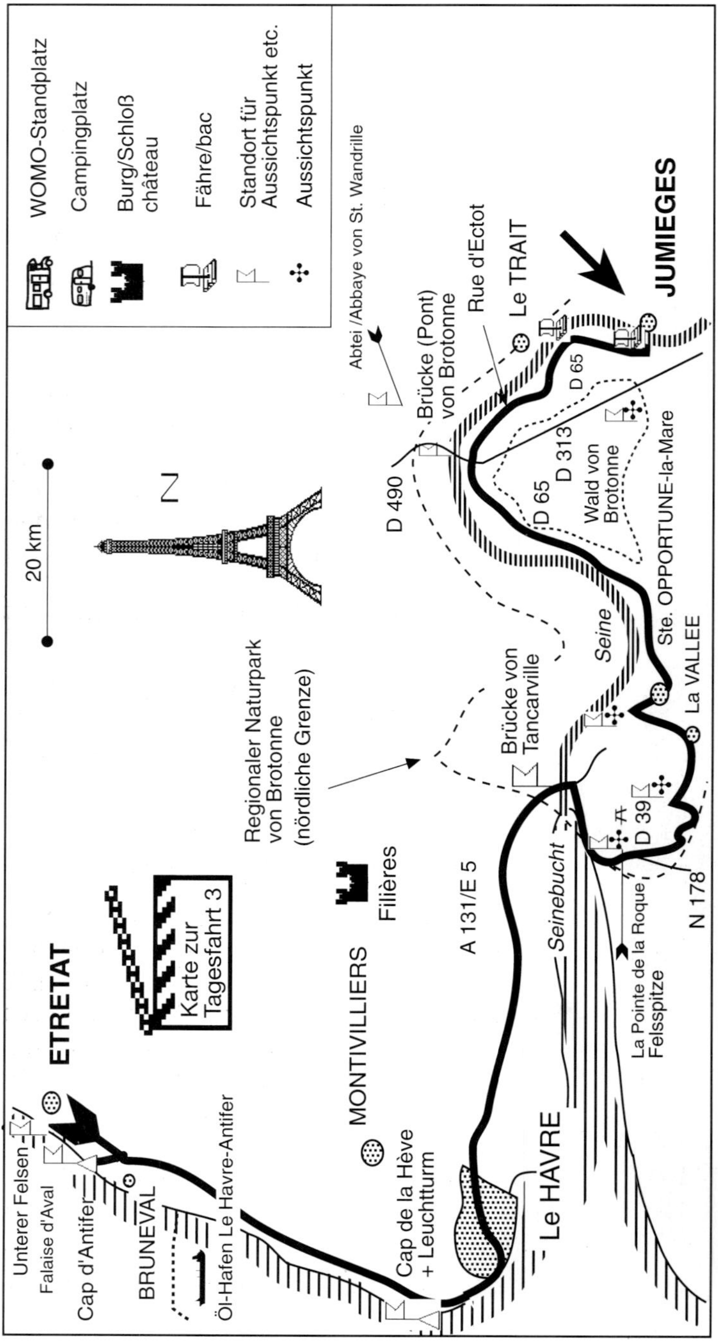

Étretat - Jumièges

Strecke:	**ÉTRETAT** * Le TILLEUL * Cap d'Antifer * Bruneval * St.-JOUIN-Bruneval * auf die D 940 * OCTEVILLE-sur-Mer * Le HAVRE * Pont de Tancarville * D 982 * N 178 * D 39 * St.-SAMSON-de-la-Roque * D 90 * BOUQUELON * TROUVIL-LE-la-Haule * VIEUXPORT * AIZIER * D 95 * Pont de Brotonne * La MAILLERAYE * D 65 * HEURTEAUVILLE * Fähre * **JUMIÈGES**
Entfernung:	110 km
Besichtigen:	Cap d'Antifer (30min), Innenstadt Le HAVRE (1h), Seefahrt- und Hafenmuseum im Hafen von Le HAVRE (2h), Parc naturel régional de Brotonne, Pointe de la Roque (1h), Pont de Botonne (30 min), Kloster St-Wandrille (2h), Seine-Ufer, Klosterruine JUMIÈGES (1h).
Wandern:	im Parc de Brotonne, Rundwanderung von JUMIÈGES aus,
Wasser:	a) am Sportplatzhäuschen von TROUVILLE, b) am Kircheneingang von VIEUXPORT, c) Parkplatz der Pont de Brotonne, d) Parkplatz vor Klosterruine JUMIÈGES.
Picknick:	Pointe de la Roque, s. Wasser (b,c),
Übernachten:	WOMO-Standplatz: a) Strand von Le TILLEUL, b) am Leuchtturm von Cap d'Antifer, c) Sportplatz von TROUVILLE, d) s. Wasser (c), JUMIÈGES: Zwei Camping (der bessere mit Seine-Strand ist an der Route du MESNIL), oder (im schönen) Camping in MESNIL-sous- Jumièges. WOMO-Standplatz vor der Klosterruine.
Einkauf 1: Supermärkte/ Tanken	Hafen- und Stadtbereich Le HAVRE, s. Ausschilderungen
Einkauf 2: Märkte	Pont AUDEMER: Mo/Fr; CAUDEBEC-en-Caux: Sa; Le TRAIT: Sa.

ÉTRETAT bleibt mit seinen Felsen hinter uns. Über die D 940 schlagen wir die Richtung Le HAVRE ein. Der Taleinschnitt nimmt sein Ende, und die Straße gewinnt langsam an

Ölhafen von Le ANTIFER-ANTIFER

Höhe. Wanderer und Radfahrer haben nach Le HAVRE einen eigenen, markierten Weg (A+Radsymbol). 2 km nach Le TILLEUL fahren wir nach rechts Rtg Phare d'Antifer auf der V 2. Der Leuchtturm taucht in respektabler Größe auf. Die Strecke hat Wohnwagenausmaße. In den Wiesen und Feldern lagern Bunker der Wacht am Atlantik. Am Parkplatz des Cap d'Antifer-Leuchtturms pfeift der Wind beträchtlich. Hier scheinen weniger Touristen herzukommen. Das Meer und die tiefen Wolken machen Eindruck, bieten Nähe und Weite in einem. Vielleicht WOMOplatz aber keine Sanitäranlagen. Zurück durch La Poterie-Cap d'Antifer nach Bruneval/St.-Jouin-Bruneval. Am Strand von BRUNEVAL stinkt es bereits mächtig nach Öl. Die Umrisse des Öl-Hafens Le HAVRE-Antifer zeichnen sich an der Küste von St.-JOUIN ab. Dieser Hafen ist seit 1976 in Betrieb. Tanker bis 550. 000 Tonnen können den Hafen anlaufen. Eine 27 km lange Öl-Pipeline transportiert das schwarze Gold zu den Raffinerien Le HAVRE. Der Hafen ist jedoch nicht mehr ausgelastet.

Sterben für Radar

Wir bemerken das Denkmal oberhalb des Strandes von BRUNEVAL und steigen gemessen über die Stufen der General-Charles-de-Gaulle-Treppe hoch. Eine Tafel teilt uns mit: "Der Sieg von Bruneval war auch derjenige von Frankreich". In der mondhellen Nacht vom 27. auf den 28. Februar 1942 sprangen britische Fallschirmjäger, die zugleich ausgebildete Ingenieure waren, in der Nähe der deutschen Radarstation aus nur 40 m Höhe mit Spezialfallschirmen ab. Die Anlage war von Stacheldraht umgeben und Luftwaffensoldaten bewachten sie. Den deutschen Wachsoldaten war die Bedeutung des Objektes unbekannt und Wacheschieben gehörte und gehört nicht zu den Leidenschaften des Soldaten. Denn die Hälfte seines Lebens wacht der Soldat vergebens. Englische Flugzeuge über dem Kanal waren ohnehin nichts Neues.

So war der Angriff des britischen Kommandotrupps vollkommen überraschend. Die Engländer erbeuteten das gesuchte Funkmeßgerät. Eine alarmierte Infanteriekompanie versuchte die Briten aufzuhalten. Einige gelangten jedoch mit wichtigen Teilen des Radargerätes zu ihren Schiffen und nach England. Das Gerät arbeitete mit Dezimeterwellen. In diesem Wellenbereich entwickelten die Briten ebenso ihre Radargeräte. Sie stellten einen Entwicklungsvorsprung bei dem deutschen Funkmeßgerät fest. Was die britischen Ingenieure allerdings nicht wußten, war, daß dieser Apparat ein Versuchsapparat war. Die deutschen Techniker hielten damals eine Entwicklung von Geräten mit Wellenlängen von über einem Meter für besser. So stufte die deutsche Seite den Verlust als relativ gering ein, während die Briten ihre Entwicklung durch den vermeintlichen Rückstand noch stärker vorantrieben. Am Denkmal lagen frische Blumen. Zurück auf die D 111. Nach St.-Jouin-Bruneval, Le HAVRE, D 940.

Le HAVRE

Wir fahren durch den nach MARSEILLE zweitgrößten Hafen Frankreichs und fünftgrößten von Europa. Die Stadt begrüßt aber nicht mit Sirenengeheul aller Boote, sondern mit einem reizvollen, gediegenen Vorort Ste.-ADRESSE. Keine Spur von Großstadt oder Ölgestank. Danach stehen wir ziemlich überraschend vor dem ausgedehnten Badestrand. Nach links führt die Rue-Général-de-Gaulle (s. weitere Ausschilderung) zum Fort de Sainte-ADRESSE. Dort oben kann man die Stadt in Gänze überblicken. Der Strand am Boulevard Albert ler bietet bei Ebbe Sand, bei Flut Kieselstein. Als ob Le Havre Angst hat, uns den modernen Hafen zu zeigen, kommt als nächste Station am Wasser der Yachthafen. Und schließlich an der "Ecke" der Hafenstraße ragt der Semaphor 52, 40 m in die Lüfte. Der Turm stellt die Verbindung zwischen Hafendirektion und Schiffe her. Jetzt tut sich der moderne Hafen auf.

Die Anlagen sind mit 21. 000 ha und 28 km Kai-Länge sehr weitläufig und geben rein gar nichts von der Hafenromantik, von der eine normale Landratte so träumt. Bahngleise, Kräne, Werkhallen, Container, riesige Tankbehälter, Fährschiffe, Containerschiffe usw. besiedeln das Hafengelände. Auf den Wegen und Straßen im Hafen laufen ständig Leute umher. Es herrscht eine nüchterne Geschäftigkeit. Jährlich docken circa 8. 000 Schiffe an den Le Havre-Molen an. Drei Bereiche garantieren einen ständigen Betrieb. Die Hafenbecken für Ebbe, für Flut und Becken mit konstantem Wasserspiegel. Der konstante Wasserspiegel wird durch die Schleuse Franz I. gewährleistet.

Franz I. war im 16. Jahrhundert König von Frankreich. 1517 befahl er die Gründung von Françoisville an der Mündung der Seine. Ein Hafen für seine Kriegsflotte sollte entstehen und entstand. 1525 geriet Franz in die Gefangenschaft des deutschen Kaisers Karl V. Er bändelte mit dessen Schwester an und kam bald wieder frei. Später setzte sich der politisch

Rathausanlage in Le HAVRE, Plattenbau plus Stararchitekt

neutrale Stadtname Le HAVRE durch. Der Hafen für die Besucherseele ist im Museum zu finden. Es steht im Stadtviertel von St.-François. Man kommt dorthin, wenn man ständig der Straße parallel zum Ufer nachfährt (Boulevard Albert Ier, Boulevard Clemenceau, schließlich Quai C. Delavigne, nach links. Das musée de l' Ancien Havre, von Alt-Havre ist in einem Haus neben der Kirche untergebracht. Geöffnet: Mittwoch bis Sonntag täglich, 10h00-12h00, 14h00-18h00, Eintritt frei. Ein weiteres Hafen- Museum ist seit 1990 im Hangar 22, Quai de Norvège zu finden (Musée Maritime et Portuaire. Geöffnet: täglich außer dienstags, Zeiten wie oben). Um dorthin zu gelangen, ist es am besten, man holt sich im Verkehrsbüro im Rathaus im Zentrum der Stadt einen Stadtplan. Die Fahrt am Hafen und durch die Stadt vermittelt uns Deutschen ein vertrautes Bild. Alle Bauten sind modern. Keine verwinkelte Gassen mit schiefen Häusern. Le HAVRE wurde während der

Invasionskämpfe völlig zerstört. Die Stadt war Festung. Die Amerikaner warfen bei über 150 Luftangriffen Bomben. Die Deutschen sprengten die Hafenanlagen und gaben die Stadt erst im September 1944, also 2 1/2 Monate nach Invasionsbeginn auf. Erst 1947 war der Hafen vom Schutt freigeräumt. Der Wiederaufbau konnte gegen Ende der 60er Jahre mit US-Unterstützung beendet werden.

Beton und Kunst

Der Neuaufbau der mit St. PETERSBURG verbundenen Stadt erinnert oberflächlich an alle möglichen Stilelemente. Bösartig könnte man sagen, eine Mischung von Versailles und stalinistisch-realsozialistischem Plattenbau mit viel Beton. Der geistige Vater, der Architekt Auguste Perret wird oder wurde als Magier des Stahlbetons gerühmt. Breite und großzügige Boulevards durchziehen die neue Stadt. Die Industrie- und Unistadt glänzt natürlich auch mit einem Rathausturm. Besonders eindrucksvoll ist das Kulturzentrum Le Volcan in der Nähe der Stadtmitte. Die massige Vulkanform aus Beton führt - je nach Geschmack - die Betonmanie ins Absurde. Nicht von ungefähr verspotten die Einwohner das Monster heute als Atommeiler. Man soll Experten arbeiten aber sich nicht austoben lassen, eine grenzübergreifende Erfahrung.

Drei Brücken hängen über die Seine

Wir verlassen Le HAVRE Rtg toutes directions und kommen, vorbei an bunt bemalten Hafenschuppen, an die Seine nach TANCARVILLE, aus Le Havre heraus Rtg Tancarville auf der A 131-E 5, Rtg Pont de Tancarville. Die Brücke ist ein Stolz französischer Brückenbauer. Sie wurde nach 3-jähriger Bauzeit 1959 eingeweiht, ist 1.400 m lang und hängt auf 48 m über Flut an zwei 125 m hohen Pfeilern. Das Mittelstück ist 608 m lang. An beiden Enden sind Parkplätze eingerichtet. Das modernste Brückenbauwerk hierzulande ist die Brücke der Normandie. Sie verbindet seit Frühjahr 1994 Le HAVRE mit HONFLEUR. Wir werden sie während der Tagesfahrt 6 kennenlernen. Die Brücke von Brotonne liegt auf unserer heutigen Strecke. Alle drei Brücken sind Hängebrücken, imposant und gebührenpflichtig. Sie überspannen im großen Bogen die mächtige Seine. Bis ROUEN kann man auf einer Länge von 127 km die Seine nur tagsüber und nur mit Fähren überqueren. Dadurch wird die wichtige Wasserstraße bis ROUEN für die Hochseeschiffahrt freigehalten. Die Seine trennt so die Anrainergemeinden ziemlich empfindlich voneinander. Vor der großen Brücke von TANCARVILLE endet die Autobahn. Kleine Hindernisse bremsen den forschen Fahrer. Über die Seine weiter Rtg Pont-l'Evêque, N 178 nach der Brücke. Am anderen Ende der Brücke ist rechts ein Parkplatz. Von dem Parkplatz kann man auf einem unbefestigten Feldweg 300 m zurücklaufen und die Brücke fotografieren.

Droben stehet die Kapelle

Weiter Rtg Pont-l'Evêque, N 178. Die Nationalstraße durchzieht zügig ein durch eine Hügelkette und durch Kreidefelsen begrenztes Gebiet. Am Horizont sehen wir wieder den Hafen von Le HAVRE. Links auf dem Felsen hoch oben steht eine kleine Kapelle auf der Pointe de la Roque, der Felsenspitze. Daneben überragt ein Leuchtturm das Tal. Um auf die Felsenspitze zu kommen, biegt man nach 200 m links ab auf einen ziemlich wüsten Fernfahrerrastplatz, Relais Nord Bretagne. Von dort führt ein teils wohnwagenbreiter, asphaltierter 2 km langer Weg zur Pointe de la Roque. Wir sind bereits im regionalen Naturpark von Brotonne. Der Park trägt als Logo das Wikingerdrachenboot. Auf der Felsennadel ist ein Picknickplatz eingerichtet. Wer Regen, Sturm und Wind nicht scheut, und die scheuen wir alle nicht, der kann hier sein WOMO aufschlagen. Offiziell jedoch nicht gestattet.

Der Blick geht auf den Mündungsbereich der Seine, die Brücke der Normandie, auf die Tancarbrücke seineaufwärts und auf den Marais Vernier, den Sumpf Vernier. Dieses sumpfige Naturschutzgebiet und einzigartige Biotop liegt in dem Dreieck Pointe de la Roque im Nord-Westen, QUILLEBEUF im Nord-Osten und der D 90 im Süden. Das Gebiet wurde vor Zeiten von der Seine durchflossen und umfaßt ca 5. 000 Hektar. Ein Lehrpfad informiert auf der Pointe de la Roque über den geologischen Wandel der Stätte seit 1 Million Jahren. Das Stetige ist eben der Wandel. Die Tafeln zeigen Vögel und Pflanzen, die in der Seine-Mündung gedeihen. Ein weiterer Info-Stoß berichtet über unsere menschlichen Vorgänger an Ort und Stelle, die seit den Anfängen für Mensch und Getier von Interesse war. Da hauste mal in einer Höhle im Felsen ein Ungeheuer. Der Childebert I., Frankenkönig im 6. Jh., befahl Samson, eigentlich Bischof von Dôle (heute Ostfrankreich), daß er das Ungeheuer aus der Höhle entfernte. Samson band daraufhin dem Ungeheuer seine Bischofsschärpe um, und befahl dem Vieh, unter einen Stein zu kriechen und dort zu bleiben. Das Getier soll dort unter dem Stein noch heute ausharren. Wenigstens seine Überreste. Samson brachte es später zum Heiligen. 1834 stand hier der erste Leuchtturm. Eine Orientierungstafel zeigt in die verschiedenen Richtungen. Wir senden unsere Grüße durch die Lüfte. Zurück zur N 178 Rtg Pont-l'Evêque. 300 m nach der Fernfahrerraststätte nach rechts auf die D 39, über die Risle, Rtg Le MARAIS-VERNIER/BOUQUELON. Die D 39 führt teils längs der Risle in ein ländliches Ambiente. Rechts sind Kühe, links sind Kühe, augenscheinlich glückliche Kühe. Auf die D 90, Rtg

Ein Taubenschlag/Colombier als Ferienhaus

BOUQUELON, ein kleines Dörflein mit Friedhof, Kirche und Rathaus. An der Dorfausfahrt mahnt ein Kreuz. Nach einigen Metern kommen wir auf die D 810, biegen nach links ein Rtg Ste.-OPPORTUNE. Wir passieren das hübsche Schloß von Thurien. Ste-OPPORTUNE ist ein netter, kleiner Ort. Das alte Pfarrhaus wurde in ein Apfelhaus/maison de la pomme umfunktioniert mit audio-visueller Schau, Kostproben und Verkauf von Cidre und Calvados. Wir gehen auf die D 95 Rtg TROUVIL-

Im Park von Brotonne: Sehnsucht streichelt den Palazzo

LE-la-Haule (dort an den Sportplätzen WOMO-Standplatz mit Wasserstelle an einem eingeschossigen, schwarzgedeckten Gebäude - Umkleidekabinen für visiteurs et arbitre - auf der linken Seite aus unserer Fahrtrichtung, vor den Eingängen links ist die Wasserstelle). Wir überqueren die autobahnähnliche N 182-E 5. Schafe grüßen, wir auch und fahren durch ein Waldstück. Links unten markiert die Se ne die Landschaftl.

Springflut auf der Seine

Wir erreichen Vieux-Port, das prächtig an der Seine liegt. Ein Handwerksmuseum gibt's auch, dazu sauber hergerichtete Bauernhäuser. Vieux Port hat eine schöne Strandstelle. Dort können Boote zu Wasser gelassen werden. Vor der steilen Böschung/berge und der Springflut/mascaret werden gewarnt. Bänke und eine größere Wiese könnten hier einen WOMO-Standplatz abgeben. Unmittelbar daneben steht eine kleine Kirche mit Friedhof. Neben dem Kircheneingang ist eine Wasserstelle. Weiter auf der D 95, bald D 65 längs der Seine nach AIZIER/CAUDEBEC-en-Caux.

Wir tangieren die route des chaumières, die Strohhüttenstraße. Links die Seine, rechts der Wald von Brotonne. Das Ganze ist mittlerweile eine Halbinsel. Von drei Seiten umfließt uns die Seine. An der Kirche aus dem 12. Jh in VATTEVILLE-la-Rue machen wir Rast. Ein Rentner spricht mich in schwer verständlichem Deutsch an. Durch NICOLAS-de-BRIQUETUIT. Rtg Pont de Brotonne. Am Fuße der Brotonne-Brücke, vor der Péage-Stelle, ist ein gut angelegter Parkplatz mit Sanitäranlagen/WC, WOMO-Standplatz. Diese Brücke ist 1.280 m lang, der Mittelteil beträgt 320 m auf 50 m Höhe, und die Pfeiler erheben sich auf 120 m. Vor der Brücke muß man sich entscheiden. Entweder geht man über die Brücke oder man benützt eine Fähre/bac, um an das andere Ufer zu gelangen. Die Fährstelle ist mit bac oder passage d' eau ausgeschildert. Die Fähre hat eine Breite von 3 m. Das Problem kann die Auffahrt und Abfahrt sein. Da muß man langsam tun. Bevor man auf die Fähre fährt, soll man sich die Auffahrt ansehen. Auf jeden Fall soll man die Stabilisatoren lösen. Ein Wohnwagen ab 5 m Länge kann vielleicht aufsitzen. Wer das Kloster St.-Wandrille ansehen möchte, muß über die Brücke von Brotonne. Die anschließende Fahrt geht über die D 982 nach JUMIÈGES. Die Fähre ist für alle, die keine Autonummer des Département Seine Maritime haben, preiswert gebührenpflichtig. Wir gondeln

Das normannische Schieferdach alt und neu

weiter über die D 65 längs der Seine, durch la MAILLERAYE nach JUMIÈGES.

Klosterruine JUMIÈGES

Die Ruinen der gewaltigen Klosteranlagen beherrschen das Tal. Die Ursprünge gehen auf das 7. Jahrhundert zurück. Die Wikinger zerstörten 841 einen Teil des meeres- und flußnahen Prachtstückes. 885 arbeiteten kluge Mönche in der Abtei einen Vertrag aus, der vorsah, den Normannen das Gebiet zuzusprechen, das sie bereits beherrschten, die später so benannte Normandie. Der westfränkische König Karl der Einfältige/Einfache unterschrieb und gab dem Wikingerchef Rollo noch seine Tochter zur Frau, für Rollo nicht die erste, nicht die einzige, nicht die letzte. Das Westfrankenkönigs-töchterchen besorgte den Rest, und der wilde Nordmann war gezähmt. Er ließ sich taufen. Wilhelm Langschwert, Herzog der Normandie und Sohn der beiden, ließ das Kloster um 925 wieder aufbauen. Die folgenden Generationen bauten um und weiter. Solche Klosteranlagen hatten im Mittelalter die wirt-

Fähre über die Seine

schaftliche Funktion einer heutigen Großstadt. Im Jahre 1450 starb mit 26 Jahren Agnes Sorel, die blonde, im alltäglichen Dienst meist links oder rechts bloßbusige Geliebte des französischen Königs Karls VII., in ihrem Landhaus in Le MESNIL-sous-JUMIÈGES in der Nähe von JUMIÈGES. Ihr Herz wurde in der Abtei von JUMIÈGES beigesetzt. Ihr Körper liegt in LOCHES bei TOURS (s. Womoreihe Band 11, "Auvergne" S. 57f). Die Revolution von 1789 vertrieb die Mönche. Die Gebäude verfielen und wurden als Steinbruch genutzt. Noch im Laufe des 19. Jahrhunderts erwarb eine wohlhabende Familie die Anlage und sorgte für ihre Erhaltung. Seit 1947 gehören die Abtei-Reste dem Staat. Geöffnet: 1. April bis 15. Juni, 16. Sept bis 31. Okt., 09h00-12h00, 14h00-17h00, Wochenende: 09h00 - 12h30, 14h00- 18h00, Mitte Juni - Mitte Sept.09h00 - 18h30.

Von Jumièges aus gibt es markierte Rundwanderungen von 3h und 4h. Start am Parkplatz des Klosters.... .

TAGESFAHRT VIER

JUMIÈGES - ROUEN

Strecke:	**JUMIÈGES** * MESNIL-sous-Jumièges * DUCLAIR * SAHURS * **DÉVILLE-lès-ROUEN**
Entfernung:	40 km
Besichtigen:	Seine-Ufer, ROUEN
Wandern:	Spaziergang am Seine-Ufer in DUCLAIR/ Chemin du Panorama (1h)
Übernachten:	Camping in Déville-lès-ROUEN, Buslinie Nr.2 bzw 2a. Camping - Innenstadt und Innenstadt - Camping
Einkauf 1	Supermärkte im Stadtbereich ROUEN
Einkauf 2: Märkte	DUCLAIR: Di.

Obst an der Seine

Die Orte am Seine-Fluß sind touristisch ausgerichtet. Sie erwecken den Eindruck, ein einziger Obstgarten zu sein. Typisch für die Normandie sind auch Nieselregen und Nebel. So auch heute, als wir JUMIÈGES verlassen. Wir fahren weiter Rtg MESNIL auf der D 65. Die Straße führt in der Nähe des Ufers. Dazwischen sind Obstbäume. Die ganze Ecke ist mit Bauernhöfen und Ferienhäusern angefüllt. Weiter nach MESNIL Rtg DUCLAIR, D 65. Längs der Seine und der D 65 wird immer wieder Obst vom Erzeuger angeboten. An der Seine sind laufend Leuchttürme. Ein Briefträger radelt uns auf dem Fahrrad entgegen. Schafe, die Kühe des kleinen Mannes, grasen an den Bäumen entlang. Wir kommen durch das malerisch am Fluß gelegene DUCLAIR und halten uns längs derSeine. Dabei lernen wir eine gemütliche Uferstraße kennen, eine Wohnstraße mit Sitzbank. Weiter nach ROUEN auf der D 982. Die Landwirtschaft erfreut. Ein Traktor walzt auf der Straße. Die Zeit wird zur Nebensache. Links erheben sich die schon bekannten Kreidefelsen. DUCLAIR mit seinen 3. 500 Einwohnern bedankt sich für den Besuch und wünscht angenehme Fahrt. Die D 982 verläßt die Seine. Längs der Strecke grasen edle Pferde, die Kühe des edlen Mannes. Vor wenigen Generationen wurde auf dem Lande noch herb und streng nach Kuh-

Bauern und Pferde-Bauern unterschieden. Dabei stand ein Kuh-Bauer mit seiner Familie deutlich tiefer auf der dörflichen Gesellschaftsleiter.

Jetzt kann man sich wieder entscheiden. Die D 67 Rtg SAHURS führt an der Seine entlang. Aber hier ist sie landschaftlich nicht sehr reizvoll. Die Seine ist im Bereich bis ROUEN immer mehr industrialisiert und über "ROUEN par la Seine" gelangt man in den Hafen. Der ist natürlich nicht

St.-PIERRE-Manneville: Patrizierfachwerk im Park, und drinnen putzt die Gräfin

uninteressant. Die andere Möglichkeit führt über die D 982 direkt in den Vorort von ROUEN, DÉVILLE-lès-Rouen. In DÉVILLE-lès-Rouen Rtg DIEPPE, N 15. Dort liegt der Campingplatz. Er ist ausgeschildert. Wir fahren über den Hafen.

In Frankreich tut sich was

In Frankreich hat sich in den letzten 10 Jahren im Bereich der Infrastrukturverbesserungen auf dem Lande viel getan. Zahlreiche öffentliche Investitionen vermitteln ein modernes Frankreichbild. In St.-MARTIN-de-Boscherville glänzt ein neues Postgebäude. Die alte Abtei am Ort ist Teil der normannischen Abteistraße. Sie wurde 1114 begründet. Der Ort hat aber eine Besiedlung seit dem 1. Jh. vor Ch. aufzuweisen. Die Kathedrale Saint-Georges steht stolz inmitten des 1. 400 - Einwohner-Ortes. Weiter durch die Obst- und Felderhalbinsel. Die D 67 ist von eingezäunten Feldern umgeben. Nach QUEVILLON. Hühner warten an der Straße auf ein günstiges

Auto. In St.-PIERRE-de-Manneville heißt die Dorfkirche mal zur Abwechslung St.-Pierre und nicht Notre-Dame. Vor dem Bürgermeisteramt weht die französische Flagge und die Europaflagge. Wir halten am Manoir de Villers, das aus dem 16. Jh. stammt. An diesem Manoir arbeitet ein Mann Mitte 40 am Zaun. Er ist seit 20 Jahren im Dienst des Hausherrn, allerdings nur halbtags. Wir unterhalten uns über Wetter, Touristen und die regionalen Arbeitsmöglichkeiten. Sonst ist er in der Fabrik

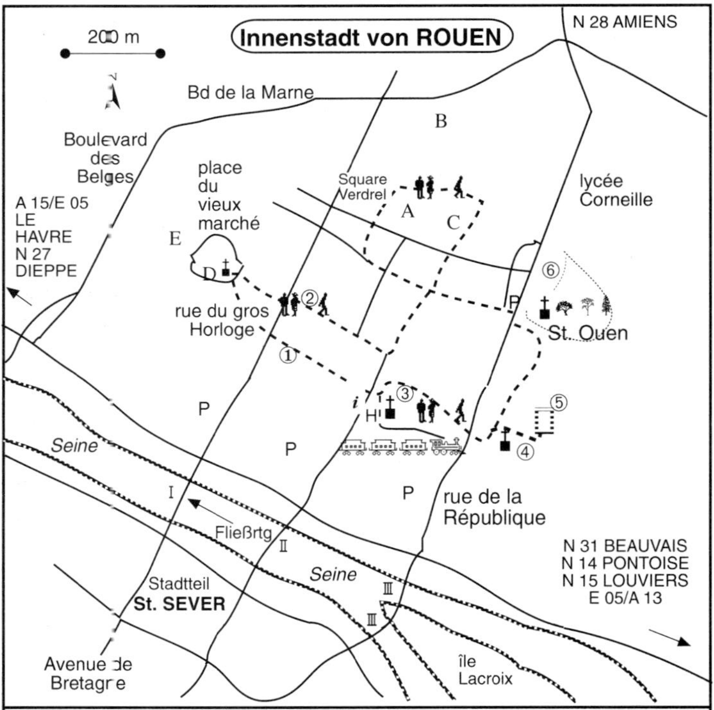

I Pont (Brücke) Jeanne d'Arc
II Pont Boieldieu
III Pont Corneille
H Haltestelle der Touristenbahn für Stadtrundfahrten
Fußgängerzone
i office du tourisme/Verkehrsbüro
① Beffroi/Uhrturm Gros Horloge
② Justizpalast
③ Kathedrale Notre-Dame
④ St.-Maclou
⑤ Aître/Hausanlage mit Innenhof St.-Maclou
⑥ Rathaus

P Parkhaus/Tiefgarage
A Musée de la Céramique
B Musée des Antiquités
Musée d'Histoire naturelle
C Musée Le Secq des Tournelles
Schmiedprodukte
D Musée Jeanne d'Arc
E Musée Corneille

beschäftigt. Große, rot-weiß gestrichene Masten der Überlandleitungen industrialisieren das Landschaftsbild. Der Blick wird durch die Kreidefelsen der Seine begrenzt. Die D 51 Rtg ROUEN. Durch HOUTOT-sur-Seine und an einer eingemauerten Grundschule vorbei. Wollen da möglicherweise irgendwelche abhauen? Ständig reizvolle Ferienhäuser erinnern an die Bürger von PARIS und ROUEN. Jetzt fahren wir in das Hafengebiet von ROUEN ein. Containerpyramiden sind das Wahrzeichen.

Die Knochen eines Imperators

Am Hafen steht, überraschend unscheinbar am Straßenrand, eine Säule für Napoleon I. Sie wurde am 5. August 1844 in Dienst gestellt. Das geschah aber nicht, um vorausschauend den Rückzug der Deutschen Wehrmacht zu feiern, der 100 Jahre später stattfand. Damals fieberte das bürgerliche Frankreich in der Napoleonrenaissance. Der Kaiser, genauer seine sterblichen Überreste kehrten von St. Helena aus der Obhut des britischen Erbfeindes zurück in die Erde Frankreichs, besser, in die Mauern des Invalidendomes in PARIS.

Die Knochen des Imperators der Revolution passierten am 9. Dezember des Jahres 1840 auf der Seine ebendiese Stelle, wo wir jetzt geschichtsbewußt betroffen stehen, bereit die Vergangenheit auch in dieser Dimension endlich aufzuarbeiten. Denn ohne die Deutschen und vor allem die Preußen mit dem Feldmarschall Blücher hätte Napoleon seine Tage nach Waterloo bis zu seinem Tode 1821 nicht auf der fernen Insel im Süd-Atlantik unter der Aufsicht eines Frankreich unwohl gesonnenen britischen Inselstatthalters verbringen müssen. Dieser titulierte Seine Gallische Majestät penetrant und komplexbeladen nur mit General und das noch auf Englisch. Hatten nicht Churchill und Stalin nach der gelungenen Invasion von 1944 sich genüßlich daran in Telegrammen erinnert, daß Napoleon eine Landung von Frankreich aus über den Kanal auf den britischen Inseln nicht einmal gewagt hatte? England und Rußland waren gegen Napoleon verbündet.

ROUEN, auferstanden aus Ruinen

Eine Bar in ROUEN in der Avenue de Bretagne hat ihre Preise in Ecu angegeben. Ein zufällig erster Eindruck auf unserem Rundgang in der Innenstadt. Die Bars und Restaurants sind in Raucher- und Nichtraucherzonen aufgeteilt. Das gesetzliche Rauchverbot in den rauchfreien Zonen wird er-

Hafen von ROUEN, der Seehafen von PARIS

sichtlich eingehalten. Die Hauptstadt der Normandie (105. 000 Einwohner) setzt sich aus dem Hafen, der Seine und des 1944 durch alliierte Bombenangriffe stark zerstörten und dann wiederaufgebauten ROUEN zusammen. Der schmuckvolle Kern des Wiederaufbaus ist die Innenstadt mit dem Dreieck Alter Markt/Vieux Marché, wo Jeanne d' Arc verbrannt wurde, der Kathedrale Notre-Dame und der Kathedrale St.-Quen. Die

Fußgängerzonen der Stadt sind sehr belebt und vermitteln vor allem in der Rue du Gros Horloge eine schwungvolle Atmosphäre.

Kathedralen und Kopfsteinpflaster

Wir beginnen unseren historischen Rundgang in der Hundert-Türme-Stadt an dem Platz vor der großen Kathedrale Notre-Dame. Dem Eingang gegenüber ist das Verkehrsbüro. Dort geschieht die Verständigung in Englisch, Italienisch, auch in Deutsch. Die Kathedrale ist ein zentraler Anlaufpunkt für Gruppen aller Art. In jeder Ecke darbt eine Gruppe und lauscht den Erklärungen. Stationen in der Kathedrale: Tafel über die Bombardierung der Kathedrale 1944, Grabmal des Normannenherzogs Rollo, in dessen Nachbarschaft das Herz von Richard Löwenherz. Diane de Poitiers (1499-1566) steht auf der besucherabgewandten Seite. Sie war die Geliebte des Königs Heinrich II. Wir treffen sie wieder und erfahren Näheres auf der 14. Tagesfahrt in ANET. Dort steht ihr Schloß. Über dessen Eingang begrüßt sie in steinerner Nacktheit Besucher aus nah und fern. Die Kathedrale gehört dem Staat. Am 24. Juni 1956 wurde der erste große Wiederaufbauabschnitt beendet und das Gotteshaus wieder geweiht. Dann verlangsamte sich der Wiederaufbau. Zu den großen Statikproblemen gesellen sich heute Umweltschäden. Die Finanzierung der Bau- und Reparaturarbeiten tragen gemeinsam Staat, Region, Département und Stadt. Wir verlassen die Kathedrale nach rechts am Prénatal-Kaufladen vorbei. Die Fußgängerzonengasse erfreut durch Kopfsteinpflaster. Eine deutsche Jugendgruppe spricht uns in einem mühseligen Französisch an. Sie suchen mit Hilfe eines Stationenzettels die baulichen Schönheiten der Stadt auf. Wir laufen am erzbischöflichen Palast vorbei. Links reihen sich kleine, feine Geschäfte aneinander. Das Fachwerk gehört zur Extrastruktur des Schaufenstererlebnisses. Wir treffen auf ein gotisches Großexemplar, auf die im Juni 44 ausgebombte, zwischenzeitlich in Teilen wiederaufgebaute Kirche St. Maclou. Dahinter ist der Aître St.-Maclou. Dabei sind das Fachwerk und der Innenhof sehenswert. Rund um den reizvollen Platz Barthélèmy haben Fayence- und Antiquitätenläden ihre Reize aufgebaut. Mit Kreditkarte sind Sie herzlich willkommen und aufgefordert, die nötigsten Urlaubsbedürfnisse zu decken. Während wir auf Grün am Zebrastreifen warten, sehen wir einer blonden Dame beim Einparken zu. Immerhin eine unterhaltende, kostenlose Abwechslung zur klassischen Gotik und inflationsfördenden

Die Straße des Uhrenturms. Man sieht nicht nur Uhren.

Fayencekaufkultur. Weiter Rue Damiette vorbei an der Kneipe La Walsheim. Das kleine Gäßchen ist mit teils bemalten Fachwerkbauten ausgeschmückt. Nach 200 m erreichen wir die gotische Kirche St.-Quen. Dort sind auch Toiletten am Place du Général de Gaulle zu finden.

In dieser Kirche wurde am Mittwoch, den 7. Juli 1456 Jeanne d'Arc feierlich rehabilitert. Die Uhrzeit ist nicht angegeben.

Dänenstadt ROUEN

Am Eingang des Parks steht ein nachgemachter Runenstein aus Jütland. Das Original wurde dort auf Befehl des Normannen Harald, König von Dänemark, so zurechtgehauen und auf Dänisch beschriftet vielmehr berunt. Das normannische ROUEN wurde früher mal die Stadt der Dänen genannt. Zum 1.000-jährigen Stadtjubiläum 1911 schenkte die Kopenhagener Kralsberg-Stiftung der Stadt ROUEN diese Kopie. Im Park treffen wir nach einigen Metern die Statue des Normannenfürsten Rollo, Haltung aufrecht, germanisch, grimmig, kühner Blick 30 Grad nach oben. Kein Müsli-Produkt. Am 25. Juli 885 soll er gesagt haben: Nous en resterons maîtres et seigneurs. Wir werden Herren und Meister dieses Landes bleiben. Und sie blieben ebendiese. Doch auch Normannenruhm verblaßt. Seine linke Hand hält ein verrostetes Schwert, seine Rechte ist abgeschlagen. Das Denkmal steht seit 1863. ROUEN ist mit LANGENHAGEN bei HANNOVER verbunden. Zu Ehren dieser Partnerschaft wurde 1983 hier im Park eine Eiche gepflanzt. An die Kathedrale St.-Quen ist das Rathaus angebaut. Wir gehen durch das Rathaus hindurch und kommen an dem Platzbereich mit dem Napoleonreiterstandbild halbrechts heraus. Dort sprudeln rege Wasserspiele und flattern viele Trikoloren, Flaggen der Normandie und des Départements.

Pyramiden des Mittelalters

Es läuten die großen Glocken von St.-Quen den Nachmittag eindrucksvoll ein. Die Kirche hat Gestühl nur an der Apsis. Die Leere läßt eine gewaltige Wirkung verspüren. Im Mittelalter hatten die Kirchen kein Gestühl. Solche raumgreifenden Kirchen sind die Pyramiden des Mittelalters. Am Eingang vermitteln zwei Schießscharten den irdischen Nebenzweck als Wehrkirche. Weiter über die Straße Rtg Bar Le Napoleon. Wir gehen an dem Redaktionsgebäude von "Paris- Normandie" vorbei, das hier das Lokalblatt ist, nach rechts in die Rue de l'Hôpital.

Eine Pizzeria bietet pizza à emporter/Pizza zum Mitnehmen an. Das Kopfsteinpflaster der Rue Ganterie führt uns zur Rue Socrate. Wir kommen am Justizpalast vorbei und gehen nach links in die Fußgängerzone zur Rue Eugène Boudin, dann Rue du Bec. Am Stand "Au Croissant chaud" ist eine große Schlange. Kultur und Geschichte mit leerem Magen geht halt nicht. Schließlich sind wir wieder in der Rue du Gros Horloge.

Nordafrikanische Metzgerei

Dieser Teil der Fußgängerzone ist die Flaniermeile der Stadt. Hinter dem Turm du Gros Horloge in Richtung des Vieux Marché/Alten Marktes ist links eine Bank, Crédit Lyonnais, mit Geldautomat und Anweisung in dt. Sprache.

Die Jungfrau, der Indianerkämpfer, die Dichter

"Jeanne sans sépulcre et sans portrait, toi, qui savais que le tombeau des héros est le cœur des vivants. Johanna, Du bist ohne Grabmal und ohne Bild, Du wußtest, daß das Grab der Helden das Herz der Lebenden ist". Dieser Satz prangt an der modernen Kathedrale Johanna von Orléans auf dem Alten Markt/Vieux Marché von ROUEN. Dieser Platz des Scheiterhaufens, der Hinrichtungsstätte des 30. Mai 1431 bildet das Ende und das Ziel der Fußgängerzone Rue du Gros Horloge. Der Ort ist gleichzeitig Zeuge des Endes des sensationellen

Sturmlaufs, vielleicht Irrlaufs, der lothringischen Jungfrau durch die hohe Politik ihrer Zeit. Johanna wurde 1410 oder 1412 als einfaches Bauernmädchen in DOMREMY an der Maas geboren. Sie glaubte, von Stimmen aufgerufen zu sein, das von den Engländern belagerte ORLÉANS zu befreien. England und Frankreich führten seit 1337/38 gegeneinander - mit Unterbrechungen - Krieg. Johanna ging zu dem kampfesunlustigen Kronprinz und Herrscher Karl VII. an den Hof. Ihr gelang an der Spitze eines Heeres 1428 die Befreiung ORLÉANS. Bei COMPIÈGNE geriet sie am 23. Mai 1430 in die Hände der neutralen Burgunder. Gegen Bargeld lieferten die Burgunder Johanna an die Engländer aus. Diese machten ihr den Hexen-Prozeß und stellten sie auf den Scheiterhaufen. Die Aschenreste der Jeanne d'Arc wurden in die Seine geworfen. Der französische König tat nichts für ihre Rettung. Drei Jahre nach Kriegsende und der Vertreibung der Engländer von dem Kontinent hob 1456 ein kirchliches Gericht diese Verurteilung auf. Johanna war bereits eine verehrte Persönlichkeit geworden. 1909 erfolgte die Seligsprechung, 1920 wurde sie heilig gesprochen. Neben der Kirche auf dem Place de la Pucelle sind die Hallen mit Lebensmittel-Verkaufsständen.

ROUEN hat noch einen Nationalhelden. Der Entdecker und Abenteurer Robert de Lassalle wurde am 22. Nov. 1643 hier geboren. Er wurde in Texas am 19. März 1687 ermordet. Er gründete in der Nähe von MONTREAL am St. Lorenzstrom die Stadt Lachine. Er fuhr den Mississippi hinunter und bewirkte, daß Louisiana zu Frankreich kam.

Nationalhelden der Feder sind auch in ROUEN geboren. Corneille erblickte 1606 in Rouen das Licht der Normandie. Er starb in PARIS 1684. Er reussierte als Dichter und schrieb sich als Verfasser glanzvoller Dramen in die Geschichte ein. Der spanische Ritter und Heerführer gegen die Mauren, El Cid, ist Held und Namensgeber eines der Corneille'schen Dramen. Der ernüchterte, zunächst romantische Dichter Flaubert wurde hier 1821 geboren und starb 1880 in der Nähe in CROISSET. Mit der sehr verständnisvollen, detaillierten Romanschilderung über die sich in der selbstverliebten Ausgestaltung ihrer endlosen, seelischen Probleme selbstverwirklichende Landarztgattin Madame Bovary, ihre Konfliktbewältigungsversuche mit Seitensprung und Selbstmord - der Roman muß ja mal ein Ende haben - erlangte Flaubert fast zeitlosen Weltruhm. Flaubert hatte Schulden und brauchte Geld. Das gut zahlende Publikum hatte er mit diesem Roman gefunden. Die personelle Ursache für so viel Madame-Elend war der mäßig intelligente, arbeitsame, schrecklich unsensible Ehemann. Das muß auch mal gesagt werden.

TAGESFAHRT FÜNF

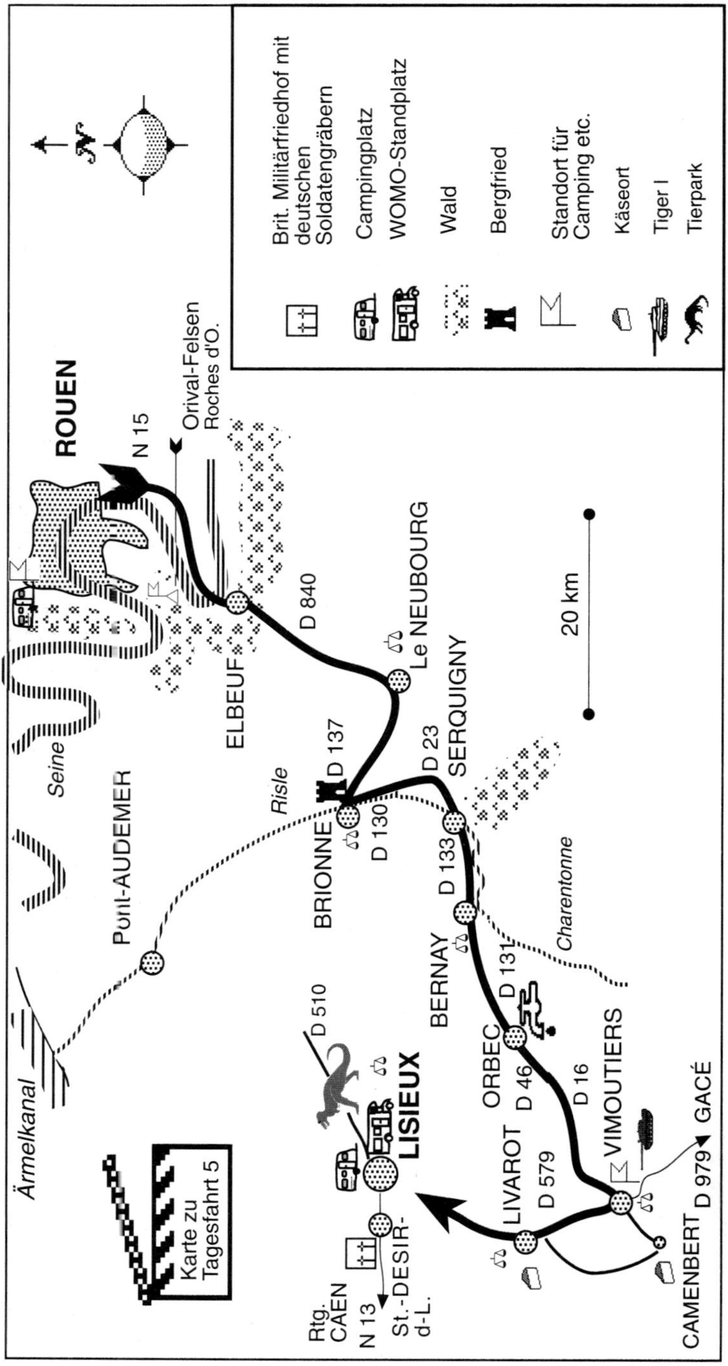

ROUEN - LISIEUX

Strecke:	**ROUEN** * N 15 Rtg A 13-E 5/ELBEUF * ELBEUF * Le NEUBOURG * BRIONNE * SERQUIGNY * ORBEC * VIMOUTIERS * CAMEMBERT * LIVAROT * **LISIEUX**
Entfernung:	100 km
Besichtigen:	Abtei Le Bec-Hellouin (1h), Automobilmuseum in Le Bec-Hellouin ist seit Ende 1992 aufgelöst; BRIONNE Stadtbild mit Turmruine, VIMOUTIERS: Käsemuseum im Verkehrsamt (30min), Tiger I auf Beton; CAMEMBERT: Käsemuseum (30 min); LISIEUX Stadtbild, Tierpark von LISIEUX aus 5 km in Rtg Pont AUDEMER/D 510 (2h).
Picknick:	a) Ortsrand BRIONNE Rtg EVREUX/D 130 eingezäuntes Freizeitgelände mit Freibad und Picknickplatz (Öffnung 08h00-20h00); b) 400 m nach Ortsrand ORBEC Rtg VIMOUTIERS/ D 46 links; c) MEULLES Ortseinfahrt aus Rtg ORBEC, d) 1 km nach CANAPVILLE Rtg VIMOUTIERS/D 16 rechts; e) 300 m nach Ortsrand VIMOUTIERS Rtg GACÉ/D 979 links (am Tiger).
Wasser:	ORBEC: Parkplatz am ersten Kreisel der Ortsdurchfahrt, neben der roten, englischen Tel.-Zelle.
Übernachten:	LISIEUX. Camping Rtg Pont-l'EVÊQUE/D 979, WOMO-Standplatz: a) Zentrum auf dem großen Parkplatz, b) etwas verborgener für Juli/ August: nach erstem Ortsschild nach links auf die Ave Georges Pompidou, nach 700 m nach rechts/Rue St.-Hipolyte. Dann nach 20 m Parkplätze des Collège (Schule) Michelet. Sonst s. Picknick
Einkauf 1:	Supermärkte in allen Kleinstädten auf der Strekke
Einkauf 2: Märkte	Le NEUBOURG: Mi; BRIONNE: Do/So; BERNAY: Sa-morgen; ORBEC: Mi-morgen; VIMOUTIERS: Mo-nachm ttag, Ostern; LIVAROT: Do; LISIEUX: Sa. LIVAROT: Käsemarkt am ersten Augustwochenende.

In ROUEN gehen wir auf das rechte Seine-Ufer, rive droite, N 15, Rtg ELBEUF. Die N 15 führt rasch aus dem Besiedlungsgebiet von ROUEN heraus. So fließt rechts die Seine und links erhebt sich eine Hügelkette. Die Seine splittert sich in Seitenarme auf. Die Seine ist noch immer industriell geprägt. In St.-ADRIEN erreichen wir mit seinen Restaurants und Hotels das Naherholungsgebiet von ROUEN. Die N 15 wechselt bei Le PORT-St.-QUEN in die D 7, Rtg Autobahn / TOURVILLE-la-Rivière / ELBEUF. Über einen Kreisel kommen wir zunächst durch das Industriegebiet von CLEON nach St.-AUBIN-les(bei)-

Wie in Le NEUBOURG weht vor zahlreichen französischen Rathäusern die Europa-Flagge

Elbeuf. Am Wege liegen die großen Renault-Werke. Über die breite Seine, die parallel zu unserer Brücke von einer Hängebrücke überspannt wird, kommen wir nach, dann durch ELBEUF. Die Hauptstraße ist nach dem Sozialisten und Friedenskämpfer Jean Jaurès benannt, der durch ein nationalistisches Attentat am Vorabend des ersten Weltkrieges im Juli 1914 ums Leben kam. Kurz zuvor nahm er an einem internationalen Sozialistentreffen in STUTTGART teil, das vergeblich für den Frieden eintrat. ELBEUF mit seinen 17. 400 Einwohnern ist keine reiche Stadt. Die Fassaden wirken abgenutzt. Die Stadt wird von den Arbeitnehmern des Industriezentrums ROUEN geprägt. Insgesamt steht hier eine mehrere Gemeinden umfassende Großsiedlung mit über 60. 000 Menschen. Der industrielle Bereich umfaßt Chemie-, Elektro-, Metallbetriebe.

Loch an Loch im Land der Löcher

Weiter Rtg Le NEUBOURG, D 840. Die D 840 führt nach oben, an einem bewaldeten Hügel vorbei. Kleine Haltebuchten am Straßenrand ersetzen Rastplätze. Der Generalrat des Département Seine-Maritime, das Parlament des Département,

Kloster Bec Hellouin im Tal der Charentonne

wünscht über ein Schild „Gute Fahrt.“ Dem Rat sei‘s gedankt. Das Gelände wird flach und die Landschaft ist großräumig besiedelt. Die Orte der Neubourger Ebene sind klein und scheinen weniger heimgesucht zu sein als das Seine-Ufer. Die Straßenrillen in den Gemeinden bewirken ein defensives Fahren. Das Bild bestimmen Wassertürme, Kirchtürme und einzelne Baumansammlungen. Le NEUBOURG ist ein ruhiges, kleines Städtchen von 3. 700 Einwohnern mit Europaflagge vor dem Rathaus. Die massive, gotische Kirche rührt aus dem 16. Jahrhundert. Rtg. Le BEC-Hellouin/EPEGARD, D 39. Vorbei am Schloß Champ-de-Bataille. Diese Kleinunterkunft gehört zu den prunkvollsten Gebäuden in der Normandie. Im Park reiht sich Loch an Loch. Die zusammen 18 Löcher ergeben einen Golfplatz. Die ländliche Straße mißt knapp 2 Wohnwagenbreiten. Zu beiden Seiten stehen Telegrafenmasten, teils aus Holz, teils aus Beton quasi als Baumersatz.Weiter D 39, Rtg Le Bec-Hellouin. In NEUVILLE zeigt ein Wegweiser zum nahen Schloß HARCOURT. Die Hütte gehörte einst einem Kampfgenossen Richard Löwenherz'. Der Fischteich mitten in Le BUHOT läßt vermuten, worauf es den lebenszugewandten Franzosen ankommt. Zahlreiche Ferienhäuser aus mehreren Epochen, teils aus der Zeit vor dem ersten Weltkrieg, erinnern an die vermögenden Schichten von ROUEN und PARIS. In St.-MARTIN-du-Parc überqueren wir die N 138. Mit Le Bec-Hellouin erreichen wir einen 500-Seelenort. Im Tal ist schon die Abtei zu sehen. Der kleine Fluß durch Le BEC ist mit Bohlen eingefaßt. An der Abtei stehen einige Strohhütten herum. Ein Teil ist von Benediktinermönchen bewohnt. Die Abtei hat ihre Anfänge im Jahre 1034. Zu sehen sind noch Reste der Hauptkirche, der Kapitelsaal und der Kreuzgang. Öffnung: täglich außer dienstags 09h00-12h00, 14h30-18h00 Das in einigen Reiseführern noch erwähnte Automobilmuseum existiert seit Ende 92 - leider - nicht mehr.

Tal der Charentonne

Weiter Rtg BRIONNE, D 130, längs der Risle, die wir schon in der Tagesfahrt 3 kennenlernten. Ein normannisches Dach ist mit Kräutern bepflanzt. Das Tal ist durchsetzt mit Ferienhäusern und etwas Industrie. Sanfte Hügel begrenzen das Tal der Risle. Wir kommen nach BRIONNE. Die Stadt begründete ihren Wohlstand im 16. Jahrhundert auf der Stoff- und Tuchweberei und ist ein regionales, wirtschaftliches Zentrum geblieben. In BRIONNE fällt der imposante, beflaggte Bergfried als Wahrzeichen auf. Der vollschlanke Turm war dereinst Mittelpunkt einer befestigten Anlage. In unserer Rtg EVREUX liegt am Ortsrand das Freibad mit Baderutsche innerhalb eines eingezäunten Freizeitgeländes mit Picknickplatz. Geöffnet 08h00 -20h00. Längs der Risle kann man spazierengehen. Weiter auf der D 130 Rtg EVREUX. In La RIVIÈRE-THIBOUVILLE auf die D 23. Vorbei an einer Zuckerfabrik, besser durch eine Zuckerfabrik hindurch auf der D 23. In

Ein verfallener Bauernhof schafft Idylle mit Fischteichanschluß

NASSANDRES nach rechts Rtg BERNAY auf die D 24. Wir überqueren die Risle und fahren an deren linkem Ufer nach SERQUIGNY auf der D 24. Der Ort verdient mit Chemie-Betrieben sein Geld. Dann die D 133 nach BERNAY. Jetzt begleitet uns das Flüßchen La Charentonne. Die Straße ist ziemlich schnell. Parallel führt bis BERNAY eine Bahnlinie. Die Landschaft ist durchmischt von kleinen Häusergruppen. Durch

Marie Harel entwickelte vor 200 Jahren die Produktion des Camembert in CAMEMBERT oder vermarktete das erlernte Rezept. Damals trug sie den Kopf noch oben. Kopflos steht sie heute in VIMOUTIERS.

MENNEVAL, das sehr reizvoll liegt. Wir kommen jetzt nach BERNAY rein ins centre. Die 11. 000 Einwohner sind mit CLOPPENBURG in Niedersachsen verbunden. BERNAY weist

Vor VIMOUTIERS: Hier "rollt" ein Kampfpanzer, der "Tiger I" der ehemaligen Deutschen Wehrmacht.
Er ist der einzige in freier Wildbahn.

eine alte, romanische Abteikirche auf. Die Häuser aus dem 15.-17. Jh. lohnen einen kleinen Stadtrundgang. Die Stadt ist mit seinen reichen Fischkulturen eine bekannte Anglerszene. Die Pferderennbahn ergänzt das Lebensgefühl derer von BERNAY und Umgebung. Der weitere Weg: Rtg. ORBEC, D 131, über die Bahngleise, durch ein aufgelockertes, bewaldetes Gebiet. Schilder warnen vor Wild, das die Straße überquert. Rechts im Wald steht ab und zu ein Schloß, Überbleibsel des Kleinadels. Der britische Adel bemitleidet die französischen Schloßbesitzer. Ihre Schlösser seien leere Hüllen, Fassaden eines Adels ohne wirtschaftliche, gesellschaftliche und meist auch ohne politische Substanz und Position, so die englische

Adelsmeinung. Gemeint ist, daß der britische Adel in weiten Bereichen der insularen Gesellschaft seine Führungsposition -auch wirtschaftlich- behauptet hat. Denn die Lords mußten nach 1789 ihre Häupter ja auch nicht unter das revolutionäre Fallbeil halten. Ein wirksamer Standortvorteil.

Der Bürgermeister steht im Wald

Ein Bürgermeisteramt steht mitten im Wald drin. Ein völlig neues bürgermeisterliches Gefühl bei der ausgesprochenen Vermutung: ich glaub, ich steh im Wald. Der Glaube vermag manchmal nicht nur Berge zu versetzen, sondern offenbar auch Wälder aufwachsen zu lassen. Für den Gemeinderat ist so der Weitblick durch Bäume verstellt. Felder, Wassertürme und Wiesen bilden den Charakter der weiten Ebene nach BERNAY. Eine Gruppe Rennradler kommt entgegen. Nachzügler - oder Vorhut - zu der Tour de France. Rtg VIMOUTIERS, D 46. Wir kommen nach ORBEC. Neue Häuser sind mit einer bis zum ersten Stock heruntergezogenen Schieferverkleidung versehen. Das ruhige Städtchen mit seinen fast 3. 000 Einwohnern liegt im grünen Tal des Orbiquet, der das Land/Pays d' Auge durchfließt. In der Innenstadt stehen noch einige Fachwerkhäuser. Die Einkommensquellen sind typisch friedlich normannisch: Äpfel, Milch und Käse. Wasserstelle + Picknick s. Vorspann. FRAMMERSBACH im fränkischen Bayern ist Partnerstadt von ORBEC. Früher standen am Orbiquet zahlreiche Wassermühlen. Weiter nach VIMOUTIERS, D 46. Der Weg geht nach oben. Pferdezuchtbetriebe/Gestüte -haras- sind über die ganze Gegend verstreut.

Französische Bürger restaurieren deutschen Weltkriegs II - Panzer

Wer von VIMOUTIERS nach GACÉ fährt, auf der D 979, und 500 m nach dem Ortsrand, aus einer Bahnunterführung heraus nach links biegt, der staunt gewaltig. Ein leibhaftiger Kampfpanzer der ehemaligen Deutschen Wehrmacht steht da seelenruhig, die Kanone, Kaliber acht-acht, 15 Grad nach oben. Furor teutonicus in der Grünanlage. Das Stück ist ein Panzerkampfwagen VI, Ausf E, genannt Tiger I, wohl einer der besten Kampfpanzer der Armeen des Zweiten Weltkrieges überhaupt. Das Outfit ist dunkelgrün in Ockerbraun gelegt und kommt der ursprünglichen Tarnfarbe nahe. Dreißig Jahre lang rostete das Ungetüm an dieser Stelle vor sich hin. Deutsche Soldaten hatten ihn am 19. August 1944 aufgegeben, als der

Tank leer und die Schlacht um die Normandie verloren war. Anfang der 70er Jahre sollte der Tiger verschrottet werden. Ein französischer Panzersoldat des Weltkrieges alarmierte die Stadtverwaltung von VIMOUTIERS. Die Gemeinde und engagierte französische Bürger stellten den Tiger auf und restaurierten ihn. Mit Wirkung vom 2. Dezember 1975 wurde er von den Behörden zum historischen Denkmal erklärt. Im Verkehrsbüro ist eine ausführliche, deutsche Beschreibung über die Bergung des TIGERS I und die technischen Daten des

TIGER I: heute zu 100% umweltschonend. Diese Bilder sind bislang die einzigen veröffentlichten Fotos des TIGERS I von VIMOUTIERS

Panzers zu haben. Die Gemeinde beabsichtigt, eine deutsche Beschreibung am Panzer aufzustellen. Doch er taucht weder im Michelin noch in einem deutschsprachigen Reiseführer auf. Während sonst eigentlich Reiseführerbuchautoren - fast - jede halbverbrauchte Klorolle mit Blattzahlangabe, Nutzvorgang und kulturgeschichtlicher Stellenbeschreibung eines verblichenen Dichters säuberlich erwähnen und überall wiederholen, den Reisenden auf den entsprechenden Besichtigungstrip schieben, ist beim Tiger Fehlanzeige. Nur der örtliche Prospekt von VIMOUTIERS und eine kleine Zeile einer Veröffentlichung des Departement Orne geben von seiner Existenz Kunde.

Das mit dem hessischen SONTRA partnerschaftlich verbundene VIMOUTIERS und einzelne ihrer Bürger haben Zeit,

Geld, Arbeit und Grundstück in die Aufstellung dieses ehemaligen, deutschen Panzers investiert. Die Gemeinde sorgt für seine Erhaltung. Das ist ein sehr schönes Zeichen für die Verbundenheit von Deutschland und Frankreich und mindestens einen Hinweis für den Reisenden wert.

Die Acht-Acht ist übrigens nach Norden, auf die Kanalküste gerichtet. Soll denen aus Albion gar bedeutet werden, daß sie denn nicht die Größten sind?

Rommel

Auf der D 579 von VIMOUTIERS Rtg LIVAROT, ca 3 km nach der Stadtgrenze, an einem Pappelknick, entdeckten 3 alliierte Jagdbomber am Spätnachmittag des 17. Juli 1944 eine einzeln fahrende, deutsche Militärlimousine. Die Geschosse der Tiefflieger trafen. Der Fahrer war sofort tot. Ein weiterer Insasse wurde schwerverwundet. Es war Feldmarschall Rommel. Erwin Rommel war eine wichtige, personelle Hoffnung der Männer des 20. Juli 1944. Der Schriftsteller Ernst Jünger findet dazu in dem Vorwort zu "Strahlungen" folgende Worte: "Der Treffer, den er [Rommel] am 17. Juli 1944 auf der Straße nach LIVAROT erhielt, beraubte den Plan [zum Sturz Hitlers] der einzigen Schultern, denen das fürchterliche Doppelgewicht des Krieges und Bürgerkrieges zuzutrauen war."

VIMOUTIERS hat aber nicht nur ein Herz für deutsche Tiger, sondern auch für Käse und Kühe. Im Verkehrsamt/Office du Tourisme ist im Nebenraum ein sehenswertes Camembert-Museum eingerichtet. Da werden Geräte zur Käseherstellung und zahlreiche Käse-Schachteln gezeigt. Vor dem Hôtel de Ville, dem Rathaus haben die Stadtväter und -mütter ein Kuh-Denkmal aufgestellt. Der Stier dazu steht in SAULIEU in Burgund auf dem Sockel. Ein paar Meter davon entfernt entdecken wir eine kleine kopflose Statue. Sie wurde 1928 aufgestellt und repräsentiert(e) Marie Harel. Eine kanadische Befreiungsgranate raubte ihr 1944 das Haupt. Die Dame lebte 1761-1812 in dem benachbarten CAMEMBERT. Sie gilt als Erfinderin der Herstellungsweise des Camembert.

C-C-C: Camembert, Cidre, Calvados

Nach CAMEMBERT, Rtg FALAISE/ARGENTAN, D 916. Dann D 16, D 246 Rtg CAMEMBERT. Dort ist ein Informatives neues Musée du Camenbert mit freiem Eintritt. Im Ort wird natürlich Camenbert verkauft, direkt vom Erzeuger/Vente du produit fermier. Sonst ist CAMEMBERT ein winziges Nest. Die

Bauern betreiben eine Mischkultur. Mme Harel, geborene Fontaine, griff vermutlich auf die jahrhundertealte Käseproduktion in CAMEMBERT zurück als sie - der Legende nach - 1791 den jetzt als Camenbert bekannten Käse präsentierte . Die typische Spanholzschachtel geht auf das Konto des Ingenieur Ridel, der 1890 diese werbewirksame Verpackung entwickelte und den weltweiten Vertrieb erst ermöglichte. Die Marke Camembert ist seit 1983 mit dem Qualitätszeichen "Appellation d' Origine Contrôlée" gesetzlich geschützt. Die Käsekulturellen empfehlen den Verzehr mit dem Genuß eines fruchtigen Weines oder eines cidre fermier bouché bei gemäßigter Raumtemperatur. Ist das nicht eine brauchbare Hilfestellung zur Verführung mit Camembert statt mit ordinärem Champagner?

Wir wollen jetzt "quer Beet" nach LIVAROT über kleine und kleinste Sträßchen fahren. Falls die nachfolgende Beschreibung oder die Orientierung unklar wird, immer Hauptrichtung LIVAROT.

Weiter durch CAMEMBERT am Musée vorbei auf einer kleinen, asphaltierten Straße durch zwei Täler. Rtg Le Val Postel, dann Vallée d'Orival. Wir kommen 4 km nach CAMEMBERT an die D 916. Die Vorfahrtsstraße D 916 nach rechts, Rtg VIMOUTIERS. Nach 500 m auf der D 916 nach links Rtg CROUTTES/Prieuré St.-Michel. In CROUTTES, in das wir über einen 15% Abstieg gelangen, kann man Cidre, Calvados, Pommeau direkt vom Erzeuger kaufen. Preise wie überall. Vor dem Rathaus in CROUTTES ist ein schöner Halteplatz mit Aussicht. Weiter Rtg Les AUTELS-St.-Bazile/LIVAROT. Dort nach rechts auf die D 155. Weiter Rtg LIVAROT, über La VIE. An der Brücke in La VIE ist ein Rastplatz.

Der Oberst duftet - als Käsemarke

Wir erreichen die nächste Käsestadt LIVAROT. Was der Kölner Dom für die Gotik, ist für den normannischen und fast internationalen Käse das einschlägige Produkt aus LIVAROT, der Käse Livarot. Er gilt als das ursprünglichste der normannischen diesbezüglichen Milcherzeugnisse. Bereits der Geistesheros und Dichter Corneille labte und ergötzte sich an dem Livarot. Was den brotlosen Poeten schon alles schmeckte! So hatte der Livarot den Ruf, das Fleisch der Armen zu sein. Seine Verpackung ist mit fünf Streifen eingefaßt. Ein verdienter Oberst der französischen Armee trägt ebenfalls als Zeichen seiner Einkommensklasse fünf Streifen auf der Verpackung. Spott, Rache von militärdienstpflichtigen, pfiffigen Käseproduzerten, der Livarot bekam den inzwischen sehr geläufigen Beinamen "Colonel"/Oberst. Duften Herr Oberst heute wieder stark? Nicht zu vergessen eine Verführungsempfehlung: Verzehr mit Bordeaux oder Burgunder. Die Angelegenheit kann jedoch teuer werden. Für eine sparsame Version geht es auch mit Cidre.

Heilige Theresia

Von LIVAROT Rtg LISIEUX, D 579. Wir gondeln an einem alten Bahngleis entlang. Werbung für Cidre weckt Lust auf Einkehr. Ein gutausstaffierter Fernmeldeturm grüßt uns vom höchsten Punkt der Landschaft. St.-MARTIN-de-la Lieue mahnt mit seinen erhöhten Fußgängerüberwegen zur vorsichtigen Fahrweise. Das Etappenziel LISIEUX empfängt mit einem deutschen Willkommen. Die Stadt hat 26. 000 Einwohner und ist ein wirtschaftliches und touristisches Zentrum des Départerment Calvados und die "Hauptstadt" des Pays d' Auge. Das sind die Lande des östlichen Calvados. Die Restaurants und die Geschäfte deuten auf eine betuchte, zahlungswillige Kundschaft hin. In der Nähe von LISIEUX ist ein Tierpark auf der D 510 Rtg Pont AUDEMER, 5 km von LISIEUX entfernt. LISIEUX ist auch die Heimstatt für die Heilige Theresia. Jedes

Ein Käsemekka Europas

Jahr ziehen zahlreiche Pilger in das Karmeliterkloster und zu der Basilika. Als Thérèse Martin kam sie 1873 in ALENÇON zur Welt. Ihre Mutter starb und der Vater zog nach LISIEUX. Im zarten Alter von 9 Jahren wußte die junge Dame, was sie werden wollte: Klosterschwester. Mit 14 Jahren gab ihr der Vater die Erlaubnis, ins Kloster einzutreten. Für die Klosteroberen war sie noch zu jung. Thérèse ging auf Pilgerfahrt nach ROM, drang bis zum Papst vor und setzte über den Chef ihre Aufnahme ins Kloster durch. Wer sich die Fotos der jungen Dame ansieht, schaut in entschlossene Augen. Ihre knitze Mimik zeugt von einem frischen Selbstbewußtsein. Theresia starb, erst 24-jährig, schon 1897 und wurde im städtischen Friedhof von LISIEUX begraben. Über die Schrift "Geschichte einer Seele", die ihr Leben beschreibt, wurde sie ab 1898 schließlich in der katholischen Welt bekannt. LISIEUX entwikkelte sich zur Wallfahrtsstätte. Insbesondere während des ersten Weltkrieges haben zahlreiche, französische Fronturlauber das Grab der Schwester aufgesucht. Die jungen Poilus - das waren die (bärtigen) französischen Frontsoldaten 1914-18 - empfanden die jungverstorbene Thérèse als eine Seelenverwandte.1925 sprach sie der Papst heilig. Von 1929 bis 1954 wurde über ihrem Grab eine Basilika errichtet.

Grünäugige Schönheit

In LISIEUX fand im Jahre 1152 die Hochzeit statt, die die politische Machtverteilung in Westeuropa für fast 4 Jahrhunderte grundlegend prägte. Die Herzogin von Aquitanien, dem Südwesten des heutigen Frankreichs, und ehemalige Frau des französischen Königs, heiratete den künftigen Herzog der Normandie und König von England. Die Herzogin machte England für Jahrhunderte zur Vormacht in Westeuropa, denn die Normandie und Aquitanien umschlossen das französische Königreich im Norden, Westen und Süden. Im Osten lag die stärkste Macht des damaligen Europas, das Deutsche Reich.

Die Vorgeschichte: In BORDEAUX, der Hauptstadt Aquitaniens, wurde 1122 oder 1123 ein Herzogstöchterchen mit grünen Augen geboren und wuchs zu einer rassigen Schönheit heran: Eleonore von Aquitanien. Reisende Ritter, Troubadoure, besangen selbstverzehrend ihre Schönheit. Der Ritter und Eleonores Begehren wuchsen gleichermaßen. 1137 starb ihr Vater und Eleonore wurde mit 14 Jahren Herzogin. Allerdings hatte ihr Vater testamentarisch verfügt, daß sie den Kronprinzen des französischen Königreiches, Ludwig, heiraten sollte. Der war damals 17 Jahre alt. Aquitanien durfte jedoch nicht Frankreich zugeschlagen werden. Ludwig hatte blaue Augen, blonde Haare und die Begegnung der beiden in BORDEAUX führte zur Liebe auf den ersten Blick. In BORDEAUX wurde geheiratet. Unterwegs nach PARIS erlebte Eleonore mit dem unerfahrenen Ludwig eine einzige Enttäuschung. Bevor die beiden in PARIS ankamen, erreichte sie die Nachricht vom Tod des französischen Königs. Enttäuschung hin, Enttäuschung her, Eleonore beschloß, Königin zu werden. Frau kann ja nicht alles haben, zumal die Ritter des Hofes ihre Schönheit durchaus goutierten.

Nächte in ANTIOCHIA

1147 ging der Gemahl Ludwig VII. auf Kreuzzug ins Heilige Land. Eleonore mußte mit. Sicher ist sicher. Sie starteten am 1. Juni 1147 und zogen über Deutschland, den Balkan nach Kleinasien und erreichten im Frühjahr ANTIOCHIA. Bis dahin geschah nichts, nichts Militärisches aber auch nichts bei Königs. Die Herrschaften schliefen getrennt. In einer der Palastnächte von ANTIOCHIA soll Eleonore die Reize eines Morgenländers kennengelernt haben, der in ihr Schlafgemach eindrang. Sie kannte ihn nicht, sie fragte nicht. Tage darauf bemerkte Ludwig die neue Lage. Nachdem er Eleonore wütend beschimpft hatte, forderte er eine Erklärung. Die nächtens wieder selbstbewußt gewordene Dame blies zur Attacke. Sie sei nicht mit einem König, sondern mit einem Mönch verheiratet. Ansonsten seien sie miteinander verwandt, also nach kirchlichem Recht zu Unrecht verheiratet. So Eleonores überlieferte Worte. Nach mittelalterlichem Recht konnte auf diesem Wege eine Ehe aufgelöst werden, da sie von Anfang an nicht zulässig war. Der König nahm die Rechtslage ernst, verlangte Scheidung und das mitten in Kleinasien auf dem Kreuzzug gegen die Feinde der Christenheit. Er setzte Eleonore unter Bewachung. Heer, König und Eleonore rückten in JERUSALEM ein. Dort war Ludwig mehr Mann als König oder gar Mönch, und Eleonore spielte mit. Politische Berater machten zudem klar, daß mit einer Scheidung von Eleonore auch Aquitanien verloren wäre. Also ohne Frau kein Sach.

Königs versöhnten sich. Bei der Rückreise besuchten sie den Papst in ROM. Der verlautbarte, daß keinerlei rechtliche Hindernisse der Fortführung der Ehe entgegenstünden. Nach Ende des Kreuzzuges 1149 kam die Königin legal nieder und gebar eine Tochter. Doch Ludwig ließ es und Eleonore konnte es nicht lassen. Sie wollte, so die Zeitgenossen, gefallen und verführen. Ludwig war unschlüssig. Keine Frau ist ihm eine zuwenig, eine Frau ist eben eine zuviel. Er drängte schließlich doch auf Scheidung.

Scheidung, Jubel, neuer Mann

Ein Konzil anerkannte im März 1152 die Blutsverwandtschaft. Die Ehe war annuliert. Eleonore hielt sich gerade in BLOIS auf, soll gejubelt und mit jungen Troubadouren plus Hofdamen gefeiert haben. Da sie nicht nur Schönheit, sondern auch ganz Aquitanien besaß, konnte sie die Zukunft mit der Reife einer erfahrenen Frau angehen. Schon im April 1152 sprach bei ihr ein junger Graf vor, Heinrich Plantagenet. Er war 19 Jahre, Graf von Anjou und der Touraine, Enkel von Wilhelm dem Eroberer und Anwärter auf den englischen Königsthron. Der Junge war also erste Sahne. Sie heirateten noch 1152 im normannischen LISIEUX.

1154 wurde Heinrich König von England und Herzog der Normandie. Sein Vorgänger bei Eleonore, Ludwig, war etwas ungehalten und erklärte den Krieg. Doch ließ er das Streiten bald bleiben. Die Machtverhältnisse haben sich gewaltig zugunsten Heinrichs II. von England + Eleonore verschoben. Sie bekamen Söhne, der erste war Richard Löwenherz. Aber Heiner war kein Feiner, konnte es auch nicht sein. Jeder ist eben auf seine Weise eine Qual. Seinen ehemaligen engsten Berater und dann schärfsten Widersacher, Thomas Becket, Erzbischof von Canterbury, ließ er 1170 ermorden, als der ihm zu sehr ins Gehege kam. Auch die heranwachsenden Königssöhne revoltierten sogar mit bewaffneten Aufständen gegen den Vater - und wurden von der inzwischen wieder unglücklichen Eleonore kräftig unterstützt. Auch Königinnen sind Mütter. Heinrich ließ sie in CHINON gefangennehmen, nach England bringen und setzte sie in den Kerker von Salisbury. Vater und Söhne arrangierten sich, Heinrich blieb König, Eleonore im Kerker - für insgesamt 16 Jahre.

Erst als Heinrich 1189 starb, befreite sie Richard Löwenherz. Sie war jetzt 66 Jahre alt, aber es war noch nicht Schluß. Vier Jahre später geriet ihr hitzköpfiger Sohn Richard Löwenherz mit dem Deutschn Kaiser Heinrich VI. während des Kreuzzuges in Streit und bei der heimlichen Rückreise über Deutschland in dessen Gefangenschaft. Richard unterwarf sich dem Deutschen Kaiser. Eleonore zog mit dem riesigen Lösegeld von 100. 000 Silbermark über den Rhein und verschaffte ihrem Sohn die Möglichkeit, sein abenteuerliches Leben als Ritter und König weiter zu genießen. Schließlich ging sie ins Kloster von Fontevrauld/westlich von ORLÉANS und starb 1204 mit knapp 82 Jahren.

TAGESFAHRT SECHS

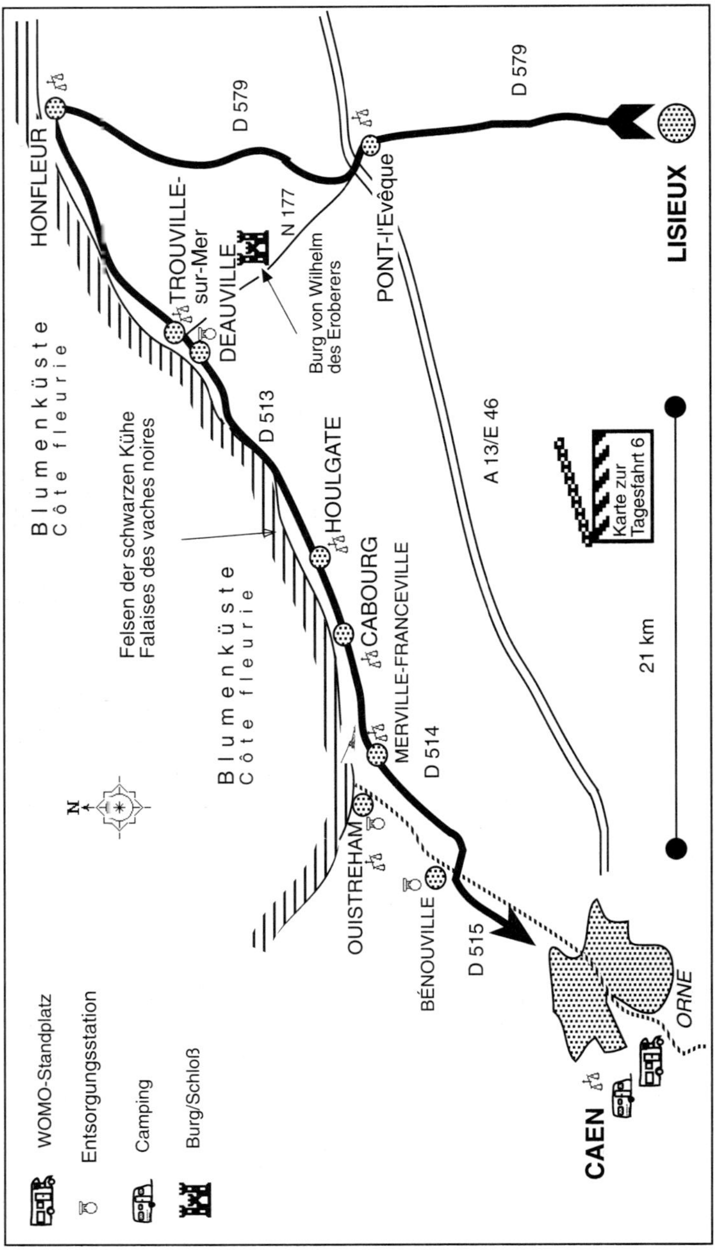

LISIEUX - CAEN

Strecke:	**LISIEUX** * Pont-l'EVÊQUE, HONFLEUR, DEAUVILLE * CABOURG * **CAEN**
Entfernung:	80 km
Besichtigen:	Brücke der Normandie (30 min), HONFLEUR (1h), Küste, Dt. Batterie in MERVILLE (30 min), Pegasus-Bridge, CAEN: Stadt (2h) und Museum Mémorial pour la paix (3 h).
Wandern:	Spaziergang am brit-kan. Landungsstrand
Picknick:	Längs des Weges gibt es laufend kleine Picknickplätze oder Parkplätze mit Meeresblick, die jedoch an dieser Küste im Sommer sehr überlaufen sind.
Übernachten:	CAEN: Camping, WOMO-Standplatz: Parkplätze beim Mémorial oder in der Innenstadt
Einkauf 1:	Supermärkte im Bereich Pont-l'ÉVÊQUE, CABOURG, CAEN
Einkauf 2: Märkte	Pont-l'ÉVÊQUE: Mo; CABOURG, DEAUVILLE, DIVES, HOULGATE, OUISTREHAM, TROUVILLE im Sommer jeden Vormittag - sind allerdings mehr Touristenmärkte. CAEN: St.-PIERRE So, boulevard Leroy Mi+Sa, La Guérinière Do, place St.-Sauveur Fr.
Abwasser:	a) DEAUVILLE: **aire de DEAUVILLE**, boulevard des Sports, gegenüber der Sportanlagen, in der Nähe des Bahnhofs (**kostenlos**); b) OUISTREHAM: b,1: Camping Les Prairies de la Mer; b,2: Camping Les Pommes; c) BENOUVILLE: Camping Les Hautes Coutures.

Von LISIEUX aus fahren wir Rtg Pont l'ÉVEQUE/A 13, D 579. Durch den 900-Seelenort OUILLY-le-Vicomte. Dort steht eine der ältesten Kirchen der Normandie. Wir sind gerade 13 km vor Pont-l'ÉVEQUE. Immer stärker wird die Landschaft touristisch eingefärbt. Es geht an eine glanzvolle Küste. Ein grünes Land mit Werbe-Kühen. Wir durchfahren Le-BREUIL. Die Geschwindigkeit fällt auf 45 km/h. Bevor ich es vergesse: Ein Schal als Bekleidungsstück ist in der Normandie nicht ganz

Die augenscheinlich nicht vollständig befahrbare Brücke der Normandie über die Seine gegenüber Le HAVRE. Bereits der Rückbau?

zwecklos. Die seit OUILLY-le-Vicomte vereinte Touques, ein kleines Flüßchen, begleitet uns. Sie mündet in der Blumenküste /Côte fleurie ins Meer. Die D 579 bewegt sich ziemlich gerade durch die Landschaft, fast wie eine römische Straße. Das bedeutet Tal- und Bergfahrt. Einige Radfahrer "freuen" sich. Wir unterqueren die Autobahn A 13. Die Käse-Serie wird

Hafenschlamm im Schlamm-Hafen HONFLEUR

fortgesetzt. Vorbei an Pont-l'ÉVEQUE. Diese Kleinstadt lassen wir links liegen, nicht jedoch den Käse. Die Ursprünge dieser Käsesorte finden sich im 12. Jahrhundert bei den Mönchen. Ab Ende des 17. Jahrhunderts verbanden die Einwohner von Pont-l' EVÊQUE diesen Käse mit ihrer Stadt. Seit dem 24. Mai

HONFLEUR

1976 ist er als Qualitätsprodukt "Appellation d' Origine Contrôlée" geschützt. Da offenbar gehobene Eßkultur nichts mit einer Bedarfsdeckung des Magens zu tun hat, sondern immer mit weitergehenden Bedürfnisstillungen in Verbindung gebracht wird, wie mit der Betreuung verführungs- aber nicht zahlungswilliger Geschöpfe oder wenigstens mit dem Gedanken daran, so gehört ein Getränk zum Verzehr. Ein kräftiger Wein oder ein cidre bouché soll der Geselle sein.

Brücke der Normandie

Weiter Ausfahrt/sortie Rtg HONFLEUR, D 579. Die Strecke ist nicht unbelebt. Wir nähern uns einem touristischen Leckerbissen, zumindest in den Augen der Reisenden früherer Zeiten. Vorbei an TOURVILLE. 1 km nördlich von TOURVILLE ist ein Rastplatz mit schöner Aussicht auf Wälder, Täler und Felder. Unterwegs entdecken wir ein Pferdegestüt mit Esel. Die Landschaft wird topfeben. Kurz vor HONFLEUR schauen wir uns die Brücke der Normandie an, le pont de Normandie, der Stolz der europäischen Brückenbauer: Höhe über Wasser: 55 m, Steigung 6%, Breite: 22 m, Länge: 2.140 m, Gesamtlänge mit Zufahrt: 2.700 m. Brückenlänge zwischen den großen Pfeilern: 856 m, Höhe der Pfeiler: 214 m, Bauzeit: 4 Jahre und 6 Monate. Zwischen Planungsabschluß und Baubeginn lagen nur 4-5 Monate!! Fertigstellung Anfang 1994. Jetzt fahren wir nach HONFLEUR rein. Dort geht es zu, wie wenn in MÜNCHEN die Bierpreise fallen. Am Hafen und Umgebung keine Einsamkeit. Wir sind an der Blumenküste. Doch aller Anfang ist nervig. Gebührenparkplätze, verschmutzte Toiletten. In ruhigeren Zeiten fanden hier Maler Ruhe und Inspiration. Ein Rundgang ist Pflicht. Die Ebbe verwandelt den Hafen in ein einziges Schlammloch. Der Schlamm scheint ein Hauptfeind des Hafenbetriebes zu sein. Seefahrer aus HONFLEUR begründeten QUEBEC in Canada. Dort ließen sich im 17. Jahrhundert über 4. 000 hauptsächlich normannische Kolonisten nieder. Sie forderten militärischen Schutz gegen die Irokesen.

Tausend Mann und ein Befehl: Heiraten

Ludwig XIV. schickte ein Regiment mit 1. 000 Mann. Diese hatten Befehl, sich in Canada zu verheiraten. Dazu wurden französische, heiratsfähige Jungfern, die nicht gänzlich von der Natur benachteiligt, gesund waren und arbeitsam, so der königliche Befehl, nach Übersee transportiert. Die Soldaten hatten diese mutigen Damen zwei Wochen nach deren Ankunft

Invasionskarte

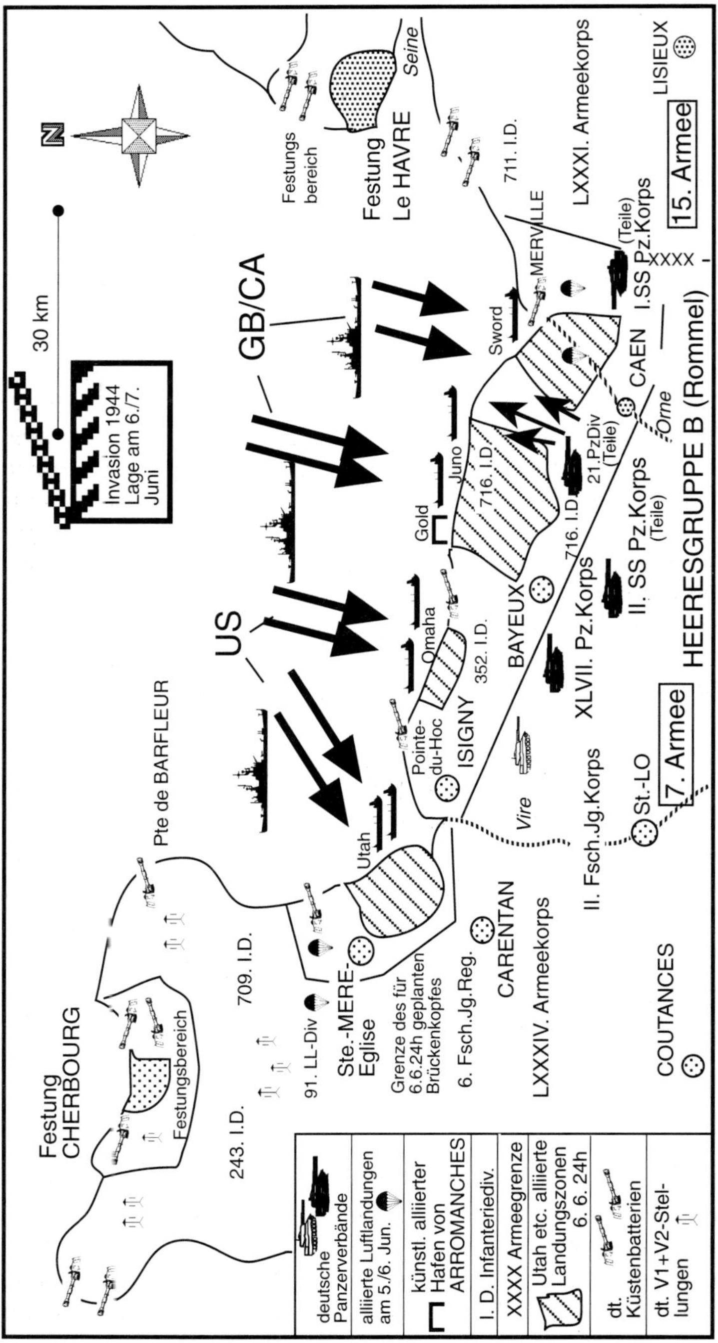

zu heiraten. Auf ähnliche Weise kamen im 19. Jahrhundert europäische, evangelische Missionare in Übersee zu ihren Ehefrauen. Wir verlassen HONFLEUR Rtg TROUVILLE-sur-Mer, D 513, längs der Côte de Grâce, der anmutigen Küste. Am Ortsausgang steht ein Leuchtturm, gegenüber liegt ein kleiner Picknickplatz mit Wasserstelle. Viersterne-Hotels mit eigenem Strand und Blick zum Meer reihen sich aneinander. Die Küste wirkt belebt und ist seit Mitte des 19 Jh. von Besuchern heimgesucht. Längs der Küste gibt es kleine Parkplätze oder Haltebuchten, die jedoch nicht sehr einladend und meist belegt sind. Der Blick auf das Meer von der Küsten-D 513 ist für den Beifahrer recht ordentlich. Wir haben jetzt 3 Tagesfahrten mit Küste, Meer, Atlantik-Wall für den Beifahrer. Der Fahrer darf sich an dem Küstennahverkehr ergötzen.

Ab und zu führt eine Stichstraße unmittelbar zum Meer, meist erkennbar am Hinweisschild: "sauf riverains" und oder mit "keine Einfahrt bzw Einbahnstraße". Dort finden sich oft auch irgendwelche, wenig reizvolle Stellplätzchen, die sind zudem noch besetzt. Der attraktive Teil der Küste ist Privatbesitz. In VILLERVILLE bietet der Sportplatz den Blick aufs Meer. Neckische Ferienschlößchen/Manoirs sorgen für optische Abwechslung. Campingplätze sind öfters in Strandnähe oder mit Blick aufs Meer angelegt und ab Mitte Juli bis Mitte August voll belegt.

Kultplanken, Karrossen, Konkurrenz

Wir kommen nach TROUVILLE. Hier endet die normannische Steilküste zwischen HONFLEUR und TROUVILLE. Die Stadt war Treffpunkt der großbürgerlichen, nationalen und internationalen Gesellschaft aus der Epoche des Zweiten Kaiserreiches, der Zeit Napoleons III. 1852-1870, die sich an den Sandstränden zu ergehen pflegte und deren Nachfolger es noch tun. Sehenswert ist das Aquarium écologique mit seinen 600 Quadratmer großen Ausstellungsflächen und den 75 Aquarien und Vivarien. Das 7. 000 Einwohnerstädtchen TROUVILLE fühlt sich zwar als ein Nabel der atlantischen Badewelt, wirkt heute aber eher als ein normaler, gut besuchter Touristenort. Auf dem kilometerlangen Holzlaufsteg, den "planches", produzieren sich publikumswirksam selbstvergessene Maler, doch bleibt alles im Rahmen. Dieses Bild ist nicht Zufall. Wer über das Flüßchen Touques geht, bemerkt rasch eine andere Welt. Vor dem Casino stehen die Trabbis derer, die es haben oder wenigstens so tun: die Rolls-Royce, die Porsche - das Unternehmen in STUTTGART freut sich. Wir sind beim Emporkömmling und harten Konkurrenten um die Gunst der kleinen und großen Snobiety: DEAUVILLE. Die 4. 000 Einwohner-Gemeinde wurde nach 1860 von Spekulanten gegründet und ist ein Produkt der Bädergesellschaft des ausgehenden 19. und beginnenden 20. Jahrhunderts. "Der Luxus hat DEAUVILLE geschaffen", so eine bekannte Äußerung von Marc Zuccolin, des heutigen Direktors des mondänen Hotels Normandy. Die Strandpromenade aus Edelhölzern, les planches, die zahlreichen Nobelfahrzeuge auf Straße und im Yachthafen beflügeln Handel und Gewerbe des Ortes. Im Laufe der letzten 150 Jahre trieb hier so alles an, was in den Who was who der Literaten, Maler, Politiker, Filmemacher usw stand oder stehen wollte. Die Hälfte der Hotels trägt vier Sterne.

Insbesondere zeigt die Kaste der Reichen aus Großbritannien ungehemmt, was eine echte Klassengesellschaft ist. Für Bedürfnisse der vierten Art steht eine Mme Angela Houblet, voyante, Hellseherin, zur Verfügung. Wir können mal nachfragen, wie lange unsere Reisekasse reicht. Die Durchfahrt durch die beiden Orte kann dauern. Die Küste ist traditionell vor allem ein Treffpunkt der Briten. In fast allen Bars wird Frühstück, petit déjeuner, angeboten. Das deutet auf die Kaufkraft des Normaltouristen hin. Die Blumenküste, Côte fleurie, freut sich über alle Besucher. Einzelne Orte glänzen mit Verkehrszeichen " Durchfahrtverbot für Wohnmobile". Weiter nach CABOURG. In AUBERVILLE stoßen wir auf die Felsen der schwarzen Kühe, Falaises des Vaches Noires. Bemerkung am Rande: Wer die Küste genießen will, soll sich bei einem Vier-Sterne-Camping anmelden und dort einige Tage Station machen. Gepflegte, preiswerte Übernachtung ist anderswo nicht zu haben. Ab AUBERVILLE Rtg HOULGATE, D 163 par la corniche/Uferstraße Geschwindigkeit im Sommer 60 km/h. Der Luftkurort HOULGATE genießt seit 1880 den Ruf eines internationalen Seebades. Die Anwesen sind sehr gepflegt. Das Office de Tourisme wird mit "Verkehrsamt" angegeben. Rtg OUISTREHAM, D 514. Durch CABOURG, liiert zur Abwechslung mit einer Stadt im Senegal.

Invasionsherrlichkeit im Museum

Da wir jetzt im Bereich der alliierten Landezonen von 1944 sind, kommt zur Käsestraße, zur Weinstraße, zur Calvadosstraße etc eine Landungsstrecke hinzu, der circuit du débarquement. Diese Strecke erfaßt die gesamte Landungszone von 1944. Wir biegen auf die Strecke über die Landungszonen ein. Nebenbei fällt ein Restaurant mit der Einladung au pied du cochon, zur Schweinshaxe, auf. Alles ist hier topfeben. In MERVILLE-FRANCEVILLE halten die Franzosen einen Original-Atlantikwall-Bunker in Schuß. Er ist ausgeschildert mit: batteries de MERVILLE. Wer es nicht weiß: Batterie ist neben der Benennung von Stromquellen bis heute eine Bezeichnung für eine Artillerie-Einheit. Die Heere des 18. Jh. hatten diesen Militärbegriff von Franzosen übernommen. Vorbei an einem Friedhof mit gefallenen Briten Die Straße heißt avenue des batteries de MERVILLE, also gänzliche Vermarktung von Krupp-Stahl. Hier stand eine deutsche Batterie mit 4 Kanonen, Kaliber 15 cm, Reichweite 20 km. Jetzt stehen noch die Reste davon. Öffnungszeiten: 10h30-12h30 und 14h30-18h30. Die Texte sind in englisch und französisch gehalten. Die Anlage ist eingezäunt und gut gepflegt. Sie wurde bei Beginn der Invasion von einem brit. Kdo-Unternehmen geknackt. Gealterte Briten laufen hier mit durchgedrücktem Rückgrat herum. Doch das ist erst der Anfang des musealen Invasionsstationenlaufes.

Weiter Rtg CAEN. Wir kommen zunächst über die D 514 an die Orne und an die sogenannte Pegasus-Brücke, diesmal Pegasus-Bridge. Das ist eine psychologische Trimm-Dich-Aufbau-Station für die nach 1945 so gebeutelten Briten. In der Nacht zum 6. Juni 1944 landete an dieser Brücke über die Orne ein britisches Kommandounternehmen. Parallel östlich verläuft ein Kanal von CAEN zum Meer. In der taktischen Zielansprache tauften die Engländer die Orne-Brücke Pegagus-Bridge. Da sollte der Weg nach CAEN schon am ersten Landungstag freigekämpft werden. Allerdings erwies sich die Wegnahme der Brücke als bedeutungsarm, da deutsche Panzerkräfte den Briten-Vormarsch auf das nur 10 km entfernte CAEN trotz riesiger alliierter Material- und Luftüberlegenheit wochenlang blockierten und dem Befehlshaber Seiner Majestät Montgomery Hohn und Spott der amerikanischen Verbündeten einbrachten. Man kann eben nicht alles haben. Sehr zum britischen Leidwesen wurde die alte Pegasus-Brücke aus verkehrstechnischen Gründen 1993 abgebrochen - mit deutschen Hebekränen. Auch Frankreich wird so nach und nach souverän.

Die Franzosen behielten die taktischen US-Namen der Landungsbereiche (Omaha-, Utah-Beach) bei, während die britischen Bezeichnungen noch erwähnt werden, aber nicht sehr geläufig sind. Auf dem Pegasus-Westufer der Orne ist ein modernes Museum aufgebaut. Daneben befindet sich eine alte Kneipe. An den Wänden dieser Kneipe sieht man keine Tapete mehr, nur noch Bilder britischer Veteranentreffen und Invasionsfotos. Dazu werden allerlei Literatur zur Invasion und

Souvenirartikel angeboten. Ob man auch in Pfund bezahlen kann, haben wir nicht getestet. Die Kneipe war bei unserem Besuch voll von Engländern. Weiter nach CAEN. Das ist eine neue, moderne Stadt, ähnlich den wiederaufgebauten deutschen Städten. Am Beispiel von CAEN, Le HAVRE und ROUEN muß man daran erinnern, daß die Franzosen die Invasion mit einem hohen Blutzoll der Bevölkerung, mit massiven Zerstörungen der Städte und zahlreicher kleiner Gemeinden in der Normandie durch den Materialkrieg der Alliierten bezahlt haben. Ortschaften und Geländeabschnitte, wo deutsche Einheiten nur vermutet wurden, waren Ziele massiver Bombardierung und Beschießung der Amerikaner und Briten.

Mémorial pour la paix, Museum für den Frieden

Wir schauen uns in CAEN das - gut ausgeschilderte - Mémorial pour la paix an. Das Museum ist der Invasion 1944 gewidmet und wurde 1988 eröffnet. Die Franzosen hatten sich von der modernen Museumskultur leiten lassen. Im Eingangsbereich ist ein reichbestückter Kaufladen aufgebaut, in dem man u. a. fast über jede bekanntere Division der Waffen-SS eine französische Buchausgabe findet. Das Museum selber zeigt zahlreiche Modelle deutscher und alliierter Waffen, Waffensysteme, Uniformen etc . Karten, Sandkastenmodelle, Filme veranschaulichen das Invasionsgeschehen. Dabei wurde die mindestens europaweit wohl kriegsentscheidende Rolle der französischen Résistance und der an der Invasion teilnehmenden 300 Frei-Franzosen beileibe nicht vergessen. Das Prachtstück ist ein deutscher Panzer des Modells Panzerkampfwagen V/Panther. Daneben wirkt der ebenso ausgestellte US-Sherman-Panzer etwas zaghafter. Die Thematik startet bei der Vorkriegszeit und endet mit dem Verfall des Sowjetreiches. Die Museumsfläche beträgt 9. 500 Quadratmeter und ist auf 3 Stockwerke verteilt. Pro Jahr strömen über 300. 000 Besucher durch Austellungsräume. Um diese Zahl zu erreichen, müßte ein Kleinstadtheimatmuseum fast 500 Jahre geöffnet haben. Die Stätte dient auch Kongressen und Symposien zu gelahrtem Tun. Ein Flaggenwald steht vor dem Mémorial. Deutlich herausgehoben wehen die französische und die europäische Flagge. Dazu gesellen sich die Farben der ehemaligen Kriegsteilnehmer. Neben der Flagge der Bundesrepublik steht ein flaggenverwaister Mast.

Am Fuße des Mastes haben die Franzosen eine Tafel angebracht. Sie erinnert ausnahmsweise nicht an ein Datum zwischen 1939 und 1944, sondern weist daraufhin, daß an diesem Mast bis zur deutschen Wiedervereinigung die Flagge der Deutschen Demokratischen Republik geweht habe. Es war offenbar preiswerter, eine Tafel anzubringen, als den Mast zu entfernen. Oder ist der kahle, dünne Stamm ein Pflänzchen der Hoffnung mancher Kreise gallischer oder altbundes-

Der Müller ist in Rente

republikanischer, frustrierter Intellos? Noch wehen auf den Mémorial-Postkarten Hammer und Zirkel der realverblichenen Arbeiter- und Bauernmacht. Der Besuch des sehr **sehenswerten,** hervorragenden Mémorials beansprucht gute 3 Stunden und erübrigt den Besuch aller anderen Invasionsmuseen. Die

Beschriftung ist französisch, englisch und deutsch. Die Darstellung ist insgesamt frei von den sonst im kriegsmusealen, résistancetränenden Frankreich - und anderswo - üblichen Einseitigkeiten zu Lasten der Deutschen. Der relativ hohe Eintrittspreis ist gerechtfertigt. Inhaber deutscher Schüler- und Studentenausweise genießen Preisermäßigung. Öffnung täglich 09h00-19h00, Mitte Juli-Ende August bis 21h00, Kassenschluß 1h15 vor Ende der Öffnungszeit.

Warum Invasionsmuseum ?

Grundsätzlich kann man fragen, warum baut die französische Regierung in Zusammenarbeit mit den regionalen und örtlichen Gremien solche Invasionsmuseumsblöcke in die Landschaft, bzw warum werden Invasionsmuseen weiterhin betrieben? Die einfache, doch nur teilweise Anwort ist: Die Reste und Neu-Reste der Invasion von 1944 sind wirtschaftlich eine touristische Attraktion ersten Ranges. Weder in Museen anderer Themengestaltung noch in Klöstern oder in den großen, prachtvollen Kathedralen der Normandie oder anderswo sammeln sich so viele - gut zahlende - Besucher an. Irgendwie erinnern die Invasionsmuseen an Freizeitparks. Und das sind die meisten auch, historische Psycho-Freizeitparks. Das gilt vor allem und immer stärker für die großmachtverlustigen Briten. Für die Franzosen ist es psychologisch nicht ganz so einfach. Selbst der historisch Unbedarfte sieht die durch Neubauten erkennbaren Spuren großer Zerstörungen. Die französischen Küsten in Süd, West, Nord sind mit zahllosen Bunkern übersät. Diese gewaltigen Betonklötze wirken schon an sich als ständige Besatzung.

Dazu erinnern sie einschlägig Empfindliche daran, und das sind in der gebildeten, eitlen und ehrgeizigen, hauptstädtischen Politszene nicht wenige, daß Frankreich 1940 innerhalb von 6 Wochen aus dem Kreis der Großmächte rausgeflogen ist und nicht zurückkehren konnte. Denn die USA und erst recht die Engländer hatten Frankreich seither nie mehr als Großmacht "anerkannt" bzw für voll genommen. Das schmerzte und schmerzt vor allem die französische, Pariser, politische Führungsschicht, die ihre personellen Wurzeln in der Résistance und den Leuten um de Gaulle hat. Gerade de Gaulle, der mit den Invasionstruppen nach Frankreich zurückkehrte, hatte den Briten im Zusammenspiel mit Adenauer den Zugang zur damaligen EWG, jetzt EG, verweigert. Das öfters kolportierte, außenpolitische Leitmotiv derer dieser Wurzeln Verbundenen sei, im Kreis der Großmächte dieser Welt mit einem Ticket der dritten

Klasse in der ersten Klasse fahren zu wollen. Während die deutsche Politik sich alle Mühe gab und gibt, dieses Ticket als erstklassig zu erkennen, mühten und mühen sich die Briten in die Rolle des Kondukteurs und Kartenknipsers. Solcherlei Bewußtsein beeinflußt auch zuweilen das touristische Verhalten der Inselbewohner in der Normandie.

CAEN

Die Stadt zählt heute knapp 200. 000 Einwohner. Im 9/10. Jahrhundert hatten die Normannen am Zusammenfluß von Orne und Odon eine befestigte Insel. Wilhelm der Eroberer hielt sich im 11. Jahrhundert häufig in dieser Inselfestung auf. Wenn ein Herrscher eine Stätte liebt, dann kommt meist auch etwas. So wurden eine Burg und zwei Abteien, eine Männerabtei und eine Frauenabtei, errichtet. Die sind heute noch zu besichtigen. CAEN wurde so ein politischer Mittelpunkt. Das hatte zuweilen Nachteile. 1204 besetzten die Franzosen die bis

Das Mémorial in CAEN. Der Deutsche Demokratische Republik-Mast steht noch - mit Erinnerungstafel. Die Hymne spielt Frankreich nicht mehr.

dahin normannisch/englische Stadt. Während des Hundertjährigen Krieges belagerten die Engländer CAEN 1346 und 1417 und ließen sich von 1417 bis 1450 häuslich nieder. Dann kehrten die Franzosen als Herren wieder zurück. Mit der Epoche der Entdeckungen und der christlichen Seefahrt in alle Welt erlebte CAEN einen wirtschaftlichen Aufschwung. Mit Beginn der Invasion am 6. Juni 44 wurde die Stadt heftig bombardiert und umkämpft bis die Kanadier Ende Juli in die Stadt einrücken konnten. CAEN ist heute eine grüne Industrie- und Universitätsstadt. Ein 14 km langer Kanal führt zum Meer. CAEN ist neben ROUEN und Le HAVRE die wichtigste, normannische Stadt.

Invasion 1944
Wo landen?

Im politischen Gerangel um den Ort der Invasion, der von Stalin geforderten zweiten Front, setzte sich der US-Präsident Roosevelt durch und entschied sich für die Normandie. Churchill wollte auf dem Balkan oder in Italien landen. So hätten die Alliierten den sowjetischen Vormarsch und Einfluß von Südeuropa her merklich einschränken können. Doch Churchills Großbritannien war nur Juniorpartner und ohne die USA nicht invasionsfähig. Stalin war's zufrieden. Die deutsche Führung war sich bis zum Invasionstag über den Landungsbereich im unklaren. Die Hinweise auf eine Landung in Frankreich verdichteten sich und so wurde der Bau des "Atlantikwalls" entschieden. Innerhalb von 2 Jahren entstanden längs der französischen Mittelmeer- und Atlantikküste Bunkerbefestigungen. Sie sollten hauptsächlich die Häfen sichern. Denn eine erfolgreiche Ausweitung des Landungsbereiches benötigt viel Nachschub. Der kann nur über feste Hafenanlagen herangebracht werden. Ein deutscher Feldmarschall bezeichnete die Bunkerlinie jedoch als bloßen Propagandawall. Im Frühjahr 1944 wird Rommel Befehlshaber der Heeresgruppe B, die in der Normandie steht. Gleichzeitig ist er Beauftragter für den Atlantikwall.

Anfang 1944 haben die Alliierten über Frankreich bereits die Luftherrschaft erkämpft und beginnen, die Normandie zu insularisieren. Das heißt, alle Zufahrten zur Normandie werden bombardiert. Das geschieht allerdings auch mit dem Raum am Pas de CALAIS, wo der Weg über den Kanal und nach Deutschland bedeutend kürzer ist. Auf deutscher Seite scheinen Rommel und Hitler auf die Normandie getippt zu haben. Sehr gegensätzlich waren die Abwehrstrategien. Die Deutschen hatten zur Invasionsabwehr einen auf die Häfen konzentrierten Atlantikwall und schlagkräftige, den Alliierten in Material, Erfahrung und Führung überlegene Panzerkräfte. Allerdings fehlte die Luftwaffe fast völlig. Ihr Flugzeugbestand entsprach knapp 10 Prozent dem der Alliierten. Rommel vetrat eine küstenunmittelbare Verteidigung. Dazu ließ er den ganzen Strand höllisch befestigen. Den Landesoldaten harrten Minen über Minen. Eine zweite Strategie sah vor, den Gegner landen zu lassen und dann mit hochmobilen, starken Panzerkräften zu zerschlagen. Hitler entschied sich für eine Mittellinie, Küstenverteidigung und operative Panzerkräfte. 75% der deutschen, mobilen Verbände standen im Westen zur Abwehr der Invasion. Alle diese Überlegungen fanden in einer Situation statt, wo der Sieg der Gegner Deutschlands infolge der riesigen Überlegenheit an Menschen und Material nur noch eine Frage der Zeit war. Dies war auch auf deutscher Seite bekannt. Die deutschen Soldaten standen in der Normandie vor einer unlösbaren Aufgabe.

Die unsichtbaren, unüberwindlichen Panzer und Sturmgeschütze

Der genaue Zeitpunkt der Landung hing vom Wetter ab. Zunächst setzte man den 5. Juni 44 fest. Dann verschlechterte sich das Wetter, und das gigantische Unternehmen wurde um 24h verschoben. Die angelsächsischen Soldaten waren seit Tagen eingeschifft. Eine solche gewaltige Anzahl kann man nicht ewig in den kleinen Landungsbooten lassen. Eine nächste wetterbedingte Möglickeit war erst nach Wochen wieder gegeben. So entschied sich der Oberbefehlshaber des Unternehmens "Overlord" Eisenhower für den 6. Juni und hatte mit dem Wetter einigermaßen Glück. Die deutsche Seite interpretierte die Wetterlage anders und hielt eine Invasion an diesen Tagen für nicht möglich. Rommel fuhr am 5. Juni nach Haus in den Urlaub. Die deutschen Truppen waren von der gewaltigen Landung überrascht. Lediglich am Omaha-Beach übte eine Division. Die dort gelandeten Amerikaner kamen auch prompt in größte Schwierigkeiten.

Die alliierte Führung überlegte bereits, ob diese Einheiten wieder eingeschifft werden sollten. Insgesamt verliefen die ersten Landungstage längst nicht nach Plan. CAEN sollte in den ersten 24 Stunden erobert werden. Die Kanadier kamen erst nach 6 Wochen in die Stadt, nachdem Montgomery beispielsweise an einem einzigen Großangriff auf die Stadt von 900 eingesetzten Panzern die Hälfte verloren hatte. Die Alliierten beherrschten den Luftraum und verhinderten jede deutsche Bewegung am Tage. Die deutschen Fronttruppen mußten praktisch unsichtbar bleiben. Dennoch kam die Invasion nur langsam voran. Sie blieb in einem sich zwar ständig erweiternden Landungsraum eingeschnürt. Die Alliierten erwogen eine zweite Landung in der Bretagne. Die alliierte Luftwaffe bombardierte alles. So wurden die Ruinen und die zahllosen Hecken zu wirkungsvollen Abwehrstellungen. Über Wochen vermutete die deutsche Führung eine zweite Landung

Der " Atlantikwall" .
Marinebatterie bei LONGUES-sur-Mer (Tagesfahrt 7)

am Pas de CALAIS und ließ dort starke Panzerkräfte stehen. Es gibt jedoch Stimmen, die meinen, daß die deutsche Militärführung um den späteren NATO-Oberbefehlshaber der Europa-Landstreitkräfte Mitte General Dr. Speicel, 1944 Generalstabschef Rommels, dort Panzerkräfte beließen, um im Falle eines Attentats auf Hitler, das dann am 20. Juli - vergeblich - erfolgte, diese Panzertruppen für eine mögliche, innenpolitische Auseinandersetzung zur Verfügung zu haben.

Die Tiger brennen

Erst Anfang August konnten die Invasionstruppen bei AVRANCHES ausbrechen. Der deutsche, mit 4 Panzerdivisionen vorgetragene Gegenangriff auf MORTAIN mit dem Ziel, die Front wieder zu schließen, startete um Mitternacht vom 6. zum 7. August 1944. In der Morgendämmerung konnten noch 300 Jagdflieger diesen Angriff unterstützen. Er blieb aber in den massiven Luftangriffen der Amerikaner liegen. Zur gleichen Zeit konnten im Osten erst südlich von WARSCHAU sowjetische Panzerangriffe mit der Vernichtung des III. russischen Panzerkorps gestoppt werden. In Italien standen die Amerikaner südlich von FLORENZ. Der zusammengebombte Panzerangriff auf MORTAIN leitete das Ende der deutschen Normandiefront ein. Ca 130. 000 Mann gerieten in Gefahr, in der "Tasche" von FALAISE eingekesselt zu werden. Unter Zurücklassung von - unersetzlichem - schweren Material entzogen sich 80. 000 Mann der Einkesselung. Zu dem aufgegebenen Material gehört auch der Tiger-Panzer von VIMOUTIERS. Am 19. August schlossen die Kanadier im Raum FALAISE mit der 1. US-Armee den Einschließungsring.

Epilog

Die Kampf um die Normandie war nach über 10 Wochen zugunsten der Alliierten entschieden. 1940 war der Blitzfeldzug in Frankreich nach 6 Wochen beendet. Dieser Ausgang der Invasion ersparte Deutschland wahrscheinlich die US-Atombombe.

Am 15. Juli 1944, zwei Tage vor seiner Verwundung, sandte Rommel ein Fernschreiben an das Oberkommando der Wehrmacht: "Die Truppe kämpft allerorts heldenmütig, jedoch der ungleiche Kampf neigt sich dem Ende entgegen. Ich muß Sie bitten, die Folgerungen aus dieser Lage unverzüglich zu ziehen." Soweit Rommel, soweit die Invasion 1944.

TAGESFAHRT SIEBEN

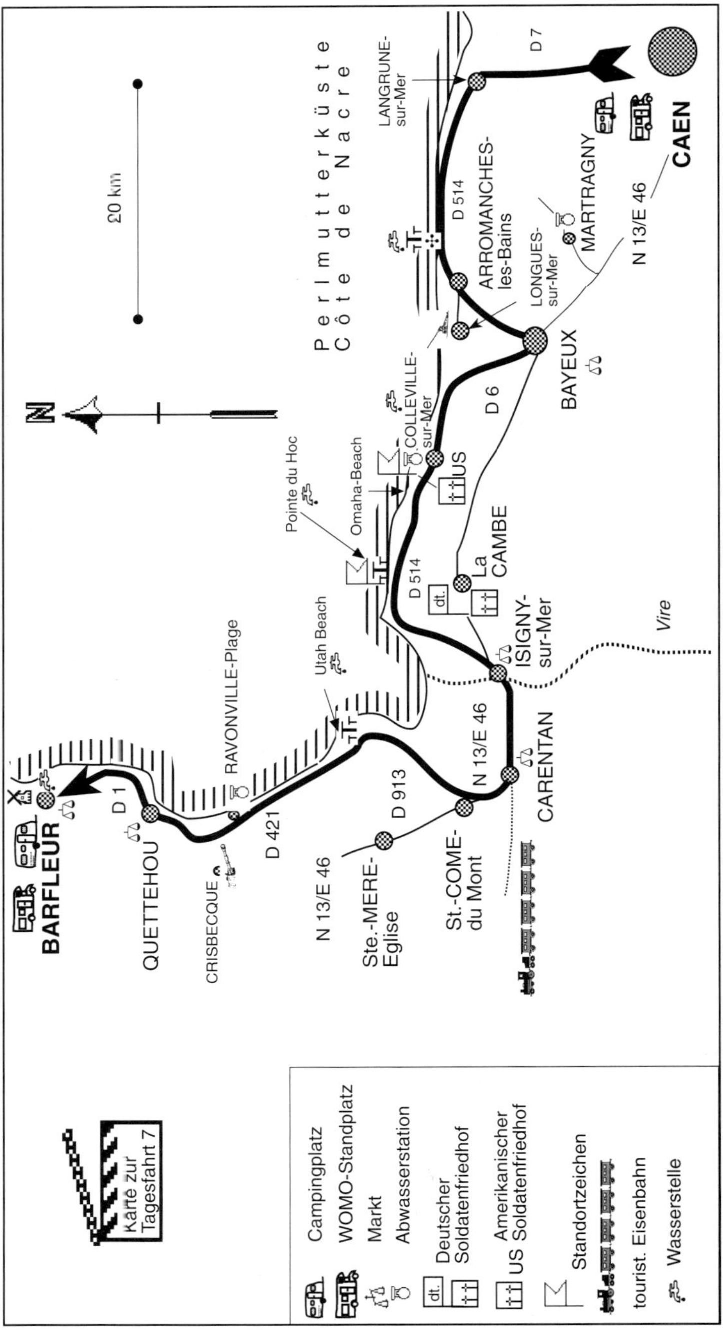

CAEN - BARFLEUR

Strecke:	**CAEN** * BAYEUX * La CAMBE * CARENTAN * Utah-Beach * QUETTEHOU * **BARFLEUR**
Entfernung:	110 km
Besichtigen:	Bayeux: Teppich (1h), Innenstadt (1h); Omaha-Beach, Batterie von LONGUES-sur-Mer (30 min), Pointe-du-Hoc (30 min); deutscher Soldatenfriedhof in La CAMBE; Fahrt an der Utah-Beach, Hafen von BARFLEUR.
Wandern:	Spaziergang am Utah-Strand, Wandern längs der markierten Steilküste, Strandweg von VIERVILLE.
Picknick:	a) Aussichtsparkplatz über ARROMANCHES, b) Parkplatz bei der Batterie von LONGUES-sur-Mer, c) Ortsrand von PORT-en-Bessin, d) nach VIERVILLE.
Wasser:	a) s. Picknick (a), b) Parkplatz von Pointe du Hoc, c) US-Denkmal an der Utah-Beach, d) Rückseite des Toiletten-Häuschen am Hafen von BARFLEUR; e) Abwasser a+b.
Übernachten:	BARFLEUR: Camping, WOMO-STANDPLATZ am Hafen. Sonst s. Picknick.
Einkauf 1: Supermärkte/Tanken	Supermärkte in ARROMANCHES, BAYEUX, CARENTAN
Einkauf 2: Märkte	BAYEUX: Mi+Sa; ISIGNY: Mi+Sa; CARENTAN: Mo+Do; QUETTEHOU: Di; BARFLEUR: Di+Sa.
Abwasser:	a) COLLEVILLE-sur-Mer: **aire de COLLEVILLE**, Parkplatz neben US-Friedhof COLLEVILLE-Montgomery, (**kostenlos**); b) RAVENOVILLE: Camping Le Comoran an der D 421.

Von CAEN wenden wir uns der Côte du Nacre, der Perlmuttküste zu und über die D 7 vierspurig aus dem Städtchen hinaus. Weiter D 7 Rtg LANGRUNE-sur-Mer. LANGRUNE ist germanischen Ursprungs und heißt Grünland. Das Seegras hält diesen Eindruck tapfer aufrecht. Mit einer schönen Baumallee werden wir weiter Rtg St.-AUBIN-sur-Mer gelenkt. Rechts das Meer, links das Land. BERNIÈRES-sur-Mer zeigt sein Freibad mit Rutsche und Picknickplatz. Rtg ARROMANCHES, D 514. Ständig führen Stichstraßen zum Strand. Alles ist vollgepflastert mit Ferienwohnungen und Hotels. Durch COURSEULES-sur-Mer, liiert mit einer kanadischen Stadt. Nach COURSEULES ragt das Lothringer Kreuz vor dem Meereshintergrund empor. Das Kreuz mit zwei Querbalken wurde während des Kriegs von de Gaulle für die freifranzösischen Kräfte als politisches Symbol benutzt. Rtg VER-sur-Mer, dort bekommen wir direkten Kontakt zum Meer. Der Leuchtturm ist ein Funkpeilturm. Er peilfunkt mit St.-CATHERINE's Point in Großbritannien, Le HAVRE und GATTEVILLE bei BARFLEUR. Die Orte haben hier meist Partnerschaften mit englischen Städten.

Maria und Betonklötze

Zwei Kilometer vor ARROMANCHES liegt rechts eine groß angelegte Aussichtsplatte mit Turm, Parkplatz, Orientierungstafel und Imbißangebot. Sogar eine Maria-Statue ist in Sichtweite. Von dem Felsvorsprung hat man einen herrlichen Blick auf das Meer, auf die Felsenbucht von ARROMANCHES und auf die Reste des künstlichen Hafens der Alliierten von 1944. Die Briten entwickelten transportable Betonklötze und schleppten sie über den Kanal. An der Omaha-Küste und vor ARROMANCHES fügten sie diese zu einem Hafen zusammen. Sie gerieten zur strategischen Überraschung der Deutschen. Daß der Landungshafen so übel aussieht, hat nicht seine Ursache in dem vernichtenden Feuer deutscher Kanonen, sondern in einem fürchterlichen Unwetter. Stürme und hoher Wellengang haben am 19. Juni 44 den Prachtstücken britischer Ingenieurkunst und den Landungsstreitkräften so zugesetzt, daß den Alliierten in dieser Zeit mehr Verluste entstanden sind als durch deutsche Waffenwirkung.

Auf diesem Aussichtsparkplatz tummelt sich inzwischen ganz Europa. Auch polnische Busse steuern diese Küste an. Mehrere tausend Polen nahmen an der Invasion in britisch/polnischen Uniformen teil. 25 km südlich von CAEN befindet sich an der N 158 nach FALAISE ein polnischer Soldatenfriedhof. Der befestigte Strand wird streckenweise zur Müllkippe. Ein Teil der Bunker fiel an diesem Abschnitt der Erosion zum Opfer. Die Steilküste ist ein Leckerbissen für Wind und Wetter.

Romantische Ecke in BAYEUX.

Wenn ich nur wüßte, wo dieser Leuchtphallus steht. Hauptsache, er leuchtet

Und jäh steigt des Mannes Kennerschaft

Irgendwie verleiten Gespräche an solchen Aussichtsstätten zu historischen Themen und zu schon vergessen geglaubtem Rollenverhalten. In einem Familien- oder Zweierverband wird der Vater oder die männliche Begleitperson als Herr der Geschichte oder wenigstens der Geschichtskenntnisse angesehen, zuweilen als solcher erst jetzt erkannt. Während die Jugend in solchen Gruppen eher gelangweilt Präsenz zeigt, man/frau will ja unnötigen Streit vermeiden, lauschen erwachsenere und reifere Ex-Teenager weiblicher Natur bisweilen mit einem Hauch von Ehrerbietung den Ausführungen über Waffenwirkung, welthistorische Zusammenhänge und Gedankenblitze, warum man eigentlich den Krieg hätte gewinnen müssen. Einen mich verblüffenden Beitrag dazu bekam ich bei einem Besuch in Wisconsin/USA. Ein Veteran der US-Artillerie, der an der Invasion teilnahm, meinte, daß wenn die deutschen Kanoniere ebenso viel Munition gehabt hätten wie die Amerikaner, wäre die Invasion anders ausgegangen. Während die Deutschen schon mit dem zweiten Schuß im Ziel saßen, sozusagen die ausgelegte Briefmarke getroffen haben, hätten sie -die Amerikaner- so lange in die Gegend geschossen bis im Zielgebiet nichts mehr gestanden sei. Die Parkplatzsuche in ARROMANCHES ist wieder ein nervendes Unterfangen der Gegenwart. Vor dem Invasions-Museum ist ein Entsorgungspark der britischen Rüstungsindustrie aufgebaut. In der Stadt selbst ist ein Invasionsfreundeheimatverein genannt "comité de .." tätig. Wir sehen uns die Reste des Kriegshafens der Alliierten an. Am Ufer sind in Schaubildern die technischen Einzelheiten erklärt. Also bitte hinsehen und dann erläutern, nicht umgekehrt, sonst kommt die Juniorenschaft mit präzisen Korrekturen dazwischen. Weiter auf der D 514.

De Gaulle rief auf, keiner hörte hin

Fast überall ist die Londoner Rede von de Gaulle vom 18. Juni 1940 angeschlagen. Dies aber erst seit 1990. Er sprach 1940 über den englischen Rundfunk aus London zu den Franzosen die Worte, daß Frankreich eine Schlacht verloren habe, aber nicht den Krieg. Akustisch hörte ihm damals kaum einer zu und politisch niemand. Die Worte des Redners in den Äther fanden 1990 zum Jahrestag eine große Würdigung. Wie ein aufgewärmter Heißluftballon prangten sie in der französischen, eigenwerblichen Politszene. Die Seine in PARIS wurde mit Ton und Licht bestückt. Nach LONGUES-sur-Mer. Dort stehen unentwegt vier eingebunkerte Schiffsgeschütze der ehemaligen deutschen Kriegsmarine, Kaliber 15 cm, Reichweite 20 km. Ursprünglich hatten solche Kanonen ihren Platz auf einem Zerstörer. Während der Invasion schossen sich drei Kreuzer mit über 20 Kanonen auf diese Geschütze ein. Der Parkplatz der Batterie bietet einen reizvollen Meeresblick. Bei der Inspektion der Bunker stoßen wir wieder auf den rot-weiß markierten Fernwanderweg, der die ganze Küste entlangführt. Neue Rtg BAYEUX, D 104. Durch VAUX, das eine Partnerstadt in Japan hat. Dem Bürgermeister winkt eine Dienstreise.

Der Teppich von BAYEUX

Wir kommen nach BAYEUX und passieren eine moderne Siedlung Vorbei an einer preiswerten Tankstelle mit Supermarkt, centre commercial, benannt nach le conquérant. Am Rand der Innenstadt sind großzügige Parkplätze angelegt. Wir stellen das Gefährt ab und gehen Rtg Tapisserie -gemeint ist der berühmte Teppich- und Rtg Cathédrale. Die Innenstadt ist nicht groß. Unser Fußweg erstreckt sich bis zu den Besichtigungszielen auf 1 km. Eine hübsche Fußgängerzone wird von zahlreichen und zahlenden Touristen belebt. Flaggen flattern vor der Tapisserie, dem Centre Guillaume le Conquérant, doch keine deutsche. Die ist wahrscheinlich in der Reinigung. Vielleicht hingen da mal zwei, und möglicherweise weiß jetzt keiner, welche heute die richtige Fahne ist. In ROM hing bei einem Besuch des ersten Nachkriegspräsidenten Heuss zunächst auch mal die falsche, weil vergangene. Der Eintrittspreis in das Museum ist ein stolzer. In der Eingangshalle reitet Wilhelm der Eroberer. Er prescht aus einer Nische hervor, fast in Lebensgröße, aber doch sehr nischenmäßig. Er könnte sonst ängstliche Touristen vertreiben. Der Rest der Eingangshalle ist dem Verkauf gewidmet.

Die Amerikaner haben für diesen Teil eines Museums den Namen gift-shop. Im Deutschen taucht dieses gift in dem Wort Mitgift auf. Wer seine Säulenhalle oder andere Raumfluchten bedecken möchte, oder sich an den ständigen Picassos an seinen langen Wänden sattgesehen hat, kann den Normanninnen-Teppich mittels Musterkauf nachsticken. Der Teppich ist ein einzigartiges Bilddokument über den Kriegszug Wilhelms 1066 über den Kanal, seine Schlacht gegen das durch Kämpfe gegen die Norweger und durch anschließende Eilmärsche ermüdete Heer Haralds IV. bei HASTINGS. In 58 Teilen präsentiert das Großwebstück nicht nur Vorgeschichte und Verlauf der Ereignisse, sondern auch Ausrüstung, Beschaffenheit der Schiffe etc. Wer es gefertigt hat, ist nicht klar. Die vor Sehnsucht zu dem kanaljenseitigen Wilhelm erfüllte und gepeinigte Königin Mathilde mit ihren Hofdamen auf jeden Fall nicht, wie ab und zu zu lesen ist. Klar sind seine Zahlen. Der Web-Comic ist 70 m lang und meist 50 cm breit. Während des Krieges sorgte die deutsche Besatzung für die sichere Einlagerung des Teppiches.

An der Kasse kann ein Spaziermann (engl. Walkman) für das heimische Idiom ausgeliehen werden, der einen durch den halbovalförmigen, abgedunkelten Gang leitet, an dessen Wand der Teppich prangt. Der von keiner Eile geprägte Besuch kann dem/der Interessierten einen geschlossenen und sehr anschaulichen Einblick in die auch damals äußerst verwickelte Politwelt vermitteln. Öffnung: 16. März - 15. Mai und 16. Sept. - 15. Okt.: 9h00-12h30, 14h00-18h30. Dazwischen, an Ostern 9h00-19h00. BAYEUX ist nicht nur die normannische Teppichwebproduktaufbewahrzentrale, sondern hat sehr lange nordische Lebensart bewahrt. Während in ROUEN bereits fränkisch/altfranzösisch gesprochen wurde, blieb in BAYEUX die altnordische Sprache lebendig.

Germanischer Götterkult in der Kathedrale

Das nächste Besuchsziel ist die Kathedrale. Die Baulichkeiten sind steingewordene Geschichte seit dem 11. Jahrhundert. Der Freak sucht und findet Reste der romanischen Kirche, die 1105 teilweise abbrannte, die Gotik ist keine Überraschung, reich ausgeschmückte Fassaden berichten über den Mord an Thomas Becket, den Heinrich II. auf dem Gewissen hat. Das ist der zweite Typ der Eleonore von Aquitanien. Ein Emaille-Ensemble im Hauptschiff bietet nordische Sonnenkultsymbolik. Also, Herz was begehrst du mehr? Aber eine Besichtigung, ohne jeden Stein namentlich anzusprechen, lohnt auch.

Denn der wahre Geist und Kreative schreitet sinnlich erfassend durch Stein und Säulenwerk, stets im inneren Zwiegespräch mit den Göttern von Zeit und Raum. Er nur gibt dem toten Gestein Leben und Seele, wandelt es endlich zu Kultur. Bevor wir uns wieder auf die Invasionspiste begeben, pilgern wir durch die - im Kriege nicht zerstörte - Altstadt. BAYEUX selbst ist mit knapp 15. 000 Einwohnern eine Kleinstadt und hat den Krieg als einzige normannische Stadt unversehrt überlebt. Es ist Verwaltungssitz des nördlichen Arrondissement/Halbdépartement des Calvados, des Bessin.

Kleine grüne Männchen

Weiter Rtg PORT-en-Bessin-Huppain, D 9. Das ist der größte Fischereihafen der Normandie. Am Ortsrand ist links ein Picknickplatz sichtbar. Doch Vorsicht, ein Golfplatz ist in der Nähe. Kleine grüne Männchen laufen ständig mit Golfgepäck über die Straße. Wir sind wieder an der Perlmuttküste/côte de Nacre. Der Namen datiert aus dem 19. Jahrhundert. Der Grund sei der silberne Perlmuttglanz der See. Zehn Gemeinden

Zwischenstopp mit Blick auf die Arromanchener Invasionshafenreste

zwischen COURSEULES und RIVA-BELLA haben sich zu einer Organisation Côte de Nacre zusammengetan. Ihr Ziel ist, den sanften Tourismus und seine nötige Infrastruktur zu fördern. Die Organsiatoren denken vor allem an den durchschnittlichen Besucher. Denn seit in Frankreich 1936 der bezahlte Jahresurlaub von 14 Tagen eingeführt wurde, in Deutschland war dies bereits 1920 der Fall, verdankt diese Küste ihr Haupteinkommen dem Normalverdiener. Diese Küste bietet 15 km feinen Sandstrand. Eine gute, jodhaltige Luft gibt es gratis. Bei St.-LAURENT ist am Strand an den verbliebenen Bunkern eine Schautafel aufgestellt. Darauf wird ein relativ genauer Grundriß mit Ausstattung, Bewaffnung, Lage der Stellungen etc einer Atlantikwall-Anlage, der WN 62, vorgestellt. Wir fahren jetzt entlang dem Landungsstreifen Omaha-Beach. Hier hatten die US-Kräfte die größten Probleme. In der Nähe von St.-LAURENT ist ein amerikanischer Soldatenfriedhof. Der ist offziell US-Hoheitsgebiet. Durch VIERVILLE-sur-Mer, das über einen reizvollen Strandweg verfügt. Nach VIERVILLE ist ein Rastplatz Unterwegs wird laufend auf irgendwelche Ausstellungen irgendeiner Invasion aufmerksamgemacht. Weiße Kühe vermitteln Landwirtschaft. Wollen Sie mal dort stehen, worauf

Ronald Reagan 1984 seine Schritte lenkte? Ihre Chance kommt in wenigen Minuten.

Jugendtreffen der anderen Art

Wir nähern uns der weiträumig ausgeschilderten Hoc-Spitze, der Pointe-du-Hoc. Der Name ist germanischen Ursprungs. Der Auflauf ist beträchtlich. Die Stätte scheint das Zentrum gallischer Kaffeefahrten zu sein. Aber nicht nur das. Zunächst fällt ein großer Parkplatz auf, mit Wasserstellen, WC, Imbiß, Souvernirstand. Wir betreten das Geviert. Gepflegter Rasen, herrliche Aussicht auf das Meer, auf die Küste nach links und nach rechts, stahlbetongestaltete, ins Erdreich gebaute Ferienhäuschen - oder so ähnlich - der ehemaligen Deutschen Wehrmacht. Ein Objekt, vielleicht einst eine Art windgeschützte Seeterrasse direkt im vordersten Teil der Felsspitze, ist restauriert.

Hier weilte Reagan und schaute. Denn 1984 wurde die Geschichte nach dem Vorbild der Karl-May-Festspiele von Bad Segeberg wiederholt. US-Ranger kletterten vom Strand an den Felswänden zur Spitze empor und sparten sich einen langen Umweg. Doch das präsidiale Historienspiel würdigte ein ernstes Ereignis. Am Invasionstag galt die besondere Aufmerksamkeit der Schiffsartillerie des Kreuzers US-Texas diesem unseren von der Geschichte beunglückten Orte. Er verfeuerte mit über 600 Salven ca 6. 000 Granaten auf dieses Fleckchen Erde. Dann landete ein Kommandotrupp von 225 US-Soldaten aus Texas. Die Amerikaner kletterten an Seilen, die zuvor an dem Felsvorsprung hochgeschossen wurden, vom Strand aus auf die mächtige Bunkeranlage. Nach 1 1/2 Tagen hatten die Amerikaner den Stützpunkt in der Hand. Von den 225 lebten noch 90 Texaner. Deutsche Verlustziffern sind nicht angegeben. Die Normandiekämpfe waren, wie auch hier, eine Begegnung der Jugend der kriegführenden Länder. Die meisten der Gefallenen waren unter 30 Jahre alt. Man kann noch gut die Granateinschläge der US-Kriegsschiffe erkennen. Die Touristen werden gehalten, auf den Wegen zu bleiben und nicht über den Rasen zu gehen, auch nicht an die Steilküste. Der Ort hat eine gewisse Ordnungstradition. Nachzutragen ist noch, daß 1984 keine Schiffsartillerie eingesetzt wurde.

Deutscher Soldatenfriedhof La CAMBE

Weiter Rtg ISIGNY-sur-Mer, dann Rtg CRIQUEVILLE, D 194. Normannische Landschaft zeigt ihre Knicks und Hecken.

Rtg N 13/Rtg La CAMBE. Vor uns traktort die normannische Agrikultura. Wir erreichen die N 13 und biegen nach rechts. Nach 100 m liegt links der deutsche Soldatenfriedhof von LA CAMBE. Die Ausschilderung ist zurückhaltend. Wir besuchen den Friedhof. Wir sind nicht die einzigen Besucher. Mit uns betritt ein französisch sprechendes Pärchen von Mitte 20 den Friedhof Der Ehrenhain ist bestens gepflegt und wirkt würdig, majestätisch. An einigen Grabstätten sind Blumen niedergelegt. Wir erfahren, daß während der Invasionskämpfe der US-Gräberdienst in der Nähe von La CAMBE, ein Dorf mit 700 Einwohnern, zwei große Gräberfelder mit deutschen und amerikanischen Gefallenen anlegte. Nach Kriegsende betteten die Amerikaner ihre Toten auf den US-Friedhof St.-LAURENT - sur-Mer um und begruben die deutschen Toten von dort auf dem Friedhof von La CAMBE. Der britische und französische Gräberdienst verlegte weitere deutsche Gefallene nach La CAMBE. Der Volksbund Deutsche Kriegsgräberfürsorge übernahm die Pflege der Anlage und erweiterte durch Umbettung den Friedhof. Heute ruhen hier 21. 222 deutsche, gefallene Soldaten. Schauen Sie auf die Jahrgänge. 1958 wurde eine Neuanlage der umgrenzenden Wälle, so die Information des Volksbundes, vorgenommen. Jugendliche aus den verschiedenen Nationen halfen. Der fast sechs Meter hohe Tumulus birgt 207 unbekannte Gefallene und 89 namentlich bekannte, tote Soldaten. Die Kuppe wird von einem eindrucksvollen Granitkreuz gekrönt. Der Friedhof wurde am 21. September 1961 in der heutigen Gestalt eingeweiht.

Auf die Halbinsel Cotentin und in die Moorgebiete

Weiter Rtg CARENTAN/CHERBOURG, N 13. Wir fahren in das Département Manche/Kanal ein. Die N 13 ist eine Stau-Straße. Durch das Molkereizentrum ISIGNY-sur-Mer. In CARENTAN erwischt uns der Wochenendrückkehrerverkehr. Der 6. 700 Einwohner zählende Ort liegt in der Mündungsbucht von Douve und Taute. Das erklärt seinen Namen. CAR-ENT-AN stammt aus dem Keltischen und bedeutet, "die von Flüssen umgebene Stadt". Eine andere Erklärung meint "Ker Dun", die Siedlung auf der Anhöhe. Im Nahbereich liegen zahlreiche Moorgebiete, die für die Viehzucht genutzt werden, daher der Beiname Hauptstadt des Moors, capitale du Marais. Wir befinden uns inmitten des 25. 000 Hektar großen Moorgebietes des Cotentin. Auf der Douve kann man von CARENTAN aus mit dem Flußboot "Barbey d' Aureyvilly" Fahrten in das Sumpf-

Der deutsche Soldatenfriedhof bei La CAMBE

gelände unternehmen (Start 15h00, Rückkehr 18h00, Mai, Juni, September jeweils sonntags, Juli-August sonntags bis freitags, oder Mai-September samtags 9h30-18h00). Vom Bahnhof der Stadt startet im Sommer ein Touristenzug Modell 50er Jahre in das Moor: Mai, Juni, Sept. sonntags Start 14h30/ 16h45, Rückkehr 15h45/18h15, Juli/August auch samstags, sonntags 14h30 mit Wanderung Rückkehr 18h30). Die Stadtväter und -mütter sind stolz auf ihren preisgekrönten Hafen.

Weiter Rtg CHERBOURG auf der Halbinsel Cotentin. Auch der Name der Halbinsel hat eine bemerkenswerte Wurzel. Er soll auf den weströmischen Mit-Kaiser Constantius Chlorus, der von 293 bis 306 in TRIER residierte, zurückgehen. Das war der Vater des Konstantin des Großen, der im Römischen Reich das Christentum einführte. Vor St.-CÔME biegen wir nach rechts auf die D 913, Rtg Ste.-MARIE-du-Mont/Utah-Beach. Wir fahren jetzt durch den Naturpark Marais du Cotentin und erreichen wieder das Meer. Hier begrüßt uns wieder Invasionsgerät und Invasionsmuseum. Das Denkmal, mit fein säuberlichem Rasen eingerahmt, ist ein offizielles Monument der US-Regierung und US-Hoheitsgebiet. Von hier, Kilometerstein 00 (!), und von SAINTE-MERE-EGLISE, Kilometerstein 0, starteten die Franzosen gleich zweimal ihre Straße der Freiheit, voie de la liberté, die bis nach Belgien führt. Sie ist erkennbar an den großen, fackelbewehrten Kilometersteinen. Das ist also keine Fernwanderwegmarkierung, auch nicht der Weg nach oder von Olympia in Griechenland. Wir fahren weiter an der Küste nach Norden, D 421. Dieser Abschnitt ist weit weniger mondän als die Strände der Perlmuttküste oder der Küste der Gnade oder gar die von ÉTRETAT.

Unterwegs erregt ein Wohnwagengespann mit angehängtem Bootsanhänger unser Aufsehen. Große Teile an der Utah-Beach sind, ähnlich wie an der Pointe-du-Hoc, in Naturschutzgebiete umgewandelt worden. Es darf nichts mehr verändert werden. Pferde und Kühe grasen. Ein Leclercdenkmal mit einem leichten Panzer und einem Transportpanzer erinnert an die 2. frz. Panzerdivision. Andere gab es nicht. Mit den zwei Panzern ist nicht die ganze Panzerausrüstung der Division aufgestellt. Die Leclercer sind an dieser Stelle einige Wochen nach den Amerikanern an Land gegangen. Leclerc war der Kommandeur. Er ist nach dem Krieg im Alter von 45 Jahren bei einem Flugzeugabsturz über Nordafrika ums Leben gekommen. Die D 421 führt weitgehend am Strand entlang. Das Gelände ist eben. Die D 421 ist meist nur durch einen Wall vom Meer getrennt. 4 km nach RAVENOVILLE-Plage biegen wir nach links auf die D 69 ab. Wer nicht will, soll einige Zeilen weiterlesen. Hecken und Knicks durchziehen die Landschaft. Die halten den Wind ab. Die D 69 leitet zu der Batterie von CRISBECQ, 4 Kanonen mit Kaliber 210 cm, Rohrlänge 9,53 m,

Ebbe im Hafen von BARFLEUR. Ohne Moos nichts los.

Reichweite 30 km. Hersteller ist Skoda. Während des Krieges wurden ca 30% des deutschen Rüstungsbedarfes auf dem Territorium der heutigen Tschechischen Republik durch die dortige technisch äußerst hochwertige Industrie hergestellt. Die Kanonen sind vermutlich aus den Befestigungen im Erzgebirge ausgebaut. Besatzung 3 Offz, 7 Uffz. 287 Mannschaftsoldaten. Lebensmittel waren für zwei Wochen eingelagert. Flak 20 mm Kanone, 15 mm Kan., MG, 75 mm Kan. Die Anlage konnte jedoch nicht fertiggestellt werden. Weiter D 14 Rtg QUETTEHOU nach Norden. Wer die Batterien meiden will, soll die D 421 weiter nach Norden fahren Rtg QUETTEHOU. QUETTEHOU ist mit seinen 1.300 Einwohnern klein, sympathisch und mit einer normannisch-gotischen Kirche aus dem

13. Jahrhundert geschmückt. Vom Friedhof bietet sich ein weiter Blick auf die Bucht von MORSALINES, die Vauban-Festung von HOUGUE, auf die Insel Tatihou, die seit Juni 1992 per Amphibienfahrzeug von St.-VAAST-la-HOUGUE zugänglich ist. Zu erkennen ist auch die Felsspitze des Saire-Tales. Die Gemeinde hat ERLABRUNN in Bayern als Partnerstadt. Die hübsche Präsidentin des Verkehrsbüros/Syndicat d' Initiative, Madame Vitoux, freut sich auf Ihren Besuch.

Die französische Flotte unter dem Befehl von Admiral Tourville wurde 1692 in der Seeschlacht bei HOUGUE von den Engländern und Niederländern böse gerupft. Der Admiral steht in Stein - etwas abseitig - im Garten von COUTANCES. Französischer König und oberster Chef der Niederlage war Ludwig XIV. Er hatte kurz zuvor 1681 die Freie Reichsstadt STRASSBURG gänzlich völkerrechtswidrig besetzen lassen. Um künftig den strandenden, königlichen Kriegsschiffen einen gewissen Rückhalt bieten zu können, ließ er 1694 die Festungen in HOUGUE und auf Tatihou hochziehen. Der Ärmelkanal erlebte so über die Jahre manches Zeichen der unverbrüchlichen Freundschaft seiner Anrainer.

Der Nebel zieht in Schwaden

Auf dem Weg zu unserem Tagesziel BARFLEUR, D 902, erhebt sich links die Kapelle La Pernelle oben auf dem Berg. Von dort hat man die schönste Aussicht über das ganze Gebiet. In dem Fischer- und Badeort BARFLEUR treffen wir wieder auf das Meer. Der Hafen hat gerade Ebbe und die Boote liegen am Boden. BARFLEUR hat 600 Einwohner. Im Mittelalter war der Ort der wichtigste Hafen der Halbinsel Cotentin. Das Normannenschiff Le Mora, das Mathilde, die Gattin Wilhelms des werdenden Eroberers 1066 nach England brachte, wurde hier gebaut. Der Hafenbereich scheint größer als der ganze Ort zu sein. Die Häuser sind aus grauem Granit und schaffen in den kleinen Gassen bei nachlassendem Tageslicht zusammen mit Wind und Wetter eine Atmosphäre für Kriminalfilme der unheimlichen Sorte. Teilskelettierte Leichen stehen im Nebel auf, geben Hinweise, erstarren wieder oder folgen den weichenden, tiefhängenden Wolken. Frankreichs größter Leuchtturm - mit 71m zumindestens einer davon - bleibt erdverbunden auf der Pointe de BARFLEUR, 4 km nördlich des Ortes. 365 Stufen im Turm und Sie haben den Weitblick Ihres Lebens, falls die Skelette mit dem Nebel nicht aufwallen, versteht sich. Die äußerste Nord-Ost-Ecke des Cotentin ist kein Garten Eden. Im Jahre 1120 peitschten die Stürme die "Blanche Nef", das weiße

Schiff mit 300 anglo-normannischen Adelsmenschen und -menschern ins Felsenriff. Die zerfetzten, verschlissenen, weißfahlen Segel im aufquellenden Nebel, die diätversessenen Gerippe in den Tauen und geborstenen Planken, wer sieht sie nicht, wer hört sie nicht, der Seelen suchendes Summen der unrastigen, der Schuld tragenden, allein der unaufgearbeiteten, unbewältigbaren weil in Gegenwartsfängen gefesselten Vergangenheit, dem Höllenschlunde gleich, zum Jahrtausende währenden Verzehr ausgeliefert?

"Gefunden" in BARFLEUR: Alles für WOMO- und Wohnwagenfahrer.
Darauf ist die Konkurrenz wohl noch nicht gekommen,
trotz der teuren Professoren im Beirat

TAGESFAHRT ACHT

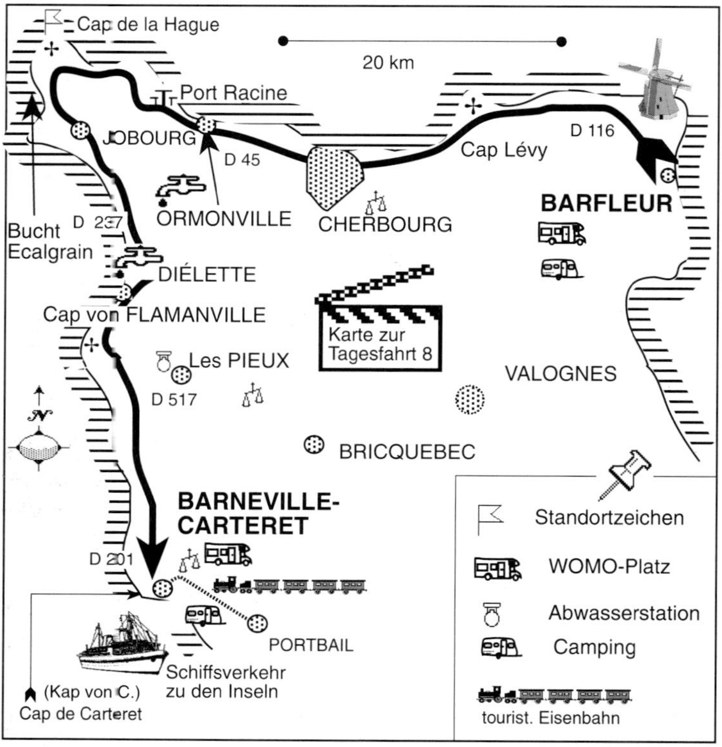

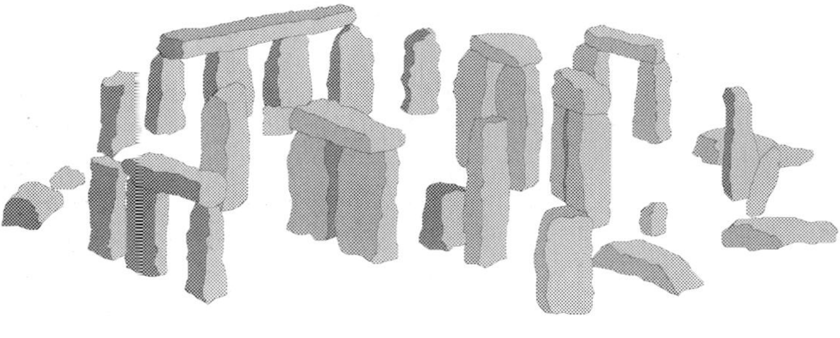

Seit die Sozialisten weg sind, geht es wieder aufwärts.

Barfleur - Barneville-Carteret

Strecke:	**BARFLEUR** * GATTEVILLE * FERMANVILLE * CHERBOURG * LANDEMER * FLAMANVILLE * SURTAINVILLE * **BARNEVILLE-CARTERET**
Entfernung:	80 km
Besichtigen:	Cap Lévy; CHERBOURG Hafenanlagen (1h) evtl. Arsenal (frz. Kriegshafen); Port Racine (15 min); Cap de la Hague; Wiederaufbereitungsanlage La Hague (nur Besucherzentrum); Strandszene in BARNEVILLE-CARTERET (abends). Ausflug nach **Jersey, Guernesey, Sarcq** März-Nov tägl., genaue, aktuelle Info office de tourisme von CARTERET am großen Parkplatz/Place Flandre-Dunkerque 1940.
Wandern:	Spaziergang auf dem Strandweg von BARNEVILLE bis die Sonne im Meer versinkt (1h).
Picknick:	a) Cap Lévy; b) Port Racine; c) Cap de la Hague; d) Bucht von Ecalgrain; e) Cap von FLAMANVILLE; f) Schnittpunkt D 901/D 318
Wasser:	a) ORMONVILLE-la-Roque: am Hafen an den Toiletten; b) DIÉLETTE: am Hafen. c) s. Abwasser.
Übernachten:	BARNEVILLE: 7 x Camping; WOMO-Standplatz: a) Strandstraße, südl. Ende, Parkplatz vor der Linkskurve; CARTERET: b) großer Parkplatz Ortsmitte c) Parkplatz Bahnhof. Sonstige WOMO-Standplätze: d) NÉVILLE vor der Kirche; e) Port Racine, Parkplatz; f) Cap de FLAMANVILLE; g) Hafen von DIÉLETTE.
Einkauf 2: Märkte	CHERBOURG: Di+Do; CARTERET im Sommer: Do; Les PIEUX: Fr; BARNEVILLE-CARTERET: Sa.
Abwasser:	Les PIEUX: Camping Le Grand Large

Falls die Gespenster der Geschichte nicht weiter im Wege stehen, geht es von BARFLEUR aus über die D 116 Rtg CHERBOURG "par la Côte". Durch GATTEVILLE, dort ragt der Leuchtturm. Die Landschaft ist ziemlich wellig, mit Knicks und Hecken, und immer wieder legt sich ein kleines Dörfchen mit dunklen Gemäuern in die Küstenfelsen. NÉVILLE hat einen schönen Parkplatz vor der Kirche, (WOMO-Standplatz). In FERMANVILLE kann man zu dem Cap Lévy mit herrlicher Aussicht fahren. Auch 1 km nach FERMANVILLE entdecken wir schöne Aussichtspunkte. Durch BRETTEVILLE auf der D 116. Das kleine Dorf Le BÉQUET ist mit Northeim/Niedersachsen partnerschaftlich verbunden.

CHERBOURG, Mann oder Supermarkt

Von weitem sehen wir nicht die parapluies von CHERBOURG, sondern die Hafenanlagen. Der Hafen und Marinestützpunkt ist ein großer Arbeitgeber der Region, die mit über 14% Arbeitslosigkeit geschlagen ist. Die Militäreinsparungen bewirken daß der Marinestützpunkt nach BREST verlegt, zumindestens ausgedünnt wird. Wir fahren zum Hafen und in das Zentrum von CHERBOURG. Am Rande der Straße wirbt ein Einkaufszentrum mit "Changez de mari ou changez d'hypermarché", "Wechseln Sie den Mann oder den Supermarkt". Die Stadt war während der Invasion Festung und erlitt wochenlange Kämpfe. Ergebnis: völlige Zerstörung vor allem der Hafeneinrichtungen. So haben wir eine wiederaufgebaute Großstadt vor uns.

Am Hafen reitet Napoleon nach Norden und weist mit weit ausholendem Arm nach LONDON/England. Zwischen Napoleon und Meer weht eine ganze Flaggenreihe. Jede ordentliche Hafenstadt will international sein. Der Besuch des Kriegshafens ist nur Franzosen vorbehalten. CHERBOURG hat heute knapp 30. 000 Einwohner, die Agglomération - das Verwaltungsgebiet CHERBOURG 90. 000. Die Stadt, mit BREMERHAVEN liiert, ist seit 1858 schwer befestigter Kriegshafen, aber auch ein wichtiger Stützpunkt für die zivile Atlantikroute. Bereits 1776 wurde mit dem Bau des großen Dammes begonnen, der schließlich nach vielen Rückschlägen gegen die Naturgewalten 1853 stand. Diesem Damm verdankt der Hafen CHERBOURG überhaupt seine wirtschaftliche Existenz.

Weiter Rtg QUERQUEVILLE am Hafengelände entlang. Dann Rtg URVILLE-NACQUEVILLE /Cap de la Hague. Alles prachtvolle keltische Namen. Wir fahren parallel zur Küste.

URVILLE ist ein altes normannisches Seestädtchen. Dort erreicht uns wieder der markierte grand randonné/Fernwanderweg/sentier litoral/Strandweg längs der Küste. Weiter auf der D 45 Rtg LANDEMER. 1 km nach LANDEMER schöne Aussicht auf das Meer. Der Parkplatz liegt an einem Bunker. Der letzte Teil führt zu Fuß zum Strand. Immer wieder herrliches Panorama mit dem Blick zum Meer. Rtg OMONVILLE, D 45,

Mühle bei BARFLEUR

die sehr schmal ist. Einheimische fahren zügig. Links Großdemo von Kühen, vermutlich wegen der Milchquote. Hinweisschilder von Bauern, die Eigenprodukte verkaufen. Die Gegend wirkt arm und ist dünn besiedelt. Die D 45 ist beidseitig durch Erdwälle gesäumt und geschützt. Durch OMONVILLE-la-Rogue. Wir fahren zum Hafen, der 1989 restauriert wurde. Neben dem Hafenrestaurant sind Toiletten und eine Wasserstelle. Weiter an der Küste entlang , D 45. Nach St.-GERMAIN-des-Vaux. Bizarre Felsen ragen aus dem Wasser. Kiesstrand verdirbt die Badefreuden.

Vorbe am Port Racine. Das ist der kleinste Hafen von Frankreich. Von der Straße ergibt sich ein schöner Blick nach unten auf den kleinsten Hafen. Vorbei am Fort St.-Martin, heute eine Ferienkolonie, früher eine Festung Ludwigs XIV. Der war ein ganz schlimmer Finger, der die Zerstörung der Pfalz und des Heidelberger Schlosses auf dem Gewissen hat. Am Restaurant moulin à vent in St.-MARTIN ist ein Aussichtspunkt angelegt. Nach St.-GERMAIN rein und weiter Rtg Cap de la Hague, D 45.

Am Ende der Welt Rendezvous mit dem Golfstrom

Wir haben ständig das Meer vor Augen. Durch AUDERVILLE und nach GOURY. Das ist der westlichste, von Menschen besiedelte Punkt des Cotentin. GOURY beherbergt einen wichtigen Stützpunkt für den Seenotrettungsdienst. Im Blick steht der große Leuchtturm. Dem Leuchtturm vorgelagert ist ein windumtobter Parkplatz. Ein schmuckes, kleines Zwischenfrühstück im Wohnwagen/WOMO - mit williger Meer/Land(jung)frau - und draußen die nassen Winde, das wär's schon. Wir treffen hier auf eine Küste, die vom Golfstrom umspült ist. Abfahrt auf der D 401. Die Straße ist eng aber befahrbar. Rtg JOBOURG. D 401. Nach knapp 2 km tut sich die Bucht von Ecalgrain auf. Der wildanmutende Meereseinschnitt rahmt mit einer Heidelandschaft einen weitausholenden Sandstrand ein.

Atom, Stacheldraht und Arbeitsplätze

Das Zeichen am Straßenrand ist der Totenkopf. Es ist nicht das Wappen der Gegend, sondern der Protest von Atom-Gegnern. Denn wir sind im Bereich der Wiederaufbereitungsanlage La Hague. In DANNERY weiter nach Nez de JOBOURG. Nach dort führt allerdings wie zu manchem schönen Ort eine

Sackgasse. Aber was wird geboten: wir und der Atlantik. Dann Rtg BEAUMONT, D 901. Schließlich erreichen wir die Wiederaufbereitungsanlage. Dreifache NATO-Stacheldrahtrollen um die riesige Anlage machen sie einschlägig unverwechselbar. An der Straße liegt das Besucherzentrum/centre d' information der Atom-Anlage. Der Besucherdienst ist sehr freundlich und prospektinformativ. Die La Hague-Anlage ist von 3 Seiten vom Meer umgeben. Als Arbeitgeber ist sie hier wohl unverzichtbar. Der Protest der Einheimischen, nicht ambulanter Atomkraftgegner, hält sich in Grenzen. Wie die Einfamilienhäuser zeigen, bringt die Anlage Arbeit und Kaufkraft ins Land. Weiter nach VAUVILLE an die Küste. Die D 318 mit 10% Gefälle. Unterwegs findet sich ein Rastplatz am Schnittpunkt D 901/D 318. Weiter nach BIVILLE, D 318, ein richtiges „Von Dorf zu Dorf Gehopse". Die D 118 Rtg VASTEVILLE. Ein Schlepper verengt die Straße.

In VASTEVILLE, D 64/64e, dann 5 km bis DIÉLETTE. Rtg DIÉLETTE auf der D 23 am Hafen vorbei. DIÉLETTE verfügt über den einzigen, ordentlichen, gut ausgebauten Hafen zwischen GOURY und CARTERET. Ein feinkörniger Sandstrand ergänzt das Angebot. Dann Rtg FLAMANVILLE. Unterwegs

Hafen Racine. Der kleinste Hafen Frankreichs

fallen schmucke Neubaugebiete auf. Bei FLAMANVILLE liegt eine centrale nucléaire, ein Kernkraftwerk der E.D.F., Électricité de France. Es ist seit 1985/86 in Betrieb. Das Kraftwerk beansprucht stolze 120 Hektar und ist auf das offene Meer hin orientiert. Die Kapazität beträgt 18 Milliarden KWh. Da kann die 25 W Birne lange brennen. Die Weiterfahrt bis CARTERET führt über kleine Dünenstraßen. Die Bilder wiederholen sich.

Leuchtturm von GOURY. Das ist der westlichste Punkt der Halbimsel Cotentin

Wer also ungeduldig wird, oder abends in dem Doppel-Badeort BARNEV LLE-CARTERET den zeitraubenden, großen Meeresfrüchteteller/plateau de fruits de mer genießen möchte, der kann auf der D 904 für knapp 20 km zügig den Atlantik Atlantik sein lassen.

Dolmen im Hinterhof

Rtg Sémaphore-Dolmen, der so auf einem braunen Wegweiser ausgeschildert ist. Der bescheidene Dolmen steht auf dem Hinterhof eines Hotels, auf dessen Parkplatz die Ausschilderung führt. Ursprünglich hatte der Dolmen freien Inlandblick, aber dann machte ihn Menschenwerk zum Hinterhofinsassen. Doch die Steilküste verbleibt ihm noch als Nachbarschaft. Die Stätte gilt auch als Cap von FLAMANVILLE. Vom Hotelparkplatz mit Bunkergrund führt ein Strandpfad die Steilküste hinunter. Weiter Rtg HOUEL. Der Verkehr verliert sich über die D 517 Rtg SURTAINVILLE. Dort tut sich eine mächtige Festung auf. Durch SURTAINVILLE. Dann weiter an der Küste D 517/D 201 oder auf der landeinwärts führenden D 904 Rtg BARNEVILLE-CARTERET. Wir laufen in BARNEVILLE-CARTERET ein. ESCHEDE/Niedersachsen ist die Partnerstadt der Doppelgemeinde. Wir finden eine reizvolle Küste vor. Drei Feinsandstrände, 7 Campingplätze, ein echtes Kap, ein Fischerei- und ein Yachthafen bieten die Kulisse für einen Badeort mit Flair und Tradition. Die Badekultur wird seit 1820 betrieben. Die romanische Wehrkirche (12. Jh.) von

BARNEVILLE zeugt von den französisch-britischen Beziehungen im 15. Jahrhundert. Vom Strand von CARTERET aus kann man in einer knappen Stunde um das Kap herumwandern. Die vorgelagerten Kanalinseln schützen vor der starken Brandung des Atlantiks. Vom Hafen lassen sich Ausfahrten zu den Resten britischer Kontinentsherrlichkeit, den Inseln Jersey, Guernesey und Sercq unternehmen. Im Bahnhof CARTERET endet und startet ein Train Touristique von und nach PORTBAIL. Der Zug besteht zwar aus älteren Waggons, Baujahr 1961, gezogen von einer kleinen Diesellok, ist jedoch kein Nostalgie-Bähnle. Er soll lediglich die Landschaft vorstellen. Er ist in den Sommermonaten in Betrieb. Die Fahrzeiten sind jeweils in den Geschäften angeschlagen. Tel. Auskünfte in Barneville-Carteret 33047008. Start in CARTERET über BARNEVILLE, St.-GEORGES-de-la Rivière, PORTBAIL und zurück. Insgesamt 2h30 Dauer.

Von ROZEL im Norden bis nach CARTERET erstreckt sich auf 11 km das Dünen-Massiv von Baubigny. Im Süden wird der

Bucht/Baie von/de Ecalgrain

Sandhaufen die Düne von HATTAINVILLE genannt. Den größten Eindruck machen die am Cap von Carteret auf 81 m aufgewehten Sandmengen. Da meint man, der ganze Hügel sei nur aus Sand. Doch wie vieles, was groß erscheint, haben die Körnerunsummen einen fremden Unter- und Mittelbau. Und der ist Fels. Die niederen Haufen mit eigener Basis schaffen 10 m - 20 m. Dazwischen sind kleine Dellen oder gar Teiche, da der Untergrung tiefer liegt und meist feucht ist. Die Flachen im Lande sind gerade mal gewellt und die Düne wandert zum Teil noch. Die Oberfläche ist kurzgrasig bewachsen.

TAGESFAHRT NEUN

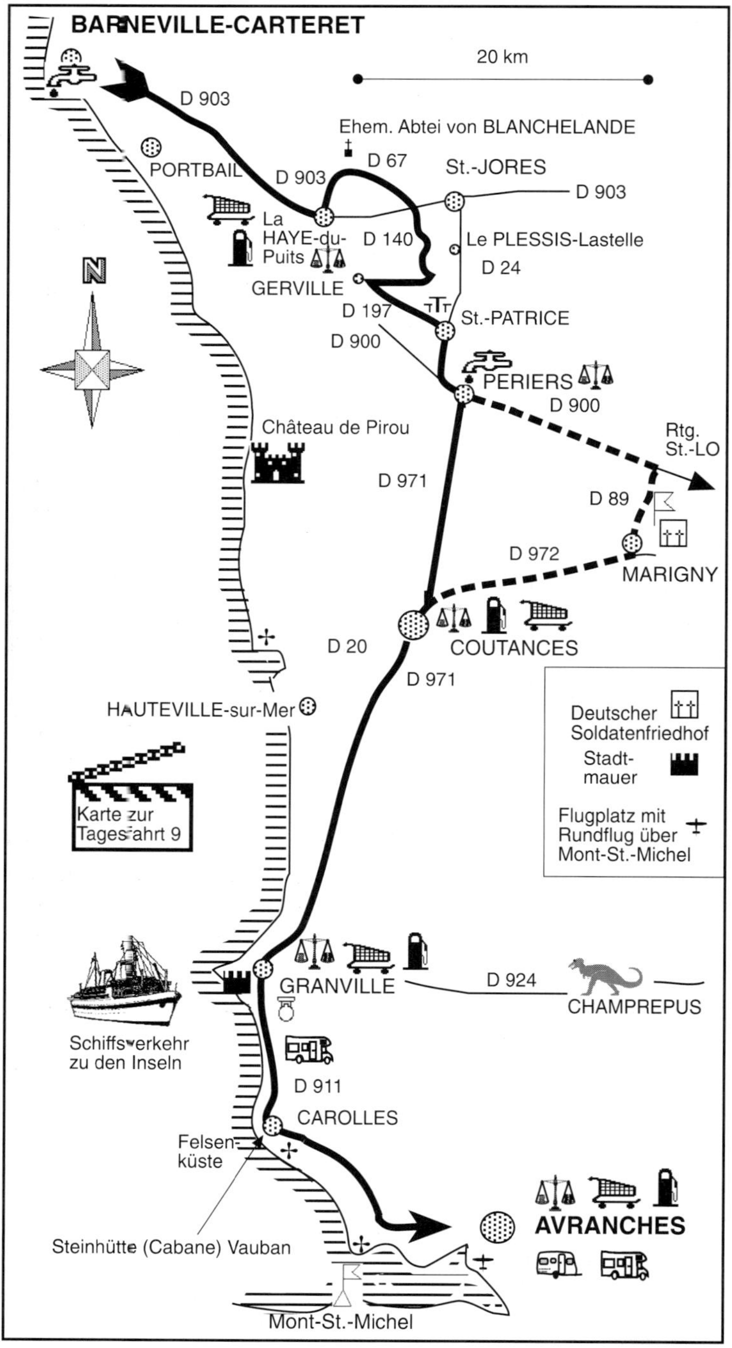

BARNEVILLE-CARTERET - AVRANCHES

Strecke:	**BARNEVILLE-CARTERET** * D 903 * La HAYE-Puits * Abtei BLANCHELANDE * St.-PATRICE * PÉRIERS * COUTANCES * GRANVILLE * **AVRANCHES**
Entfernung:	130 km
Besichtigen:	Abtei BLANCHELANDE (1h), Bocage/Heckengelände des Cotentin; Innenstadt von COUTANCES (2h), Château Pirou (1h, nicht auf der Strecke); Zoo Champrepus bei VILLEDIEU-les-Poêles bzw. 20 km östl. von GRANVILLE (2h, nicht auf der Strecke); Innenstadt von GRANVILLE, Pointe du Roc (2h); Küste an der Bucht des Mont-St.-Michel (2h); AVRANCHES (1h). **Fahrt nach Jersey, Guernsey, Sark von CARTERET, PORT BAIL, GRANVILLE aus**
Wandern:	Markierte Rundwanderung beim Rastplatz von St.-PATRICE (1h-2h); Spaziergang am Strand von GRANVILLE; Wanderung auf dem GR 223 (Küstenpfad) bei CAROLLES.
Picknick:	Rastplatz St.-PATRICE an der Kreuzung D 431/D 197; Cabane Vauban am GR 223 bei CAROLLES.
Wasser:	a) BARNEVILLE, Friedhof am Wasserturm; b) PERIERS, Ausschilderung parc de stationnement am place de la Précourerie; c) PERIERS, Sportplätze-Eingang (innen) Ausschilderung Gymnase.
Übernachten:	AVRANCHES, Camping; WOMO-Standplatz: a) Parkplätze vor der Kathedrale, vor dem Rathaus; an der Plate-forme/Sous-Préfecture. Sonst Parkplätze an der Pointe du Roc/ GRANVILLE.
Markt:	GRANVILLE, Mi+Sa; La HAYE-du-Puits, Mi; COUTANCES, Do; AVRANCHES, Sa; PERIERS, Sa.
Abwasser:	Camping Lezeaux/Saint-PAIR-sur-Mer/D 911 südl. Ortsrand von GRANVILLE.

Von CARTERET Rtg CARENTAN/D 903. Auch im Sommer kann es in der Normandie kühl sein. Wir verlassen den Uferbereich und gehen in das Innere der Halbinsel Cotentin. Wir lernen die bocage, das Heckengelände kennen, eine ständige Hecken- und Zäunelandschaft. Die Straße führt auf einer Hochfläche. Man sieht keine Berge, hat eine Übersicht und Wind vom Meer her. Die Straße ist recht eng und verfügt über keine ausgesprochenen Halte- oder Rastplätze. Das ist allerdings auch ein positives Zeichen. Der große Touristenstrom fließt über die Küstenstraßen. Die D 903 wird zunächst ruhiger. Der rötliche Asphalt wechselt sich mit einem grauen Belag ab. Wir kommen an dem alten Bahnhof von DENNEVILLE vorbei. Das Bahngleis ist aufgegeben. Seitlich der Straße verlaufen wieder Hecken und Erdwälle. Die Straße ist mit einem weißen Strich durchzogen. Der einheimische Verkehr ist nicht von schlechten Eltern, oder doch! An solchen Straßen wird gerne gefährlich überholt, um an LKWs, Gespannen etc vorbeizukommen. Die Überholer erweisen sich - wie häufig auch anderswo - aber meist als nicht sonderlich gute Fahrer, und die entgegenkommenden Überholmatadore schon gar nicht. Also Vorsicht. Die D 903 entpuppt sich zuweilen als eine Rennstrecke. Durch BOLLEVILLE D 903. Wir erreichen jetzt wieder den parc des marais du Cotentin et du Bessin.

Zweiunddreißig Sünder auf ein paar Scheiterhaufen

In St. Symphorien zeigt sich ein intermarché und ein 4 Sterne-camping am Straßenrand. In früheren nicht näher bezeichneten Zeiten soll hier am Ort ein Priester gelebt haben, dem Hexerei und allerlei Spielchen mit seinen Schäfchen nachgesagt wurden. Er hatte Kontakt mit einer Madame Chandeleur. Die warf ihrem Diener Zügel um und soll ihn beritten haben. An derlei und ähnlichen Ausschweifungen waren recht ehrenwerte Leute der regionalen Gesellschaft bis nach CARENTAN beteiligt. Irgendwie schafften sie es, angeklagt zu werden und kamen, insgesamt 32 an der Zahl, wegen Hexerei auf den Scheiterhaufen oder auf mehrere. In La HAYE-du-Puits steht in der Mitte eine gotische Kirche. Die Kleinstadt ist mit St.-Symphorien zusammengebaut. Die Hauptstraße ist beidseitig mit Geschäften ausgestattet. Von La HAYE Rtg Norden nach St.-SAUVEUR-le-Vicomte/VALOGNE/CHERBOURG/D 900. 500 m nach dem Ortsrand von La HAYE kommen wir in einen kleinen Weiler, NEUFMESNIL. Dort entdecken wir eine noch kleinere Kirche mit Friedhof am

Wasserturm in BARNEVILLE. Der Denkmalschutz ist glücklich.

rechten Straßenrand. Wir biegen vor dieser romanischen Kirche nach rechts in die enge kleine Straße/ D 67, Rtg Abbaye BLANCHELANDE ein. Die Beschilderung ist von La HAYE herkommend nicht zu sehen. Die D 67 ist wohnwagenbreit, eine Heckenschlucht mit Kühen. Unsere echte normannische

Bocage-Fahrt beginnt. Eine Pfadfindergruppe wandert entgegen. An der ersten Kreuzung nach der romanischen Kapelle liegt die ehemalige Abtei, heute teilweise Bauernhof. An der Abtei ist ein Rasenparkplatz mit Baumallee, die zum Eingang hingeleitet. 1154 wurde die Abtei von Richard von La Haye und Mathilde von Vernon unter Kg Heinrich II. von England gegründet und 1790 im Zuge der Revolution geschlossen.

Im 19. Jh. wurden die Gebäude restauriert und von 1890 bis 1990 durch einen Schwesterorden bewohnt. Ab Juli 1993 ist die Anlage wieder dem Publikum zugänglich. Öffnung 10h-18h. Weiter auf der D 67, Kreuzung Rtg VINDEFONTAINE . Rtg PRÉTOT/D 67. Die D 67 entpuppt sich als eine schöne Baumallee aufgemischt mit Telegrafenmasten. Rtg PRÉTOT/

Der Landwirt Claude, angetroffen bei LA HAYE, ist auf die Regierung stocksauer.

LITHAIRE. Die D 67 entwickelt sich zu einer - relativen - Hauptstraße. Seitlich ins Gebüsch zweigen laufend Wege und Stege zu einzelnen Bauernhöfen ab. Durch LITHAIRE. Die D 140 Rtg le PLESSIS-Lastelle. Ein gotisches Kirchlein in LITHAIRE grüßt. Die D 140 ist ein schmales Asphaltgewächs. Am Berg ragt ein modernes Monument auf, ein Fernmeldemast. Vorbei an einem kleinen Bahnhof, der jetzt als Wohnhaus dient. Ich fotografiere, die ältere Bewohnerin kommt heraus, würde an sich gut ins Bild passen, aber verschwindet sofort wieder, als sie die Fotoaktion bemerkt. Sie setzt die Beobachtung hinter der geschlossenen Scheibe fort. Weiter mit der D 138. Nach rechts Rtg LASTELLE. Rechts liegt der Mont Castre, den bereits die Römer mit Ruinen belegt haben. Die D 138 ist ein kleines Sträßchen durch die Heckenschluchten. In LASTELLE zeigt sich wieder ein hübsches, gotisches Kirchlein. Der kleine Ort hat auch eine Grundschule. Von LASTELLE nach rechts Rtg LAULNE/D 338. Die Weiterfahrt führt wieder über roten Schotter mit Wohnwagenbreite durch den bocage auf die D 97, dann nach rechts Rtg LAULNE. Eine Wandergruppe mit weiblichen Pfadfindern durchmißt das Heckengäu. Am Wegrand verkümmert ein Bauernhaus mit verrostetem Dach. Links baut sich der schon von weitem gesichtete Fernmeldemast auf. So schraubt sich der Mensch nach oben. Bei solchen Türmen, die von Ferne schon wahrgenommen werden, schleicht sich in deren Nähe fast ein Gefühl auf, wie wenn der kleine Erdenmensch etwas Großes, eigentlich Unerreichbares leibhaftig ins Auge kriegt und über die Bewunderung eine Ebenbürtigkeit verspürt. Weiter D 97, Rtg GERVILLE-la-Forêt. Dann Rtg LESSAY/D 138. In GERVILLE Rtg LAULNE/D 197 nach links. Daselbst wird viel Farnkraut angebaut. Die große Mode, die hier regiert, ist, die Häuser mit Wellblech zu bedecken. Die D 197 ist etwas breiter geworden doch noch eng genug. Rtg Ste. PATRICE.

Leben und Lernen

Die Hecken an den Straßenrändern bewirken zwar Schutz vor dem Wind, aber man verliert den Überblick über die Landschaft. Der Blick wird eng. Scheuklappenartig. Das hat 1944 den Amerikanern wochenlang schwer zu schaffen gemacht. Die Hecken wollten sich einfach nicht auf die Schnelle befreien lassen. Heute sind die Hecken gut gegen den Lärm, der übers Land kommt. Mittlerweile kreuzen wir den Weg an einem schönen Bauernhaus vorbei. Dieses ist zu verkaufen. Und wer Geld hat oder wen man dessen verdächtigt, steht auch gleich dabei. Der Hinweis ist auch auf deutsch gehalten. Ein Gehöft steht mitten in der Prärie mit zwei Wohnwagen am Abstellplatz. Wir erreichen einen Teilort von Ste.- PATRICE. Er ist an dem Ortsschild mit weißer Schrift auf blauem Grund zu erkennen. Mitten in dem von Invasionskämpfen schwer mitgenommenen Dorf sehen wir ein herrliches Gebäude. Die Straße dampft. Zuvor hat es geregnet. Wir kommen jetzt an die Kreuzung D 431/D 197. Da überrascht uns ein Rastplatz. Er ist schön in den Wald hineingelegt mit einem integrierten Lehr- und Lernpfad. Was will man mehr. Der bloße, geistferne, ozontrunkene Urlaub für Körper und Sex hat ausgedient. Was verlangt und geboten wird, ist leichte, schweißfreie Bewegung des Leibes, der Sinne, des Geistes. Und zwar im Verbundsystem.

Das ruft nach Lehr- und Lernpfad. Der Möblierung der Landschaft mit Bänken, Tischen und Orientierungskarten folgt schon seit geraumer Zeit die Pädagogisierung der Täler und Höhen. Die Pfadmarkierung geht in den Wald hinein. Der Pfad/ sentier pedestre vermittelt auf 13 Stationen Kenntnisse über Fauna und Flora. Der Text beschränkt sich aufs Französische. Der Rastplatz ist rotgeschottert. Schließlich die D 24. Wir biegen nach rechts ein Rtg PÉRIERS. Damit wäre unsere Bocage-Erkundung geschafft. Die D 24 ist wieder eine ordentlich breite Bahn mit durchbrochener Mittellinie und ziemlich gerade. Pferde grasen auf der Wiese. D 900 nach links Rtg PÉRIERS. Diese Stadt ist mit FALLINGBORSTEL verbandelt. Weiter Rtg COUTANCES/D 971. Die Gemeinde benannte die D 971 im Ortsbereich die "Straße des (alliierten) Bombardements von 1944". Das ist eine nicht allzuhäufig anzutreffende "Würdigung" der alliierten Vorgehensweise. Die britischen, normannischen Inseln wurden vermutlich deshalb nicht zurückerobert, um die Bevölkerung und die Ortschaften diesem Befreiungs-bombardement nicht auszusetzen. Die deutsche Besatzung blieb dort bis Kriegsende relativ unbehelligt. PÉRIERS weist schöne, eineinhalbgeschossige Häuschen auf. Der große, selbst der kleine Tourismus findet hier nicht statt. Das Kleingewerbe bestimmt das wirtschaftliche Leben. Das für den einen oder anderen sehenswerte Château von Pirou ist 10 km südl. von LESSAY. Dazu müßte man ab PÉRIERS von der vorgeschlagenen Strecke abweichen. Durch St.-SAUVEUR-Lendelin Rtg COUTANCES. Da es in Frankreich viele Orte mit dem Namen St.- SAUVEUR, der Retter, gibt, haben die meisten noch einen Zusatznamen. In St.-SAUVEUR sehen wir einen sehr attraktiven Gemeindecamping.

COUTANCES: im Garten spielt die Musik

Wir sehen nach einer Steigung auf der D 971 das malerisch gelegene COUTANCES. Die weitberühmte Kathedrale der Stadt baut sich respekterheischend am höchsten Punkt der Ortschaft in das Landschaftsbild. COUTANCES ist auf einer Anhöhe zwischen zwei Flüssen erbaut. Das heißt, die Gassen sind bergig. Die beiden Flüsse münden hier in die Soulles. Für eine eindrucksvolle Stadtbildkultur sind solche alten Baulichkeiten unersetzlich und immer wieder anziehend. Zunächst vorbei am geldnotwendigen Gewerbegebiet. Keine drei Schritte in COUTANCES, und wir merken rasch, daß es sich hier um ein kulturelles Zentrum handelt. Alljährlich finden in der Kathedrale Musikfestivals mit klassischer Musik statt. Der Rathausplatz heißt hier Parvis Notre-Dame. Die Kathedrale wurde ab 1030 gebaut. 1218 wütete eine Feuersbrunst. Dann kamen gotische Türme von heute 78 m Höhe an das Gemäuer. Berühmt ist der dreigeschossige Laternenturm. Heute gehört die Kirche dem Staat. Es gibt andere Variationen in Europa, wo der Staat bezahlt, aber die Kirche der Kirche gehört. Das Office de Tourisme ist im Rathaus untergebracht. Das Rathaus steht ziemlich repräsentativ am Parvis Notre-Dame. Zahlreiche Fähnchen aus den Landen und dem Frankenreiche zieren die Verwaltungsbox. Von dort ist ein öffentlicher, im Stil der französischen Hofgesellschaft des 18. Jh. gestalteter Garten/ jardin public ausgeschildert. Gartenöffnung Okt.-März 09h00-17h00, April-Sept 09h00-20h00 und Juli/Aug. 09h00-23h30. Jeden Abend wird beleuchtet außer dienstags. Dem Besucher hängen ständig Töne wie im Kaufhaus in den Ohren. Abends werden alle einzelnen Blümchen - im Sommer über 47. 000 - angestrahlt, fast wie in der Tanzstunde. Ein Denkmal des Admiral Tourville, maréchal de France 1642-1701, hat auch ein Plätzchen im Park gefunden. Der Herr vollbrachte mit seinen Mannen für König und Frankreich 1690 einen Seesieg gegen eine holländisch-englische Flotte. 1692 wendete sich die Schicksalsgöttin von ihm ab. Bei HOUGUE setzten ihm die Briten und Niederländer seine schöne Flotte auf den Grund. Der Gartenbesuch ist kostenneutral und zu empfehlen. Nebenan liegt der mittelalterliche Bischofspark. Die Bischofsgewächse stehen unter Denkmalschutz. Schwimmvögel, Hirsche, Damwild und Pfaue sind bei Bischofs beheimatet. COUTANCES ist mit seinen mächtigen Außenmauern ein Fremdenverkehrsort.

Weiter Rtg GRANDVILLE.D 971. Die D 971 wird zu einer dreispurigen Angelegenheit. Früher - bevor in Frankreich die Autobahn heimisch wurde - waren das die nervenkitzligen Rennstrecken. Wer die besseren Nerven hatte, konnte überholen. Die Straße steigt. Der Scheitelpunkt gibt einen Blick frei über die Halbinsel Cotentin. Auf der D 971 sammeln sich übrigens zahlreiche Briten. Sie sind im Sommer vor den Deutschen und Niederländern die meisten Ausländer. Allerdings sind die Rechtsfahrkünste nicht voll entwickelt. Am Wege steht oben eine Kapelle am Berg. Es ist Orval. Die D 971 wird schnell. Wir gelangen in den Dunstkreis von GRANVILLE. Die Landschaft wird ebener. Ein Müllauto quert die Straße. Keine Eimer, sondern Müllsäcke und Schachteln stehen zur Abholung

Begegnung in COUTANCES

oder Leerung bereit. Durch DONVILLE-les-Bains. Das ist ein südländischer Farbtupfer im Cotentin. Hier wird auf einen Zoo mit Löwen etc hingewiesen. Geöffnet Juli/August. Er liegt in 18 km Entfernung bei CHAMPREBUS Rtg VILLEDIEU-les-Poëles/ D 924. Wir erreichen GRANVILLE. Ein Blick aufs Meer. Rtg Haute Ville/Pointe du Roc. Auf dem Weg dorthin, zwischen der alten Oberstadt und der Pointe du Roc, sind große Parkplätze ausgeschildert und angelegt. Wir gehen über die herabgelassene Zugbrücke oberhalb des Hafens in die Altstadt/ Haute Ville/Oberstadt hinein. Die noch heute stark ummauerte Stadt wurde November 1793 von Revolutionsgegnern vergeblich belagert. Im März 1945, zwei Monate vor Kriegsende, ereignete sich eine Invasion der Deutschen Wehrmacht im Hafen von GRANVILLE. Eine kleine zwar, aber immerhin. Die deutsche Besatzung der britischen Insel Jersey machte einen Betriebsausflug mit Kampfauftrag nach GRANVILLE und kehrte mit einigen US-Gefangenen wieder gesund und munter nach Jersey zurück. Vom Meer her sieht die Stadt gewaltig martialisch aus.

Mächtige Mauern über mächtigen Gezeiten

Das Meer schlägt hier mit den stärksten Gezeitenunterschieden von ca 15 m an die Felsen. Von der Oberstadt kann man direkt bei Ebbe über eine Treppe zum Strand hinuntergehen, auch bei Flut. Doch da ist die Treppe kürzer. GRANVILLE steht auf einem Felssporn. Im 15. Jahrhundert begannen die Engländer, die im 12. Jh. durch den Mann-Wechsel von Eleonore von Aquitanien die Gegend in Besitz bekamen, die Festungsmauern hochzuziehen. Doch die tapferen Ritter von Mont St.-Michel holten die Stadt 1442 für immer heim ins Westfrankenland. GRANVILLE hat heute knapp 16. 000 Einwohner und lebt vor allem von seinem Hafen und von den Touristen. Am Leuchtturm, der Pointe du Roc, liegen einige Menhire des Atlantikwalles herum. Eine einsame Kanone hält auf das weite Meer. Der Kreisel ist nach dem 18. Juni 1940 benannt. Weiter toutes directions, am Hafen vorbei auf die D 911.

Wenn die blutrote Sonne im Meer versinkt

Rtg JULLOUVILLE/ AVRANCHRES am Meer entlang. Viele Fahnen flattern am Hafen, auch die EG-Fahne. Nach AVRANCHES "par la côte", an der Küste entlang. Immer wieder ein herrlicher Blick auf das Meer, auf das weite. In St.-PAIR-sur-Mer am Cairon Plage liegt ein Rastplatz am Meer, aber nicht sehr komfortabel. Ein Teil nur für PKW, nachhaltig betont durch eine Einfahrsperre auf 1,9 m Höhe. Der zweite Teil ist eigentlich eine Zufahrt/cale d' accès für die Bootstrailer. Aber immerhin ist man am Meer. CAIRON ist buchstäblich auf Sand gebaut. Die Küste ist touristisches Gebiet. Das öffentliche Leben wird im Sommer durch Fremde bestimmt. Auf einachsigen

Fahrzeugen (Hänger) stehen jeweils 4 Tel-Zellen. Ein landschaftliches Kleinod ist das Tal des Lude/la vallée du Lude in CARROLLES. Dort sind längs des Weges Parkmöglichkeiten. Bis dorthin führen kleine, lauschige Wohnsträßchen. Das Tal des Lude ist ein Naturschutzgebiet. Man kann zum Hafen durch das Tal vorlaufen. Sehr romantisch, bei entsprechender Personalage. Ein Rundweg (2, 5 km) bis zur cabane Vauban ist ausgeschildert (GR 223). Ziegen, Schafe, Esel tummeln sich auf einer Wiese am Talanfang. Die heimischen Umweltschützer kämpften hart und erfolgreich für die Erhaltung des Tales des Flüßchens Lude. Verboten Blumen zu pflücken. Am Zugang zum Tal steht eine ausführliche Beschreibung der Tier- und Pflanzenwelt. Mit Lexikon bewaffnet läßt sich dort das Wissen erweitern. Bei der Parkstraße braucht man nicht wenden, sondern kann weiter zurück zur D 911 fahren. Wenige Meter weiter steht bescheiden rechts am Straßenrand der D 911 ein Schild: Cabane Vauban, das zur Küste weist. Es lohnt sich zu folgen. Zunächst nimmt der Besucher einen Parkplatz wahr. Dann kann der müde Spaziergänger nach 200 m am Meerespfad sein, der hoch über dem Wasserspiegel längs der Küste führt. Ein Blick nach Süden (links), und am Horizont taucht aus den Fluten der Mont St.-Michel auf, zwar schemenhaft und in Modellbaugröße . Entfernung 13 km. Der weitere Hintergrund ist die Küste der Bretagne. Wer jetzt eine Rose in und an der Hand hat, sich zur Neigung des Tages an dieser Stätte der Felsenküste einfindet, der kann, während die heißglühende, feuerrote Sonne in die Fluten des Atlantik taucht, bewegende Worte zur Ich- und Du-Findung sprechen. Der GR 223-Strandwanderweg führt zur Hütte/Cabane Vauban. Nach Süden kann man auf dem GR 223 zum Mont-St.-Michel wandern. Die Hütte ist mit einer Feuerstelle ausgestattet und dient als Schutz gegen Wetterunbilden. Ob heutzutage ein Feuer noch erlaubt ist, dürfte fraglich sein.

Der Bischof war nicht der Hellste

Weiter D 911 nach AVRANCHES. Die D 911 steigt an. Noch einige Kilometer freuen wir uns an dem Panorama mit Blick zum Meer, zur Bretagne, zum Mont St.-Michel. Er kommt etwas näher. Ein Parkplatz kündigt sich bei den jetzt anstehenden Falaises de CHAMPEAUX an. Ausblicke, nichts als Ausblicke. Auf dem Berge vor uns taucht AVRANCHES mit der Kathedrale auf. Wir erklimmen motormäßig die Steige auf der D 973 hoch nach AVRANCHES. Die deutsche Partnerstadt ist seit 29. Mai 1963 KORBACH in Hessen. AVRANCHES hat 10. 000 Einwohner und macht einen modernen, großzügigen Eindruck.

Das gilt für die Stadtanlage vor der Kathedrale und dem öffentlichen Garten. Vor dem Rathaus, am place Littré, versuchte man, das alte Stadtbild wieder aufzubauen. Dort ist auch das Verkehrsbüro untergebracht. In dieses Stadtbild sind die Überreste, der donjon der mittelalterlichen Festung integriert. Vom Rathaus aus kann man an der Festungsmauer rechts vorbei Rtg Musée durch die Altstadt zur Plate-Forme gelangen.

Park in COUTANCES

Von dort breitet sich der Blick nach Westen in die Ebene aus. In dieser Richtung steht auch ein Sproß der Stadt, der Riesenbau auf dem Mont.-St.-Michel. Der Bischof von AVRANCHES des 8. Jh., Aubert, bekam mehrfach Besuch von dem Erzengel Michael. Der ist in den letzten 200 Jahren zum Nationalheiligen der Deutschen geworden. Diese hatten ihn zum Gedenken an den Sieg über Napoleon 1813 bei LEIPZIG am Völkerschlachtdenkmal 1913 als eine mächtige Michaelsfigur in schreckender Rüstung und franzosenscheuchendem Blick in Fels aufgerichtet. Der deutsche Michel ist also nicht der Doofie im Völkergerangel, sondern eine Lichtgestalt im Kreise der Erzengel. Des Heiligen Michaels Geschmack auf den Berg im Meer ist demnach kaum aus der Art gefallen. Nach dem zweiten Besuch erschien Michael noch ein drittes Mal. Denn der Bischof war im Kopf nicht der Schnellsten einer, und bis 1913 wollte Michael nicht warten.

Der Erzengel wollte etwas für sein Gedenken tun, besser tun lassen. Denn wer selbst arbeitet, verliert die Übersicht. Ihm war der stolze Berg im Wattenmeer aufgefallen. Und der lag in der Geographie des Bischofs von AVRANCHES. Michael mochte für seine Ewigkeit gern eine beeindruckende Baulichkeit auf jenem Berg. Bei seinem dritten Besuch drückte er dem Bischof den erzengelichen Finger aufs und ins Haupt. Das war der Auslöser für größere, gedankliche Prozesse des geistlichen Geistes. Am Ende stand ihm die zwingende Erkenntnis zu Gebote, daß er auf dem besagten Berg eine Michaels-Kapelle zu errichten habe. Dies geschah. Die Bergimmobilie in einmaliger Lage, eigentlich ein Werk des Himmelsgottes selbst, erhielt über Menschenhand den Namen "Berg des Heiligen Michael". Der Engel war's zufrieden. Der Bischof kam von der Mahnbesuchsliste. Der Schädel des Bischofs wird als Zeichen frühmittelalterlicher Konversation mit Außerirdischen im Kirchenschatz von Saint-Gervais stadteinwärts aufbewahrt. Der Daumeneindruck soll noch zu erkennen sein.

Pattonsäule auf US-Erde

Die Plate-Forme ist eine Grünanlage mit einem Denkmal für Frankreichs Kriege der zweiten Hälfte des 19. Jh. (Krim 1853-56, Italien 1959/60, Niederlage gegen Deutschland 70/71, Indochina). In der eingezäunten Wiese spielen einige Jungs gerade Fußball. Das Denkmal ist das "Netz" eines Tores. In der Nachbarschaft befindet sich die Sous-Prefecture. Davor liegt der Platz Thomas Becket. Der war zunächst Spießgeselle von Heinrich II. von England, dann Erzbischof von Canterbury und mutierte zum erbitterten Verfechter der Kirche und Gegner des Gatten der Eleonore von Aquitanien, der Heinrich II auch sein durfte. (Siehe Tagesfahrt 5). Heinrich wurde für die Ermordung des Erzbischofs verantwortlich gemacht. Er kam derenthalber in die Schußlinie des Papstes. Der hatte zwar keine Divisionen oder knackige Ritterheere, lag aber mit seiner Anklage dem Heinrich mächtig auf dem Magen. Er beschloß Reue. Diese mußte Heinrich auf eben diesem Platze am 22. Mai 1172 vor der damals hier vorhandenen Kathedrale barfuß und im Büßerhemd öffentlich vollziehen. Die Geschichte hat jedoch damit die Stadt nicht entlassen. Am 31. Juli 1944, nach 9

GRANVILLE: Zugbrücke zur Durchgangsstraße

Wochen mühseligen Kampfes von Hecke zu Hecke, gelang dem US-General Patton im Raum AVRANCHES mit seinem III. Panzerarmeekorps der Ausbruch aus der Enge der Normandiefront. Das Patton-Denkmal steht in Richtung PONTORSON/N 175-E3 und ist US-Hoheitsgebiet auf herangeschaffter US-Erde. Zur Denkmalsmöblierung gehören ein frisch gestrichener Sherman-Panzer, eine Säule und erdverlegte Tafeln. Patton war ein profunder Kenner der europäischen und antiken Geschichte. Für Rommel hegte er große Hochachtung. Patton fiel nach Kriegsende noch 1945 dem Vernehmen nach einem Attentat in Deutschland zum Opfer. Offiziell ist von einem Jagdunfall die Rede.

TAGESFAHRT ZEHN

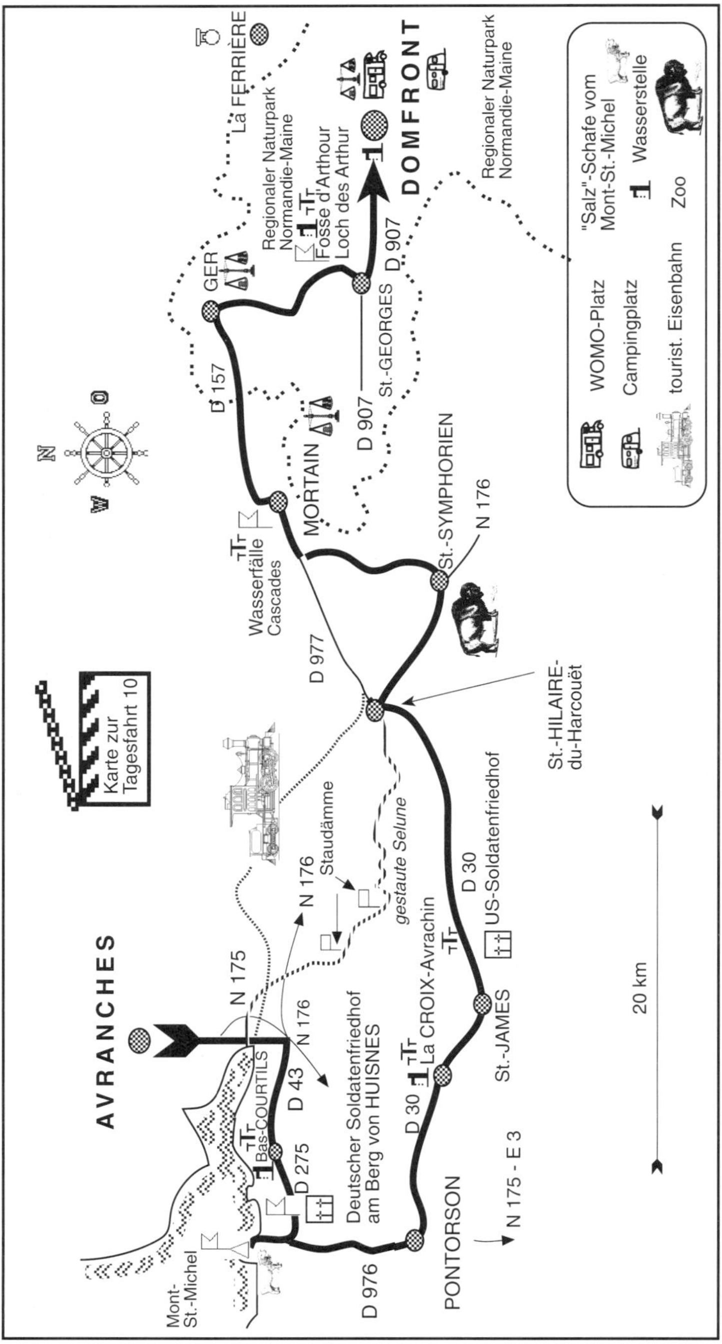

AVRANCHES - DOMFRONT

Strecke: **AVRANCHES** * Mont-St.-Michel * PONTORSON * St.-JAMES * St.-HILAIRE-du-Harcouët * St.-SYMPHORIEN-des-Monts * MORTAIN * GER * **DOMFRONT**

Entfernung: 90 km

Besichtigen: Deutscher Soldatenfriedhof Mont d'Huisnes (30 min); Mont-St.-Michel (2h); Mémorial La CROIX-Avrachin (30 min); US-Soldatenfriedhof bei St.-JAMES (30 min);
Zoo in St.-SYMPHORIEN (1h); Wasserfall von MORTAIN (30 min); Tal la Fosse Arthour (1h-2h); Alt/Oberstadt DOMFRONT (1h).

Picknick: a) Ortsmitte Bas-COURTILS; b) 500 m östl. von MONTJOIE-St.-Martin; c) am Wasserfall von MORTAIN; d) im Tal von la Fosse Arthour/ Zufahrt auberge.

Wasser: a) s. Picknick (a); b) an der Straßenstützmauer der Dorfkirche in La CROIX-Avrachin, 10 m östl der Kreuzung mit der D 40; c) La Fosse Arthour: von der Gaststätte/auberge Rtg Arthour-Tal/Loch links vor der Bachbrücke; d) an der bergwärtigen Mauer des Champ de Foire in DOMFRONT(Aussch. an der Durchfahrtstraße).

Übernachten: DOMFRONT: Camping; WOMO-Standplatz: Place du Panorama in der Nähe des Rathauses. Sonst s. Picknick (a), (d)/Parkplatz.

Einkauf 1: Einkaufszentren (+Tanken) in PONTORSON, MORTAIN DOMFRONT

Einkauf 2: Märkte: GER, Do; MORTAIN, Sa; DOMFRONT, Samorgen;

Abwasser: Camping Le Mont-St.-Michel; La FERRIÈRE-aux-Étangs, 14 km nordöstlich von DOMFRONT, Rtg zunächst la FERTÉ-Macé, dann links D 21: aire de FERRIÈRE, Entsorgen kostenlos. Für FF 10.- 100 Liter Frischwasser oder 8h Strom.

Deutscher Soldatenfriedhof auf dem Berg von Huisnes

Start in AVRANCHES Rtg Mont St.-Michel. Da AVRANCHES auf einem Hügel liegt, haben wir bereits beim Verlassen der Stadt eine schöne Aussicht. Wir kommen auf die N 175, eine vierspurig ausgebaute Schnellstraße, das untrügliche Zeichen für Verkehr. Die vier Spuren sind Teil Straße der Befreiung/ Libération, wie an den Kilometersteinen zu erkennen ist. Die

Befreiung war allerdings noch zweispurig. Die Landschaft ist etwas welliger, nicht mehr topfeben. Kreisverkehr Rtg Mont St.-Michel. Vorbei am Gewerbegebiet von AVRANCHES. Es gibt in Frankreich mehrere vierspurige Schnellstraßen. Gebührenpflichtige, teils private Autobahnen in Gesellschaftsform, und solche Autobahnen, routes rapides, die ohne Gebühren zu befahren sind. Man trifft sie vor allem in ärmeren Regionen wie in der Bretagne oder um Großstädte herum. Weiter N 175-E 401. Zwei Kühen, ein altes Eisenbahnbrückchen aus dem 19. Jh., rechts eine große Eisenbrücke, dazu eine römerverdächtige, steinerne Bogenbrücke bereichern die Landschaft. Die N 175 Rtg Mont St.-Michel, dann D 43. Auf der D 43 herrschen ländlich sittliche Straßenverhältnisse. Der Mont taucht schon vor der Windschutzscheibe im Panorama auf. Entfernung

Gruft in der Friedhofsringburg

Luftlinie 6 km. An CÉAU vorbei auf der D 43. Achtung Antiquitäten, ein Zeichen für Touristenaufkommen. Die D 43 passiert kleine Dörfer. In Bas-COURTILS Wechsel auf die D 275.

Deutscher Soldatenfriedhof am Mont d' Huisne

Nach Bas COURTILS geht es nach links zum deutschen Soldatenfriedhof am Mont d'Huisnes. Er ist ausgeschildert, wenn auch sehr zurückhaltend. Der Parkplatz ist fast leer. Der französische Friedhofsverwalter und ein Gehilfe mähen gerade den Rasen im Eingangsbereich. Der Friedhof ist sehr sauber und sehr sorgfältig gepflegt. Wir steigen zum Tor einer Ringburg hinauf. In den wuchtigen Außenmauern sind in kleinen Gruften, den Kasematten des Todes, die sterblichen Reste von 11.956 deutschen Soldaten eingebettet. Selbst Kleinkinder der Jahrgänge 1944/45 fanden hier ihre letzte Ruhe. Auf den Tafeln finden sich auch russische Namen. Die meisten der bestatteten Soldaten fielen im Alter zwischen 20 und 30 Jahren im nordfranzösischen Raum. Die Innenseite der zweigeschossigen Ringmauer ist durch zwei Rundgänge geöffnet. In der Mitte des rasenbedeckten Innenhofes steht ein fast schon vor den diesseitigen Dingen losgelöstes, großes Holzkreuz. Es bildet mit dem mehrtorigen Eingang der Totenfestung eine Gerade, deren Wirkung sich der Eintretende nicht entziehen kann noch entziehen darf. Wir besuchen am 20. Juli den Friedhof und tragen uns in das Besucherbuch ein. Vor unserer Eintragung finden wir eine längere Texteintragung über die Ereignisse des 20. Juli 1944.

Treffpunkt der Welt: Hammel, Touristen

Zurück auf die D 275. 400 m nach dem Bas-COURTILS Parkplatz und Rastplatz mit Blick zum Mont. Jetzt mischen wir uns unter das ambulante Europa. Eine einzige Auto-Karawane von und zum Mont. Auf der Strecke eines einzigen Kilometers rollen Fahrzeuge von Briten, Deutschen, Polen, Holländern, Belgiern, Österreichern, Schweizern, ... Der Mont nähert sich und wir nähern uns ihm. Vor dem Damm ist ein echter Versorgungszentralpunkt mit Läden, Restaurants etc. aufgebaut. Wir reihen uns anfangs in die Dammschlange ein und suchen uns aber vor dem Dammbeginn einen Parkplatz. Den Rest gehen wir zu Fuß auf dem durch die Ebbe freigelegten Meeresboden zum Mont. Mit uns tummeln sich auf dem 3.900-Hektar-Gelände die berühmten Mont-St.-Michel-Schafe. Sie fressen das salzige, jodhaltige Grünzeug vom Boden. Das ist die Grundlage ihres - kulinarischen - Ruhmes. Denn durch diese Nahrung und ihren ständigen Bewegungsdrang soll das Fleisch dieser Salzwiesen-Hammel/moutons de présalé und der Grevin-Lämmer fettarm und besonders genüßlich sein. Ihnen ist jedoch der Ruhm und Bekanntheitsgrad wenig anzumerken. Sie haben bereits alles. Mitten in den Gräsern filmt ein zweiköpfiges Fernsehteam. Die Dame spricht mit dem Berg im Hintergrund. Am Fuße des Mont trifft sich die Welt beiderseits des Atlantiks und Pazifiks. Pkws, Gespanne, Womos und Busse zeigen von der Identität der Besucher. In den Mauern des seit 1984 UNO-geschützt erklärten Menschenwerkes geht es eng zu. Die Mönche haben offenbar nicht für das Interesse des ausgehenden 20. Jahrhunderts gebaut. Dieses Meisterwerk der normannischen Baukunst entstand mit Masse zwi-

Der Mont St.-Michel von außen und von der Ferne

schen dem 11. und 16. Jahrhundert. Änderungen erfuhr das Werk im 18. und 19. Jahrhundert. In der ersten Hälfte des 19. Jahrhundert dienten die Mauern als Gefängnis. Heute bewohnen wieder Mönche den Berg. Eine Besonderheit sind die "Imaginaires". Das ist eine Veranstaltung von 22h00 bis 01h00 täglich von 12. Juni bis 3. Oktober, außer sonntags. Diese Zeiten können sich von Jahr zu Jahr geringfügig ändern. Der Besucher spaziert über eine Strecke von 1 km bei Licht und Ton durch die Bergräume. Tagsüber ist der Berg fast ganzjährig zu besichtigen. Führungen in deutscher Sprache werden stündlich angeboten.

Am Mont führt der GR 223 vorbei, den wir bereits an der Cabane Vauban kennengelernt haben. Überhaupt werden die Fern- Nah- und Kurzwanderwege in Frankreich immer besser angelegt, markiert und in Karten vermerkt. Dabei gibt es für viele Regionen in Frankreich sehr gute Wanderführer, aller-

Der Mont-St.-Michel von innen und hautnah

dings bislang nur in französischer Sprache. Am Dammbeginn wird auf eine Wandermöglichkeit auf dem GR 223 zum Roche Taurin, 11 km, hingewiesen. Markierung rot -weiß. Wir setzen unsere Fahrt Rtg PONTORSON, D 976 fort. Zunächst geht es am Restaurantkombinat vorbei. 200 m vor BEAUVOIR liegt rechts ein mittelprächtiger Rastplatz.

Über die Marschlande

Die Lande sind ausgesprochen eben. Die D 976 führt vom Mont bis kurz vor PONTORSON über Polder, dem Meer abgewonnenes Marschland. In PONTORSON Rtg. ANTRAIN, an einer Ampel nach links Rtg St.-HILAIRE-du-Harcourët/St.-JAMES auf die D 30. Die D 30/Ausschilderung St.-JAMES zweigt nach 300 m nach einer weiteren Ampel nach rechts ab. Nicht sehr übersichtlich, aber man findet den richtigen Weg, wenigstens im Urlaub. Wir durchfahren normannisch-bretonisches Grenzgebiet. Beide Flaggen sind aufgezogen. Die D 30 ist ein ruhiges Sträßchen. Nach dem Masse-Schock am Mont kommt der Ruhe-Schock. Ein ständiges Werben für Gästezimmer soll uns beeinflussen. Diese Angebote können übrigens preiswert sein und vermitteln Kontakt mit Einheimischen. Manche Gastgeber bieten Wohnwagen/WOMO-Übernachtungen mit Frühstück auf ihrem Grundstück an. Die Fahrt auf der D 30 ist angenehm.

In La CROIX-AVRANCHIN kreuzen wir die D 40. Direkt hinter der Kreuzung sind Toiletten und Wasserstelle. La CROIX hat die Außenmauern seiner Dorfkirche zu einem Monument des Landes de la Croix/Mémorial du Pays de La Croix gestaltet. Zur Straße sprießt ein Freiheitsbäumchen, das 1989 zum zweihundersten Jahrestag der Großen Revolution gepflanzt wurde. Der Weg und der Rasen um die Kirche ist einbezogen. Unser Jahrhundert ist vor allem mit dem Gedenken an die beiden Weltkriege vertreten. Der Anfang wird jedoch mit Adelhelm, der Wilhelm dem Eroberer 1066 nach England folgte, gemacht. Wir erfahren von einem Victor Renault, der in unserem Jahrhundert nach Cayenne als Missionar ging. An eine Schlacht von 1029, die bei La Croix geschlagen wurde, erinnert eine in Stein gemeißelte Aufmarschskizze. Spuren einer ehemaligen römischen Straße sind auf dem Rundweg verlegt. Ein Gedenkstein ist für die Bauern angelegt, die dieses Land in den Sümpfen/marécages urbar machten, trotz feindlicher Überfälle, Pest und Kriege. Eine Tafel informiert über die Söhne und Töchter des Landes, die in den vergangenen zwei Jahrunderten Arbeit außerhalb gesucht haben und so der Gegend verloren waren. Für die zivilen Opfer der Revolution von 1789 steht ein weiteres Monument, ebenso für die Toten der revolutionären Republikaner wie auch ihrer Gegner, der Chouans. Das waren königstreue Bauern aus der Bretagne, Normandie und aus Maine, die gegen die Revolution bis 1800 noch gekämpft haben. Ihr Name geht auf Jean Cottereau, genannt Jean Chouan zurück, ein Anführer der Königstreuen. Den Wehrpflichtigen der Revolution und des napoleonischen Kaiserreiches (die Revolution führte erstmals die Wehrpflicht ein), die auf den Schlachtfeldern Europas zwischen 1792 und 1815 gefallen sind, gilt ein Monument. Dann erfahren wir von Etienne Nicolle Lesbois, der hier 1729 geboren, in Illinois/USA sein Glück suchte, bis er dort 1778 von seinen Sklaven vergiftet wurde. Das wäre ihm so in La Croix nicht passiert. Weiter Rtg St.-James/D 30. In St.-JAMES grüßt ein großer Wasserturm. Wassertürme sind ohnehin Wahrzeichen der Normandie. Dann Rtg. St.-HILAIRE-du-Harcourët.

US-Soldatenfriedhof

Wir sehen Hinweis-Schilder auf den amerikanischen Soldatenfriedhof und folgen ihnen. Der Friedhof ist sehr großzügig angelegt (Bild S. 179). Während die deutschen Soldaten in einer Nibelungen-Atmosphäre ruhen, ist der US-Friedhof eher ein Park. Eine neugotische Kirche bildet den Mittelpunkt. In der Kirche wird die Invasion kartographisch, englisch und französisch nochmal geschlagen. Die vielen weißen Holz-Kreuze der Amerikaner sprechen die gleiche Sprache wie die schweren Steinkreuze in La CAMBE oder die Gruften am Berg von Huisnes. Die Namen der gefallenen Amerikaner haben intereuropäische Wurzeln. Die US-Soldaten kamen aus vielen Teilen von Nordamerika und waren nicht älter als ihre deutschen Kameraden. Was wußten sie, wofür sie hier liegen müssen? Für den letzten aller Kriege?

Von dort Rtg MONTJOIE/Freudenberg. Vom Aussichtspunkt des Berges der Freude werfen wir einen letzten Blick auf den Mont-St.-Michel. Auf dem Berg ist ein kleines Dörfchen angesiedelt. Die Bewohner leben von Granitgestein, das in der Nähe gebrochen wird. Bekannt könnte auch das Sprudelgetränk Eau de MONTJOIE sein, das hier in die Flaschen kommt. Weiter Rtg St.-HILAIRE. 500 m nach der Kreuzung nach Montjoie, 16 km vor St.-HILAIRE geht es nach links rein zu einem Dorf. Dort steht ein kleines, schattiges Kirchlein. An der Kirche ist ein ruhiger, versteckter Rastplatz angelegt. Wir fahren jetzt an der Verwaltungsgrenze der Départements Manche/Bretagne vorbei. Die Landschaft lockert sich auf. Nicht alles ist so zugeheckt wie auf dem Cotentin. Wir überqueren die D 43. Das Gelände wird wellenförmig. Durch HAMELIN auf der D 30. Es wird gemäht an der Straße. Der amtliche Hinweis: Attention Fauchage. Ein Vertreter der arbeitenden Klasse drückt hinter uns aufs Tempo. Wir lassen überholen. Zahllose Anzüge füllen sein Auto. Durch St.-MARTIN. Der kleine Ort besticht durch eine Neubausiedlung mit holzverkleideten Garagen. Vor dem Verkehrsbüro wehen die Flaggen von Europa, Frankreich und der Normandie. Die D 30 wird unruhiger. Nach St.-HiLAIRE werden wir durch Leitplanken geführt. Wir überqueren den Vaux Roux. Ein laufendes Auf und Ab.

Tiere, Pflanzen, Wasserfall

ST.-HILAIRE-DU-HARCOUËT hat eine Partnerstadt in den Niederlanden. Das ist in Frankreich, wie bei uns, selten. Ein repräsentatives Altersheim glänzt uns an, doch gemach, später mal, wenn's recht ist. Die Stadt war kriegszerstört und ist wieder aufgebaut. Wir genießen eine 30er Zone. Am Ortsrand der Stadt entdecken wir zwei reedgedeckte Häuser. Weiter Rtg DOMFRONT/N 176. In St.-SYMPHORIEN breitet sich auf 40 ha ein Zoo, ein parc du monde animal aus. Er liegt in einem Park der 18. Jh. Nicht nur Wölfe, Hirsche, Bisons, Yaks, kaukasische Bergschafe, weißfellige Eber, rote Schweine grasen herum, sondern auch Pflanzen, beispielsweise 7. 000 Rosen wachsen auf dem Gelände. Öffnung: 1. April bis 15. November, 09h00 - 19h00. 100 m nach dem Park nach links Rtg VILLECHIEN/D 171/MORTAIN. Die D 171 führt zunächst durch einen Baumtunnel. Die D 171 ist gemütlich und ruhig. Durch VILLECHIEN/Hundestadt, sieht aber nicht so aus. Weiter Rtg MORTAIN/D 46. Am Straßenrand mahnt ein Steinkreuz an 1678. Doch was war damals? Wir erfahren es nicht.

Wir erreichen über die D 977 MORTAIN. Rechts liegt das Gelände der ACOM, einer auch in der Bundesrepublik vertretenen Kabelfabrik. MORTAIN hat 3. 000 Einwohner und zwei Berühmtheiten, den Wasserfall und den deutschen Panzer-Angriff von 1944. Die Stadt gehört zum regionalen Naturpark Normandie-Maine. Eine Schlange am Ortsrand, ein Trecker an deren Spitze, die Ahornreihen links und rechts vermitteln die ersten Eindrücke. MORTAIN ist mit TANNHAUSEN in Bayern verbunden. Die Stadt liegt auf der Höhe. Man hat also einen schönen Blick auf die abfallende Landschaft ringsum. Wir folgen dem Wasserfall-Schild /Cascades. Diese sind am Ortsrand Rtg VIRE/SOURDEVAL/D 977. Der Parkplatz ist nicht sehr reichlich ausgefallen. Wir überqueren die Straße und vernehmen bereits das Grollen des Falls der Fälle. Am Straßenrand beginnt ein Waldstück. Der Wasserfall ist ein Herzstück der Naherholung der Stadt. Die Stadtväter ließen einen attraktiven Rundwanderweg für 2 Stunden anlegen, dessen Verlauf markiert und am „Eingang" in das Waldstück kartografisch dargestellt ist. Der Weg zum Wasserfall führt an mehreren Sitzbänken vorbei nach unten. Eine kleine Holzbrücke überquert das Wildwasser mit Namen Cance und führt weiter ins Tal zum 400 m entfernten kleineren Bruder des Wassergefälles. Auf der Brücke und der sich anschließenden Bachinsel haben sich Kinder um 10 Jahre unter Leitung von zwei Gruppenchefs bequem gemacht. Wie echte Künstler benützen sie Wald- und Wasserambiente als Inspiration zu Malereien.

Der Wasserfall muß ins Album, sein Bild wenigstens. Die tosenden, über Fels und harten Stein brechenden Sturz-Wasser eignen sich bestens als mannsbildenden Foto-Session-Hintergrund zu Ganzbodyaufnahmen. Diese mögen dann einzigartig die gemeinsame Abschluß-Zeitung einer zur endlichen Selbstfindung formierten Männerhilfsgruppe Tarzan light F II des Montagskurses der heimatlichen Erwachsenenabendschule schmücken. Jeder oberförsterschreckende, bayerische Hochalpen-Wilderer muß sich bei soviel Mannsbild-Konkurrenz zu hochdeutsch unfaßbaren, neidvollen Fluchorgien herausgefordert fühlen.

Der König der Tafelrunde

Weiter nach FLERS. Das geht zunächst vom Ortsschild MORTAIN 300 m zurück zur Stadt. Dann nach links in einer Haarnadelkurve Rtg GER/D 246, dann oben links Rtg GER/FLERS/D 157. Wir verlassen MORTAIN durch ein Waldgebiet. In GER nach rechts Rtg BARENTON/D 36. Aufpassen. Die Ausschilderung ist nur für den Gegenverkehr zu sehen. Vorbei an einem großen Steinkreuz. Die D 34 kommt an ein Waldgelände. Vor Wild wird gewarnt. Baumgruppen säumen einen Wasserlauf. Abzweigung nach links Rtg Fosse/Loch Arthour/D 134. Wir sind gerade 6 km vor BARENTON. Wir stoßen dabei auf einen Rundweg Lancelot du Lac, Lanzelot vom See. Dieser Herr vom See war der bretonischen Sage nach Ritter der Tafelrunde des Keltenkönigs Arthur. Eine Wasserfee namens Viviana raubte Lanzelot im zarten Kindesalter und versuchte, ihn sein Leben lang zu beschützen. Zum Ritter und Manne geworden hatte es ihm die schöne Ginevra angetan. Doch die Edeldame war bereits ordentlich versorgt. Sie war die Gattin des Königs Arthur und blieb es auch. Für seine ungleich nur in Unterwerfungsansprüchen erwiderte Liebe zu Ginevra, der er völlig verfallen war, erlitt Lanzelot Pein und Schande. Er verlor absichtlich auf der Schönen Geheiß ein Ritterturnier.

Der Dichter und Überbringer dieses Sagenkreises ist Chrestien de Troyes. Er lebte wahrscheinlich im 12. Jahrhundert in der Champagne. Die Sagenfigur Arthur oder Artus soll um 500 nach Christus König der keltischen Briten und Bretonen, der zwei Bretagnes/Britannien, gewesen sein. Die durch Chrestien überlieferten Lebensprobleme der Sagen-Ritter waren Liebe, Waffendienst, Ehre. Über den Ritter Erec erfahren wir, daß er sich in leidenschaftlicher Liebe verehelicht hatte. Doch ein tapferer Ritter nur auf dem Ehelager drohte zu "verliegen". So ein einschlägiger, mittelalterlicher Ausdruck. Sein holdes Weib wollte Frau eines anerkannten Ritters bleiben und erinnerte ihn an die außerehelichen Pflichten seines Standes. Er machte sich auf, ging in zahlreiche, gefährliche Abenteuer, bestand sie. Dann durfte er wieder in großen Ehren zur Frau und Liege zurück. Das Loch/Fosse Arthour hat zwei Zufahrten. Die von uns aus erste taucht etwas überraschend 10 m nach einer kleinen Bachbrücke in einer Rechtskurve auf. Der Bach kommt vom Arthurloch. Zum Loch/Fosse geht es in dieser Rechtskurve vor einem von einem Motorsportclub genutzten Steinbruch nach links. Die Parkmöglichkeiten sind wenig attraktiv. Danach führt ein 700 m kurzer Waldweg (entrée de la fosse Arthour par le bois) zum Loch. Es kann sein, daß dieser erste Zugang übersehen wird. Der bessere und eigentliche Zugang kommt 1 km später. Die Straße zweigt nach links Rtg Fosse Arthour ab (Ausschilderung: entrée de la Fosse Arthour par l' auberge), zur Kontrolle: nach rechts Rtg St.-GEORGES-de-Rouelley. An der zweiten Zufahrt liegt alles, was der Einsiedler so braucht: Parkplatz, Erfrischungsstätte, Reitranch, und an einer kleinen Bachbrücke hinter einer aufgestellten Karte (site de la Fosse Arthour) ein Wasserhahn. Die kleine Brücke ist Beginn des Weges zum Arthur-See im Arthur-Loch und der recht romantischen Landschaft. Rundwege von 1h bis 2h-3h. Karten in der Erfrischungsstätte.Der GR 22 schlängelt sich hier ebenso durch. Der See hat 25.000 qm Wasserfläche. In den Felsen existiert ein Zimmer des Königs Artus.

Eine Legendenversion besagt, daß er in den Tiefen des See' s begraben liegt. Dorthin kam er nicht von ungefähr. Als Artus genug von Ritterleben und Tafelrunde hatte, zog er sich in die Grotte im Felsen zurück. In der Nachbargrotte, die heute nicht recht zu erkennen ist, fand Ginevra Unterkunft, die Lanzelotverderbende Königsgattin. Zum Arthus-Refugium führte ein geheimer Zugang. Eine mächtige Fee gebot dem

Aussteiger Artus, seine Gattin erst aufzusuchen, wenn die Sonne hinter einem Berge der Nachbarschaft untergegangen

In der Altstadt von DOMFRONT

ist. Artus gehorchte für eine gewisse Zeit. Doch dann scheute er nicht mehr das Licht der Sonne und ging bei Tage. Als er durch die Schlucht zurückkehrte, erwischte ihn die Fee. Sie jagte gewaltige Wasser in das schmale Tal. Artus wurde in das Loch gespült und verschlungen. Ginevra konnte nicht weiterleben. Sie stürzte sich vom Felsen in den Abgrund. Beide werden am Grunde des Gewässers vermutet. Nicht von allen. Der Rest meint, Artus liege auf der Insel Avallon, wo neun Feen ihn bewachen. Seine Rückkehr aus dem Nebel zur Befreiung der beiden Britannien von Galliern, Angelsachsen, Normannen und Coca-Cola sei nur eine Frage der Zeit.

DOMFRONT

Weiter Rtg St.-GEORGES/DOMFRONT/D 134, dann DOMFRONT/D 907. Wir kommen jetzt in das Département Orne. DOMFRONT besteht aus dem Ort im Tal und den Gemäuern auf dem Berg. Beide sind sehenswert. Im Tal steht an einer früheren Furt durch die Varenne die Kirche Notre-Dame-sur-l' Eau aus dem 11./12. Jahrhundert. DOMFRONT mit seinen 4. 500 Einwohnern nennt sich Hauptstadt der Unteren Normandie. Der attraktive, historische Teil ist die Oberstadt/centre ancien. Wir gehen zur großen Kirche, St.-Julien, die erst 1924 im byzantinischen Stil errichtet wurde. Warum Byzanz-Vorbild ist nicht herauszubekommen. Über die Straße des 14. Juni/juin 1944 gelangen wir zum Panoramaplatz. Dort ist eine herrliche Aussicht zu genießen. Dann zum Rathaus und in den 100 m entfernten Stadtpark. Der ist an den ehemaligen Festungsmauern angelegt. Alte Ahornbäume zivilisieren die Militärbauten. Eine vermutlich erste hölzerne Befestigung wurde auf dem amorikanischen Felsvorsprung in vorhistorischer Zeit errichtet. 1092 entstand ein gewaltiger noch in beachtlichen Resten vorhandenen Bergfried. Im Mittelalter war DOMFRONT mit 25 Türmen eine der am stärksten befestigten Stadt des europäischen Westens. Sieben Türme stehen noch. Die Festung wurde ca 20 mal meistens vergeblich belagert, also eine günstige Kosten-Nutzung Relation.

1574 lag der katholische Maréchal de Matignon mit seinen Mannen vor den Toren. Drinnen harrte der Chef der Protestanten Montgomery aus. Nicht ewig. Der katholische Marschall versprach dem Protestanten Freiheit, kassierte Festung und Montgomery. Dieser wurde in Paris noch 1574 hingerichtet, trotz Versprechen. Des Briten-Feldmarschschall Montgomery's Vorfahr Montgomery hat eine Lücke hinterlassen, die ihn zur Gänze ersetzt haben soll. 1608 ließ der König den Bergfried bis auf die sichtbaren Reste schleifen.

TAGESFAHRT ELF

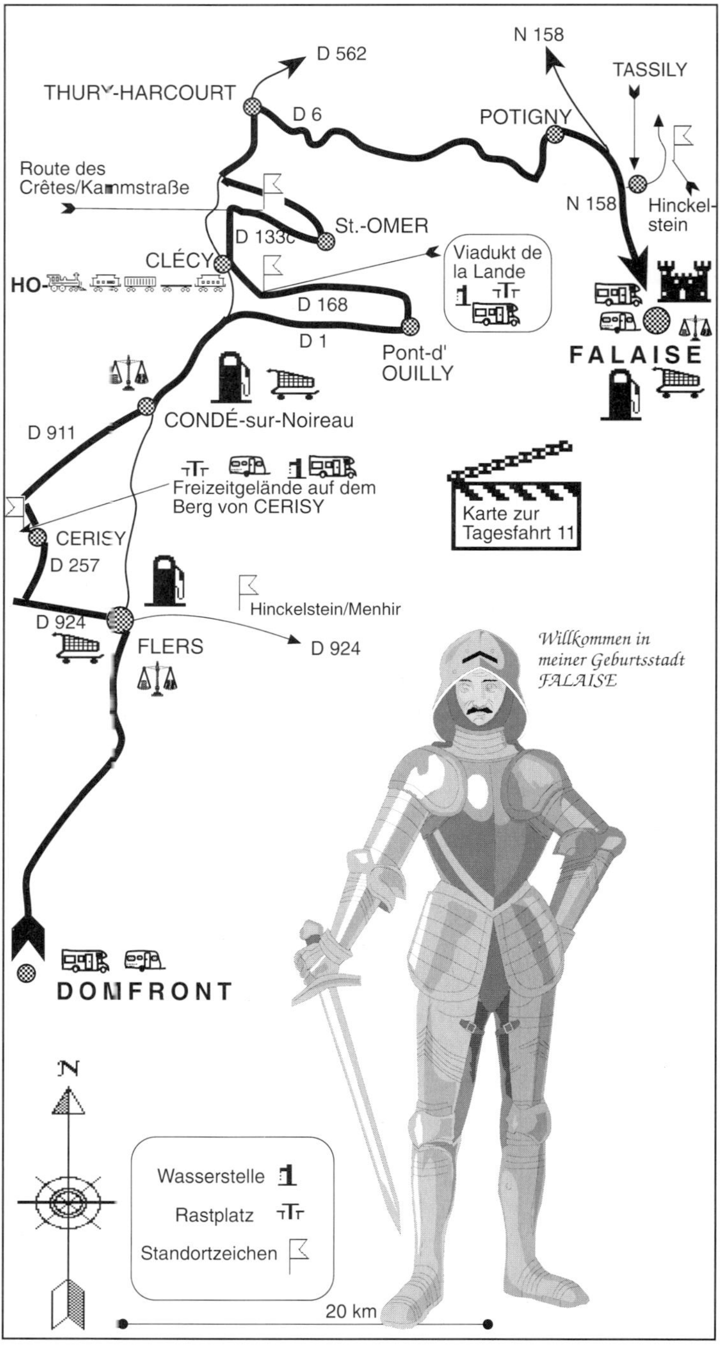

DOMFRONT - FALAISE

Strecke:	**DOMFRONT** * FLERS * CONDÉ-sur-Noireau * Pont-d'OUILLY * THURY-Harcourt * POTIGNY * **FALAISE**
Entfernung:	100 km
Besichtigen:	Berg von CERISY (1h); Kapelle St.-Roch (15 min); Uferpromenade von Pont-d'OUILLY (30 min); Landschaft der normannischen Schweiz; Orne-Tal mit Viadukt von La Lande; CLÉCY Eisenbahnmodellanlage HO/Musée du Chemin de Fer Miniature, (1h); Promenade des Crêtes/Kammstraße; THURY-Harcourt Orne-Promenade (30 min); FALAISE (2h).
Wandern:	Rundspaziergang am Berg von CERISY (1h); Uferpromenade an der Orne in Pont-d'OUILLY und THURY-Harcourt.
Picknick:	a) Berg von CERISY; b) Rastplatz am Viadukt von La Lande; c) Rastplätze an der Kamm-Straße
Wasser:	a) an den Toiletten auf dem Berg CERISY; b) s. Picknick (b).
Übernachten:	FALAISE: Camping; WOMO-Standplatz: a) Parkplatz am Freibad Maurice Nicolas, b) See unterhalb der Stadtmauern, Zugang über die N 158/ Rue des Herforts. Sonst: Picknick (a)+(b).
Einkauf 1: + Tanken	FLERS; CONDÉ; FALAISE.
Einkauf 2: Märkte	CLÉCY, So; Pont-d'OUILLY, Mo; THURY-Harcourt, Di; FLERS, Mi-morgen + Sa-morgen; POTIGNY, Mi; CONDÉ-sur-Noireau, Do; FALAISE, Fr.

Rtg FLERS/D 962. Blick zurück auf DOMFRONT, das auf dem Bergkamm trohnt und verlassen über das Tal Rtg FLERS die Festung. Wir verbleiben in den Schluchten eines aufgeschobenen Mittelgebirges. Die Fahrt ist zunächst noch Erho-

Markt und Menschen in FLERS. Sie erfuhr nicht, wer sie fotografierte.

lung. Wir sehen die Landschaft an ohne mühereichen Kunst- und Kulturgenuß. Die D 962 ist eine gutausgebaute Strecke. Auf den Wiesen grasen allerlei gescheckte Milchproduzentinnen. Schwarz-weiße, braun-weiße. Das Klima ist in der Normandie im Sommer angenenehm, nicht zu heiß, nicht zu kalt, hin und wieder -öfters wieder- näßlich. Durch St.-

BÔMER-les-FORGES, ein kleines, gemütliches Landsstädtchen. Das Aufkommen der Ferienhäuser hat sichtbar nachgelassen. Sie sind nicht ganz verschwunden. Die Gegend wird normaler. 1 km nach St.-BÔMER- les FORGES ist ein Rastplatz: Aire du Moulin. Nicht sonderlich.

Freunde der Modelleisenbahn HO lenken ihre Schritte nach FLERS über DOMPIERRE/D 21. Das Museum von DOMPIERRE birgt ein Magic rail miniature, angeblich das längste Modeleisenbahnnetz von Europa, mal wieder.

Auf der Anlage: Die Straße ist gesperrt. Ein Fachwerkhaus brennt und die Feuerwehr beansprucht die ganze Straße. Ein respektables Modell-Womo sucht seine Wege . Der WOMO-Fahrer informiert sich und schaut gerade in einem kleinen Büchlein nach: *Mit Wohnwagen oder Wohnmobil durch die Modellanlage HO von DOMPIERRE.*

Marktgeschehen am Mittwochmorgen

Rtg FLERS/D 962. Wir verlassen den circuit du Lancelot. Links steht ein großer Wasserturm. Durch La Chapelle-au-Moine. Immer mehr fällt auf, daß hierzulande Gärten und andere private Anlagen ausgesprochen gepflegt sind und werden. Dies war vor Jahren noch anders. Wir fahren durch FLERS, eine Blumenstadt/ville fleurie. Anfangs lernen wir das Gewerbegebiet kennen. Das knapp 30. 00 Einwohner zählende FLERS hatte früher ein ausgeprägtes Textilgewerbe. Heute sind Metall- und Elektrobetriebe dazugekommen. Es ist nicht uninteressant und weckt bei der Kulturgöttin keine verderbliche Rachegelüste, durch ein Gewerbegebiet einer normannischen Kleinstadt mal zu fahren. Dadurch stellt sich rasch ein wirklicher Bezugspunkt zu der Ortschaft her. Die Stadt ist mit einer englischen Stadt liiert.

In den Auseinandersetzungen nach der Französischen Revolution, die in diesen Gebieten bis 1800, also bis zur Herrschaft Napoleons (ab 1799) andauerten, blieb FLERS eine heftig zwischen den Chouans und den Revolutionsanhängern umkämpfte Stadt. Im Juni 1940 rollte Rommels Geisterdivision, die 7. Panzerdivision durch FLERS. Der bauliche Stolz ist das Schloß, das an der Straße nach VIRE liegt. Dort findet sich ein großer Parkplatz. Heute sind dort Rathaus und Heimatmuseum untergebracht. Man kann es nachmittags - außer dienstags - von Ostern bis September besichtigen. Besonders eindrucksvoll und unterhaltsam ist das Marktgeschehen Mi-morgen und Sa-morgen vor der Kathedrale. Da werden lebendiges Federvieh, nicht minder lebendige Hasen,

Krebse, darüber hinaus Meeresfrüchte, Obst, Gemüse, Kleidung und vieles mehr angeboten. Das Publikum, Verkäufer und Kunden, spielt wie beim Theater verblüffend wirkungsvoll mit. Es ist wohl die märktliche Hauptattraktion. In FLERS muß man mit der Verkehrsführung aufpassen. Die Hinweisschilder nach VIRE sind nicht sehr auffallend. Vorbei am Schloß mit Kinderspielplatz, Rtg VIRE. Durch LANDE-PARTY, Rtg VIRE/TINCHEBRAY/D 924. Durch ein Wäldchen und in LANDISACQ, mit 30 km/h. Die Zebrastreifen wölben sich zu Hügeln auf. In

In FLERS. Das Marktvieh duftete nebenan.

LANDISACQ nach rechts Rtg FRÊNES/D 257. Die Kirchturmspitze von FRÊNES ist bemerkenswert. Das Dach ist mehrfach untergliedert, auffallend, jedoch in der Gegend nicht völlig unüblich. Weiter nach CÉRISY-Belle-Étoile, D 257. Die Straße wird ruhiger und hügelig. Eine kleine Eisenbahn-Unterführung, doch für Gespanne und WOMOs hoch genug. Vor CÉRISY kommen wir auf die D 18.

4. 000 Rhododendrongewächse

Nach 200 m nach links zum Mont de CÉRISY. Die Auffahrt beginnt mit einer Schranke. Sie ist offen. Doch das Haus rechts hat auch eine offene Tür. Diese führt zur Kasse. Denn für die Auffahrt muß berappt bzw befrankt werden. Die Gemeinde hat den Berg als Freizeitgelände ausgestaltet. Dafür möchte sie jetzt ein kleines Entgelt. Die Auffahrt ist landschaftlich gewinnend. Ein altes Steinkreuz vermittelt Geschichte, und die zahllosen Rhododendrons im dichten Wald zeugen von einer ungewöhnliche Landschaftspflege. Von den über 4.000 Rodo-Pflanzen darf nicht eine gepflückt werden!!! Droben auf dem Berg ist weiche Freizeit. Auf einem weiten Gelände verstreuen sich Picknickplätzchen, Camping, Tennis und auf dem flachen Gipfel in Resten ein altherrschaftliches Haus aus dem großbürgerlichen Kreis des 19 Jahrhunderts. Es wurde 1944 US-mäßig ausgebombt. Die Gemeinde kaufte die Ruine und bezog sie - baulich gesichert - in die Anlage ein. Historische Reminiszenzen sonstiger Art: Caesar entwarf die Atlantikroute für die römische Flotte, de Gaulle trat in die CDU ein, und Adenauer sang bewegt die Marseillaise, nichts dergleichen ist hier am Ort geschehen und zu vermelden. Wir genießen also die prächtige Aussicht ohne geschichtlichen Halt. Wobei in Urzeiten ganz bestimmt Kelten oder Vorkelten hier ihren ungestümen, sicherlich blutigen Zeremonien gehuldigt haben müssen. Wir fühlen das. Für den Wanderer sind markierte Rundgänge von 1h-2h angelegt. Der Berg wird regelmäßig von Hochzeitsgesellschaften angefahren. Wenn da die Braut bei der Entführung über die Wanderwege abhanden kommt, gibt es bald eine neue Hochzeit. Doch den Gästen im Zweierpack können die Wege noch willkommener sein

Weiter Rtg VASSY/D 18. St.-PIERRE-d'Entremont von der D 18 nach rechts Rtg CONDÉ-sur-Noireau/D 911. Parallel laufen zu der D 911 schmucklose Telegrafenmasten. Ramsch früherer Jahre -französisch Brocante- wird angeboten. Wir fahren in kurzer Entfernung zur Verwaltungsgrenze des Départements Calvados herum. So ist ständig Calvados Fermier, Calvados vom Bauern im Direktangebot der Gehöfte längs der Straße D 911. Alte, eiserne Wegweiser für die nähere Umgebung sind aufgestellt. Sie bieten aber nur dem Wanderer oder dem haltenden Fahrer Information. Wir kommen vor CONDÉ in das Département Orne. Das werbliche Erkennungszeichen/Logo ist das schnelle Pferdegespann, eine Referenz für die zahlreichen und berühmten Pferdegestüte.

Die normannische Schweiz

Durch CONDÉ-sur-Noireau, das im Herzen der normannischen Schweiz liegt. Wir sind jetzt in den wohl schönsten Teil der inneren Normandie, der Suisse Normande, der normannischen Schweiz gelangt. Die Namensgebung stammt aus dem 19 Jh., als alle Verkehrsdirektoren wohl gemeint haben, eine schöne, landschaftlich abwechslungsreiche Gegend müsse mit der Bezeichnung „Schweiz" belegt werden. Die Achse der

Pfadfinderinnen: Kein Verständnis für die Leute, die kleine Wege befahren.

normannischen Schweiz ist die tief in die Felsen eingeschnittene Orne von THURY-Harcourt bis PUTANGES-Pont-ECREPIN. Weiter die D 562 Rtg THURY-Harcourt. In Le FRESNE biegen wir ab nach rechts Rtg FALAISE/Pont-d'OUILLY. Durch das Gebüsch ergibt sich immer wieder ein reizvoller Blick auf die normannische Schweiz. Rechts am Wege tut sich ein Kirchlein aus dem 16. Jh. auf. Drum herum ist eine Art Rastplatz angelegt mit Ziehbrunnen. Der funktioniert auch. Ob das Wasser verwendbar ist, das dürfte unklar sein. Auf jeden Fall kann man am Eimer das Wasser hochziehen. Der Genuß wird zum Erlebnisurlaub. Das angrenzende Grundstück steht zum Verkauf. Wer will, der kann bei Erwerb dann pausenlos am Ziehbrunnen ziehen. In Pont d'OUILLY angelangt. Das Kleinstädtchen ist ein Eldorado für Wassersportler vor allem für Kayakliebhaber. Die Orne macht's möglich. Sie durchfließt sehr romantisch die Gegend und besonders Pont d'OUILLY. Dort wird sie noch durch den Noireau verstärkt. Die Kayaksportler haben den Fluß in eine regelrechte Trainingstrecke verwandelt. In Pont d'OUILLY ist der örtliche Gemeindecamping ein Kayakcamping. In Pont selbst ist die Orne aufgestaut. Der Zuschauer bekommt dann von Zeit zu Zeit den Versuch geboten, wie die Kayaks mit den Insassen das Stauwehr überwinden oder auch nicht. Aber kein Spott. Richtig nachmachen ist sehr schwer. Weiter nach CLÉCY auf der D 168.

Eisenbahn HO, nicht die Größte aber für größere Kinder

Die Orne hat große Felsen. Mitten in der Schlucht steht der Eisenbahn-Viadukt de la Lande (Rastplatz mit Wasserstelle gleich an dem Zugang links). Der Rastplatz soll jedoch autofrei bleiben. Am Viadukt ist ein Ferienlager für Kayaksportler aufgebaut. Einige ganz Mutige klettern freihändig die Orne-Felsen rauf. Nach CLÉCY-centre. Das gerade 2. 000 Einwohner-Dorf verfügt über eine Eisenbahnanlage Größe HO von 310 Quadratmetern. Die Franzosen vor Ort schreiben die größte in Europa. Die Amerikaner hätten sprachlich daraus die größte der Welt gemacht. Das mag wohl in gallischer Bescheidenheit übertrieben sein. Nur zum Vergleich: zwischen Weihnachten bis Anfang Januar hat in WINNENDEN bei STUTTGART eine Anlage geöffnet, deren Lokomotiven- und Wagonbestand so um 10 mal größer ist. Die CLÉCY-Anlage ist dennoch für alle großen Kinder sehenswert. Wer die Modelleisenbahn nicht sehen will, kann ja in der Zwischenzeit das WOMO oder den Wohnwagen aufräumen, lüften und reinigen.

Die Anlage ist weitgehend -nicht nur!- eine Fleischmann-Kibri-Anlage, hat 220 Lokomotiven, 350 Wagons, 610 Häuser und 430 m Gleislänge. Geöffnet von Ostern bis Ende September von 10h-12h und 14h15-18h. Die Landschaftsgestaltung orientiert sich an Vorbildern zwischen der Schweiz und Flandern. Das trifft auch für die Gebäudeauswahl zu. Ungewöhnlich für solche Anlagen ist der Einbau eines Flugplatzes. Das treibt die absolute Flächengröße in die Höhe, ohne daß da viel Infrastrukur aufgebaut ist. Vom Tapetenhintergrund grüßt Neuschwanstein. Die französische Museumsbezeichnung lautet: Musée du Chemin de Fer Miniature. Eine Modellanlage einer Eisenbahn als Museum zu bezeichnen, ist eigentlich ein Hohn. Aber seit Disneyland dollarschwach im Marnetal liegt, verschieben sich offenbar die Vorstellungen in Frankreich. Wobei zu sagen ist, daß Modellbau und Modelleisenbahnanlagen in Frankreich nicht so verbreitet sind wie in Deutschland.

In CLÉCY um die Kirche nach rechts, dann geradeaus auf die nicht gekennzeichnete D 133c, die aus CLÉCY herausführt, Rtg St.-RÉMY. Man fährt über eine schmale Orne-Brücke auf das Orne-Felsenpanorama zu. Wir biegen nach der Brücke nach links ein auf die D 133b Rtg St.-RÉMY. An einem kleinen Bahnwärterhäuschen vorbei. Die Gleise sind zugewachsen. Die Bahn begleitet uns bis St.-RÉMY. Unterwegs überholen wir wandernde Pfadfinderinnen. Wir kreuzen den Wanderweg GR 36. Die D 133b steigt steil. 100 m vor St.-RÉMY biegt eine Abzweigung nach rechts in Haarnadelform ab Ausschilderung: route des Crêtes, die Straße auf dem Kamm. Der Weg ist schmal und bietet auf der Kammhöhe zwei Rastplätze, einer ist für Drachenflieger vorgesehen, wörtliche Übersetzung des französischen Hinweises: "reserviert für die, die den freien Flug ausüben", also für Vögel aller Klassen. Mit Wohnwagen stellt sich ein leichtes Gebirgsgefühl ein. Der Ausblick ist herrlich. Das Schönste einer Fußtour ist, wenn man im Auto sie genießt. In einem hügeligen Gelände gewinnt diese alte Weisheit neuen muskelschonenden Glanz.

Nach links Rtg St.-OMER, mit 45 km/h. In St.-OMER Rtg THURY-Harcourt. Durch Nid de Chien/Hundenest. Schließlich die D 562 Rtg THURY-Harcourt. Da wird es schnell und zügig. Wir kehren wieder an die Orne zurück, links der Fluß, rechts die Bahngleise. In dem wiederaufgebauten THURY-Harcourt, das mit HEIMBUCHENTAL/Nord-Bayern verbunden ist, steht natürlich ein Einkaufszentrum. Auf die D 6 Rtg FALAISE. Vom Berge schaut noch die Kapelle des Heiligen Josephs hinterher. Durch MESLAY/D 6. Die D 6 führt über eine Hochfläche. In USSY die D 242, dann D 237 Rtg POTIGNY. In POTIGNY lernen wir einen Ort kennen, das nicht mit landschaftlichen Leistungen glänzen kann. Gleich am Eingang des Ortes liegt links ein Sportgelände. Als wir vorbeifuhren, spielte die ganze männliche Jugend bis 70 in verschiedenen Mannschaften Boules. Wir schauten eine Zeitlang zu und kamen auch mit den anderen Zuschauern ins Gespräch. Irgendwie war man durch

Der Eisenbahnviadukt La Lande über die Orre. Die Bahn fährt nicht mehr.

das auswärtige Interesse - positiv - überrascht. Die meisten der knapp 2.000 Einwohner haben polnische Ahnen. Zwischen 1920 und 1930 kamen polnische Arbeiter zur Arbeit in das nahe einzige normannische Bergwerk. Sie siedelten schließlich in POTIGNY. Die Bergwerktradition unterstreichen zwei Grubenwagen, die an der Straße blumengeschmückt aufgestellt sind. Ein Parkplatz ist nach einer ersten polnischen Panzerdivision benannt, die an der Invasion 1944 teilnahm. Diese polnischen Soldaten in US-Uniformen werden wahrscheinlich nach Kriegsende nicht nach Polen zurückgekehrt sein. Weiter nach FALAISE/N 158 im Stau. Der produziert echte Heimgefühle. Die Stadt

Boules-Spieler in POTIGNY

Wilhems des Eroberers ist mit Bad Neustadt/Nord-Bayern liiert. Der erste Eindruck geht von den imposanten mittelalterlichen Stadtmauern aus, die für die N 158 quasi aufgebrochen sind. An der Stadtmauer geht es nach rechts von der N 158 die rue des Herforts zu einem See. Dort WOMO-Platz. Die Nachkriegs-Innenstadt ist nicht sehr groß. Der erste Weg kann zur Burg führen. Es wird kräftig restauriert. Den besten Eindruck gibt die Burg von außen. Ein Blick zum Freibad ist zwingend.

Im Waschhaus fußt die Weltgeschichte

Diese Blickrichtung hat vieles bewirkt. Der Originalblick wurde, vermutlich mehrere Male, vom Bergfried aus gestartet. Der Sohn des Herzog, der 17jährige Robert betrachtete im Sommer 1027 die umweltlichen Schönheiten von diesem Turm aus. Das tat er bestimmt nicht erstmalig, aber bald auf absehbare Zeit zum letzten Male. Neben dem heutigen Freibad stand und steht ein Waschhauslle vieux lavoir an dem Bache Ante. Just zufällig wenn er seine Lande beschaute, wuschen dort unten die Töchter die Wäsche. Eine davon hieß Arlette, 16 Jahre jung, von gutem bürgerlichen Stande und noch besserem Wuchse. Robert war zu Waschzeiten auf Posten am Turmfenster. Ob die beachtliche Entfernung den Reizen Arlettes erst so richtig zur Wirkung verhalf, wer weiß?

Die Blicke auf Arlette und deren Rückstrahlen lösten gentechnisch alles aus, was der junge Robert so in sich männlicherseits barg. Unpolitsch heiraten gab es für einen Herzogssohn nicht. Unpolitisch lieben schon eher. Robert versuchte es mit Stil. Er sprach bei ihrem Vater vor, dem Gerbermeister Herlève, und erbat die Tochter zur Freundin. Der Vater kannte seine Arlette und wußte um seinen Einfluß. Er beschied den Herzogssohn, seine Tochter möge selbst über den Antrag zur Freundschaft befinden. Arlette, ganz in der Rolle der heiß Umworbenen, reizte der Gedanke, die personelle Zukunft des Herzogtums zumindest zeitweise in ihrem Banne zu haben. Was dem Manne die Macht der Waffen, ist der Frau die Begierde des Mannes. Ihrer ist Frau Herr zu werden. Sie sei einverstanden. Aber einfach ins Burgbett zu huschen, um später in der Zwischenablage zu landen, das sei der Weg der Kühnen nicht. Hoch zu Rosse, in neuem Kleide, über die gefällte Zugbrücke, die mächtigen Burgtore weit geöffnet, so wollte Arlette ihre Gunst dem Sohn des Herzogs näher bringen. Es geschah. Der Sieger nach blutigem Waffengang, er könnte nicht großartiger in die Mauern einrücken.

Diesem stolzen Beginne folgte noch 1027 eine stolze Frucht: Wilhelm, der anfängliche Bastard, der werdende Herzog der Normandie, der künftige Eroberer der angelsächsischen Insel. Der Ritt Arlette's über die Zugbrücke geriet zu einem Betreten der Bühne der Weltgeschichte. Kein Zweifel, ohne entschlossene Arlette kein entschlossener Wilhelm. Wer Helden zeugen will, braucht die passenden, potientiellen Mütter. Das wußte schon Phillip II., der Vater Alexanders der Großen. Ohne die machtbewußte, rachgierige Olympia hätte es allenfalls einen mazedonischen Räuberhauptmann Alexander gegeben und nicht den Eroberer eines Reiches vom Bosporus bis nach

Indien. Das ist die Entfernung von LISSABON bis MOSKAU. Mütter machen eben Männer. Eine große Grünfläche ist dem alten Gemäuer in Richtung VIRE vorgelagert. Dort ist jedoch Übernachten verboten. Zu Fuß gelangt man runter zum Freibad. Daneben ist eine Gedenkstätte für die Ursprünge Wilhelms des Eroberers aufgerichtet.

Wilhelm der Eroberer. Der Tod rechnete ab.

Arlette konnte nicht Herzogin werden. Sie bekam nach einem zweiten Kind mit Robert einen Grafen als nominellen Mann. Robert kam ein Jahr nach seiner schicksalshaften Begegnung mit Arlette zu Herzogswürden. Die verwandtschaftlichen Beziehungen unter dem normannischen Adel waren nicht die besten. Wer überlebte wurde oder blieb Herzog. Robert blieb und lebte weiter in der Geschichte mit dem Beinamen "der Teufel". Vielleicht wollte er Arlette's Anerkennung im Willen zur Macht erhalten. Doch mit des Schicksals Mächten, das war schon vor Schiller wahr, ist kein ew'ger Bund zu flechten. Robert starb 25-jährig auf der Rückkehr vom Kreuzzug in Kleinasien. Den 7-jährigen Wilhelm setzte er zuvor als Erben ein. Der kleine Junge mußte anfangs vor seinen Rivalen versteckt werden. Robert sprach noch das Norwegische, während Wilhelm und seine Generation immer mehr dem Französischen verfielen, wie der US-Sprachforscher Karl M. Schulte/Illinois betont. 1047 schlug der zwanzigjährige Bastard in einer Schlacht seine Gegner aus dem Feld. Mit 21 Jahren wollte er heiraten. Seine Auserwählte war Mathilde von Flandern. Er warb, sie wollte nicht, eher ins Kloster als ihn, so die Dame aus und in LILLE. Doch so nicht mit Arletes Sohn. Kaum erhielt Wilhelm die Absage, saß er auf dem Pferd und ritt. John Wayne schiene dazu in ganzer Größe nur in Zwergenformat, den Ameisen gleich auf Du und Du. Mathildes Vater, ein Herzog, ahnte das kommende Geschick. Die Zugbrücke war herabgelassen, das Tor offen, Wilhelm drang zu Mathilde in die Kemenate. Ergebnis der Begegnung: das Fräulein wollte und zwar heftig. Ein solcher Mann war auch im harten Mittelalter nicht alle Tage zu haben. Die beiden waren um Ecken verwandt. Der Papst hatte Bedenken. Wilhelm versprach den Bau von Abteien, der Papst verlor seine Bedenken. 1066 landete Wilhelm seinen weltpolitischen Coup. Er setzte nach England über und ergriff die angelsächsische Königskrone. Der Triumphator seiner Zeit und Gewaltmensch konnte sich seine Todesart nicht aussuchen. Im Kampfe stürzte sein Pferd getroffen zu Boden. Der Sattelknauf zerriß das Zwerchfell des furchtlosen fast Sechzigjährigen. In der Abtei Saint Gervais in

FALAISE

ROUEN zerstörte die Verwundung langsam seinen Körper, nicht seinen Verstand. Im Jahre 1087 ging der 60-jährige elend zugrunde. Der Tote wurde gefleddert und verlassen. Wilhelm verweste. Seine Leiche wurde noch gefunden und in der Abbaye aux Hommes mit aufgeplatztem, aufgeblähtem Körper beigesetzt. Der Name FALAISE hat das germanische Fels zum Ursprung. Die Burganlagen sind täglich außer dienstags im Winterhalbjahr 9h00-12h00, 14h00-18h00 im Sommer 10h00-18h00 geöffnet, falls nicht restauriert wird

TAGESFAHRT ZWÖLF

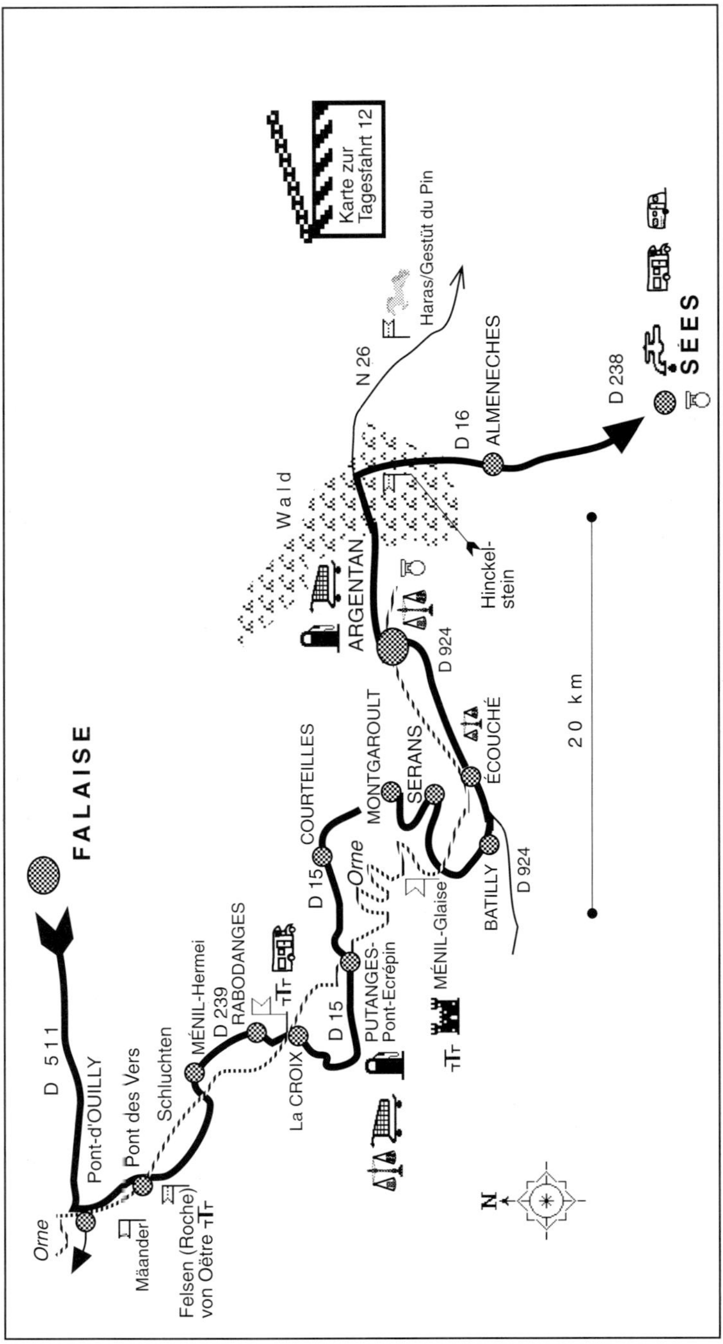

FALAISE - SÉES

Strecke:	**FALAISE** * Pont-d' OUILLY * Roche d' Oëtre * PUTANGES-Pont-Ecrépin * BATILLY * ARGENTAN * ALMENÊCHES * SÉES
Entfernung:	110 km
Besichtigen:	Mäander von ROUVROU, Roche/Felsen von Oëtre (30 min), Felsen und die Orne von MÉNIL-Glaise (15 min), ARGENTAN (1h), Gestüt von/ Haras du Pin (etwas außerhalb der Strecke)Vorführungen 14. Mai-17. Sept Do-15h00 (2h), Menhir von Pierre Levée (5 min), SÉES (1h).
Picknick:	a) am Roche d' Oëtre; b) am Felsen von MÉNIL-Glaise.
Wasser:	In SÉES am Rathaus gegenüber der roten ehemaligen, englischen Tel.-Zelle.
Übernachten:	SÉES: Camping; WOMO-Standplatz: a) am Parkplatz bei der Promenade du Vivier, links an der Post vorbei, dann rechts in die Rue du Vivier; b) Parkplätze an der Kathedrale.
Einkauf 1:	PUTANGES; ARGENTAN; SÉES.
Einkauf 2: Märkte	ARGENTAN, Di-morgen + Fr-morgen; PUTANGES, Mi-morgen SÉES, Do-morgen; ECOUCHÉ, Fr-morgen;
Abwasser:	ARGENTAN, camping municipal/Gemeinde-Camping; SÉES, Camping Essi le Clos Normand/Rtg ALENÇON.

In der Innenstadt von FALAISE herrscht ein beschauliches Leben. Wir drehen noch eine Runde und entschwinden Rtg VIRE/Pont d'OUILLY/D 511 am Schloß vorbei. Das Ziel Pont d'OUILLY ist nicht neu. Aber ein so schön gelegenes Kleinstädtchen läßt sich gut zweimal oder öfter besuchen. Die D 511 ist gesäumt von jungen Bäumen - mit gebührendem Abstand von der Straße. Die Landschaft ist eben. Schließlich führt uns ein 10% Abstieg in das Tal der Orne und nach Pont-d'OUILLY rein. Die Kleinstadt wirkt etwas verlassen. Kayaksportler und andere Freizeitgesellschaftler sitzen beim Croissant im Café. Urlaubs- und Freizeitstimmung, die Freizeitgesellschaft in voller Entfaltung. Rtg Roche d'Oëtre/Le BATEAU. Dazu bis zur Ornebrücke, vor der Orne nach links, dort Ausschilderung zum Roche. Wir fahren am linken Ufer der Orne flußaufwärts. In der Orne sehen wir die Verkehrszeichen der Kayakmenschen. Da sind die Weg- und Unwegsamkeiten des nicht ungefährlichen Gewässers markiert. In Le BATEAU verengt ein Bus die Fahrbahnlage. In Pont-des-VERS fahren wir nach rechts Rtg Mäander/Méandre von ROUVROU/D 43. Über ein kleines Brückchen über die Orne führt uns die D 43 nach oben, die sich mit einem GR/Fernwanderweg schneidet. Vor ROUVROU öffnet sich links der Blick auf die kurvige Orne. Einen Parkplatz und Hinweis auf den Mäander gibt es nicht. Die Straße ist nicht sonderlich belebt. So kann man im Ortsbereich von ROUVROU parken und in einem 2 min. Gewaltmarsch zur Aussicht zurückgehen.

Der Fels der heißen Erde

Weiter Rtg la Roche d'Oëtre. Der Fels von Oëtre ist eine Touristenattraktion in privatem Besitz. Auf dem Felsgelände findet sich ein Restaurant und die seltene Möglichkeit, irgendwelche Andenken zu kaufen. Vor dem Felsen selber wird in großen Buchstaben gewarnt. Nicht zu Unrecht. Da alles relativ ist, lacht ein erfahrener Bergsteiger über die Gefahr, am Felsen auszurutschen und in die Tiefe zu fallen. Aber für den normalen Fußgängerzonenkopfsteinpflasterbenutzer und für Kinder heißt es <u>Vorsicht</u>. Der Felsen bietet eine prächtige Aussicht auf die Wälder, ist zur Talseite <u>aber nicht</u> gesichert. Vor dem Zugang ist an der Straße um einen großen Kastanienbaum eine Picknickszene eingerichtet. Oëtre ist griechischen Ursprungs und soll heißen: trockene, heiße Erde. Der Felsen liegt sinnigerweise auf der Gemarkung des 300 m nahen Weilers Oëtre. Im Felsen existiert eine Grotte, la chambre aux fées, das Zimmer der Feen. Sie boten 1615 einem Falschmünzer der Gegend Unterschlupf, 1789 einem Adligen, 1795 einem Général der Chouans, der Königstreuen. Weiter Rtg MÉNIL-Hermei. Im Tal links schlängelt sich die Orne durch die Felsenschluchten, den Gorges. Von der Straße aus sieht man allerdings nicht viel. Es führen einige Abzweigungen zur Orne hinunter. Diese enden in Gehöften. Die Wendemöglichkeit für Gespanne unten oder auf den kleinen Wegen ist sehr begrenzt. Wir entdecken keine Aussichtsstelle mit Plattform und Parkplatz. Unsere Strecke stößt im Tal auf die D 21. Die nutzen wir Rtg MÉNIL. Dabei überqueren wir die Brücke des Auvray-Waldes/Forêt-Auvray. Die D 21 steigt und in MÉNIL-Hermei treffen wir wieder auf eine Pfadfindergruppe. Die Jungs machen gerade Marschpause. Der Anblick weckt Jugenderinnerungen. Wir fahren in der Ortsmitte nach rechts Rtg RABODANGES/ARGENTAN/D 239. Vorbei am Gestüt/Haras de RABODANGES. In RABODANGES Rtg BRIOUZES/D 121. Nach wie vor durch die normannische Berg- und Talwelt. Von weitem sehen wir wieder die Orne. Sie ist hier, 2 km vor Ste.-CROIX, durch den Staudamm/barrage von RABODANGES auf eine respektable Breite, dem "See" von RABODANGES, gestaut. 1 km vor Ste.-CROIX hat die Gemeinde einen Bootsplatz an der Orne eingerichtet. Unmittelbar vor der aussichtsträchtigen Brücke ist rechts ein Parkplatz. Keine Wasserstelle am Parkplatz. WOMO-Platz. Daneben eine achteckige Erfrischungsstätte für den Anspruch zwi-

US-Soldatenfriedhof bei St.-JAMES (Tagesfahrt 10)

schendurch. Zu Ste.-CROIX hinauf. Dort Rtg PUTANGES/C 1. An der Straßenkreuzung ist eine kleine Kapelle. Die C 1 ist eine wohnwagenbreite, kurvige Angelegenheit. Auf und ab. Dann D 15 nach PUTANGES-Pont-Écrépin. Der 900 Einwohner kleine Ort ist für seine schmucke Lage an der Orne bekannt. Er dient auch als Start und Ziel von Wanderungen zu den Gorges flußabwärts. Dann Rtg ARGENTAN/ÉCOUCHÉ/D 909/ D 15. Durch COURTEILLES/D 15, drei, vier Häuser. Die D 15 erlaubt einen weiten Blick in die Gegend.

Das Tal der Schafe und Angler

Die nächsten Kilometer führen über allerlei kleine Straßen und Abzweigungen. Falls die Wegerichtungen nicht so wollen wie unsere Beschreibung vorgibt: Hauptrichtung ist ÉCOUCHÈ/ ARGENTAN. Durch MONTGAROULT weiter Rtg MÉNIL-Glaise/SERANS/C 9. Die geht über die Felder, vorbei an einem verfallenen Bauernhof. Die C 9 zweigt nach links ab Rtg ÉCOUCHÉ. Links steht ein alter, gußeiserner Wegweiser. An der nächsten Kreuzung steht links im Feld eine windbetriebene Bewässerungspumpe. Nach rechts geht eine Haarnadelkurve Rtg MÉNIL-Glaise/SERANS. Klatschmohn am Straßenrand. Vorbei an einem Gehöft mit Ferienwohnungen. Durch einen Laubwald. Schließlich fahren wir auf ein Schloß zu. Durch

In PONT-d'OUILLY. Wer morgens Croissants haben will, muß hindurch

Pfadfinder auf Fahrt durch die normannische Schweiz

MÉNIL-Glaise/SERANS. Am Fuße des Schlosses angelangt. Wir sind wieder an der Orne. Die trennt uns von dem gegenüberliegenden, mächtig aufragenden Schloß auf einem Felsen. Und der wird der Felsen von MÉNIL-Glaise genannt. Dieser Felsen gilt als östlicher Anfang der normannischen Schweiz. Das Schloß stammt aus dem 18 Jh. Die Vorgänger hatten mehr kriegerischen Charakter. An dieser Flußstelle ist auch ein kleiner Rastplatz angelegt. Er wird vor allem von Anglern genutzt. Die stehen geduldig in der Mitte des Gewässers in großen Stulpenstiefeln und warten. Die Hälfte seines Lebens, tja, angelt der Angler wohl vergebens. Die Brücke trägt 3.5 t. Zeitgerecht ist auch eine Diskothek hier angesiedelt. Nach Besuch in der Lärmhölle ein stiller Spaziergang an der sprudelnden Orne. Keine Anregung? Für diesen Anblick von Schloß, Ornewiesenfelsental und Angler haben wir Sie über die Wege gelockt.

Weiter Rtg BATILLY über die Brücke. Links weiden Schafe. Der kleine, enge Weg begleitet zunächst die Orne und ihre Felswände, dann steigt er. Oben biegen wir nach links ein. Farnkräuter am Wegrand. Durch BATILLY/C 6. In BATILLY nach links, über ein doppeltes Bahngleis mit automatischer Schranke, auf die N 124 bis/D 924 nach links Rtg ÉCOUCHÉ. Die Bezeichnung "bis" zeigt die Einstufung der Straße als Ausweichstrecke zur Verkehrsentzerrung. Die N 124 bis ist eine schnelle Straße. Das ist eine angenehme Abwechslung zu dem Feldweggestoppel zuvor. Doch alles zu seiner Zeit. An ÉCOUCHÉ, das mit ELSE in Niedersachsen liiert ist, vorbei, Rtg ARGENTAND D 924. Rein nach ARGENTAN, das 1944 eine befreiende 80%-Zerstörung erlitt. Rtg DREUX/l'AIGLE/N 26. Vorbei an einem Zigeunerlager.

Das Glück dieser Erde liegt auf dem Rücken der Pferde
- wo denn sonst?

Die N 25 entwickelt sich kurz zu einer 4-bahnigen Schnellstrecke. Die Hinweisschilder zu dem berühmten Gestüt von Pin werden dichter. Es liegt an der N 26, nur 30 km östlich von ARGENTAN/Rtg L' AIGLE.

Wer zum Gestüt/Haras du Pin möchte: in Bourg-St.-LÉONARD weiter Rtg L' AIGLE/N 26, anschließend nach SÉES/N 26+N 138! Bald breitet sich das Gestüt/Haras du Pin, das Versailles des Pferdes aus. Dazu sei gesagt, daß die ländliche Ornelandschaft im Grund ein einziges Gestüt ist. Überall lassen sich Ställe und Reitbahnen entdecken. Rennbahnen, Cross-Country-Plätze, Turnierplätze und Wanderwege zeugen von der Pferdeleidenschaft der Gestütsherren und -damen. Die Wälder von Ecouves und Andaine sind geradezu geschaffen für Großjagden. Zahlreiche Veranstaltungen mit Pferden, Turniere, Rennen, Ausreiten etc schmükken die Programmtafeln der Gemeinden und Gestüte. Im Haras du Pin findet jeden Donnerstag, 15h00, vom 14. Mai bis

17. September Vorführungen von Vierspännern und Hengsten statt. Die ganzjährige Besichtigung mit Führung -09h00-12h00, 14h00-18h00- ist kostenlos. Pferdeställe, Ausstellung und Schmiede können gegen Eintrittsgeld - 11. Juli - 10. Oktober - betreten werden. Auskünfte über Veranstaltungen sind in

In Pont-d'OUILLY. Badegelegenheit für Kayaksportler

deutsch bei "L' Orne, Comité Départemental du Tourisme, 88, rue Saint-Blaise F 61002 ALENÇON/Fax (+33)33 29 81 60" zu haben. Das gut ausgeschilderte Staatsgestüt du Pin ist wohl eines der berühmtesten in Frankreich. Neben der Pferdeaufzucht betreibt die dem Gestüt angeschlossene Ecole nationale des Haras Ausbildung und Fortbildung aller an der Pferdeaufzucht beteiligter Berufsgruppen. Die Ursprünge lassen sich an Colbert, dem Finanzminister Ludwigs XIV. und an dem Jahr 1665 festmachen. Damals rief der Vater der königlich gelenkten Volkswirtschaft staatliche Gestüte ins Leben. Der Bau des Haras du Pin erfolgte 1715 bis 1730. Die Revolution von 1789 schaffte die sehr an die absoluten Könige angebundenen Gestüte als staatliche Einrichtungen ab. Erst der Enkel des kleinen Korsen, der irdischer Eitelkeit und weiblicher Einzelgesellschaft sehr zugetane Napoleon III. ließ die staaliche Gestütsorganisation 1865 wieder aufleben.

Oder ohne Pferdeglück und ohne Gestüt: In Le Bourg-St.-LÉONARD nach rechts Rtg ALMENECHES/D16. Kurz nach Ortsende von Bourg-St.- LÉONARD/Rtg ALMENECHES/ D16 kommen wir in ein Waldstück. Links verläuft die sauber geschnittene Gestütshecke von Pin. Bald gelangen wir an den Eingang du Domaine de la Vente, des Verkaufsbereiches. Gegenüber verliert sich ein kleiner Bauernhof in einer Waldlichtung. An der Zufahrt zu diesem Bauernhof steht im Wald ein Menhir, der Menhir de la Pierre-Levée, der aufgestellte Hinckelstein. Die D 16 führt durch den Wald. ALMENECHES ist ein langgezogenes Straßendorf. Rtg SÉES/D 16 dann D 238. Wir überqueren wieder eine altbekannte Bahnlinie, die wir bereits vor ARGENTAN kennengelernt hatten. Durch MACÉ und eine neugebaute Siedlung namens Cité de Surdon.

Kürbis strahlt in den Nachthimmel

Die Kathedrale von SÉES taucht bereits auf. Die Stadt zählt rund 5. 000 Einwohner. SÉES ist uraltes Siedlungsgebiet Bereits vor 4. 000 Jahren sollen sich hier Jäger und Sammler getummelt haben. Kelten zogen einen Palisadenzaun um die Gehöfte hier in der Ecke. Die lateinischen Gewalthaufen nannten die angetroffenen Gallier "sagii"oder verrömerten so die keltische Bezeichnung. Daraus wurde schließlich SÉEZ und endlich SÉES. Während der Völkerwanderung rückten im 4. Jahrhundert Sachsen ein und dominierten bis um 1000 nach Christus. Mittelpunkt ist die Kathedrale. An ihrer Stelle standen bereits 4 Vorgängerinnen. Die Erste erhob sich Anfang des 5. Jahrhunderts auf den Mauern eines römischen Tempels. Diese haben die Normannen 878 zerstört. Nummer vier wurde von den Kriegsleuten des Heinrichs II. (s. Tagesfahrt 5) von England eingeäschert. Das heute, über einige Zerstörungen in den Jahrhunderten immer wieder aufgebaute, erhaltene Meisterwerk der normannischen Gotik wurde im 13. Und 14. Jahrhundert errichtet. Ihre innere Akustik soll von höchster Qualität sein. Zwei verschiedene Licht- und Tonveranstaltungen/ Musilumières - früher son et lumière - finden im Juli ab 22h30 und August ab 21h30 am Freitag- und Samstagabend 50 min lang statt. Im Inneren spielt sich das "Vitrail Bleu/blaue Glasfenster", an der Außenfront die "Compagnons Batisseurs/ Kameraden Bauarbeiter" ab. Durch die langen Fenster der hohen Türme der Kathedrale überstrahlt das gelbhelle Licht die tieferliegende, ördinäre Straßenbeleuchtung gleich einer Fakkel am Nachthimmel. Einfacher ausgedrückt, wie ein beleuchteter Kürbis. Die Außenmauern werden ihrerseits gelb angestrahlt. Um die Kathedrale herum sind kirchliche Gebäude, bischöfliches Palais, ehemalige Klosteranlagen, so ein Holz-Gebäude mit einem überdachten Rundgang. Sie alle verleihen der Stadt eine schon etwas weihevolle Atmosphäre. Nebenan steht das wuchtige Rathaus aus dem 19. Jahrhundert. SÉES ist mit TÖNISVORST bei DUISBURG verbunden. Ein unscheinbarer und in seiner Richtung nicht eindeutiger Wegweiser will auf die Partnerstadt aufmerksam machen. 685 km sind es bis dorthin. In GAILLON, 10 km südlich von Les-ANDELYS, sieht man mehr. Da steht an der Ortseinfahrt groß und deutlich ein bundesrepublikanisches Schild mit der Aufschrift schwarz auf gelb: SARSTEDT 851 km. Das liegt in Niedersachsen. Die alten, ausgeschilderten Hallen sind sehr gut restauriert. In einem Teil davon ist die städt. Bücherei untergebracht. Im übrigen Teil findet mittwoch-morgens Markt statt. Der aus dem 19. Jahrhundert stammende Hallenrundbau erinnert äußerlich irgendwie an das Kolosseum in ROM. Innen tragen alte, wuchtige Steinsäulen das Dach. SÉES ist Bahnstation.

Unsere Bahn, die vom Westen herkam, teilt sich nördlich von SÉES. Eine Richtung geht nach Osten, die andere nach Süden weiter. Der Fluß Orne ist in der Stadtmitte, quer zur Rue de la République, unterirdisch verlegt. An der Orne ist ein reizvoller Spazierweg/promenade du Vivier mit ehemaligem Waschhaus eingerichtet. Mit dem WOMO gelangt man auf einen Parkplatz an der Orne wie folgt: Von der Kathedrale sieht man die Post. Man fährt an ihr links vorbei in Rtg MORTAGNE/ D 3. Nach 100 m nach rechts in die rue du Vivier. Diese führt an die Orne zum Waschhaus. Ein abendlicher Rundgang an der Orne entlang, dann einige Schritte in die beleuchtete Kathedrale hinein, anschließend ein kleines Bier im Kathedralenumfeld, da müßte eigentlich unwichtig werden, wer Deutscher Fußballmeister wird.

In SÉES trifft sich in den Monaten Juli und August die Kultur zu zahlreichen Musikveranstaltungen..

TAGESFAHRT DREIZEHN

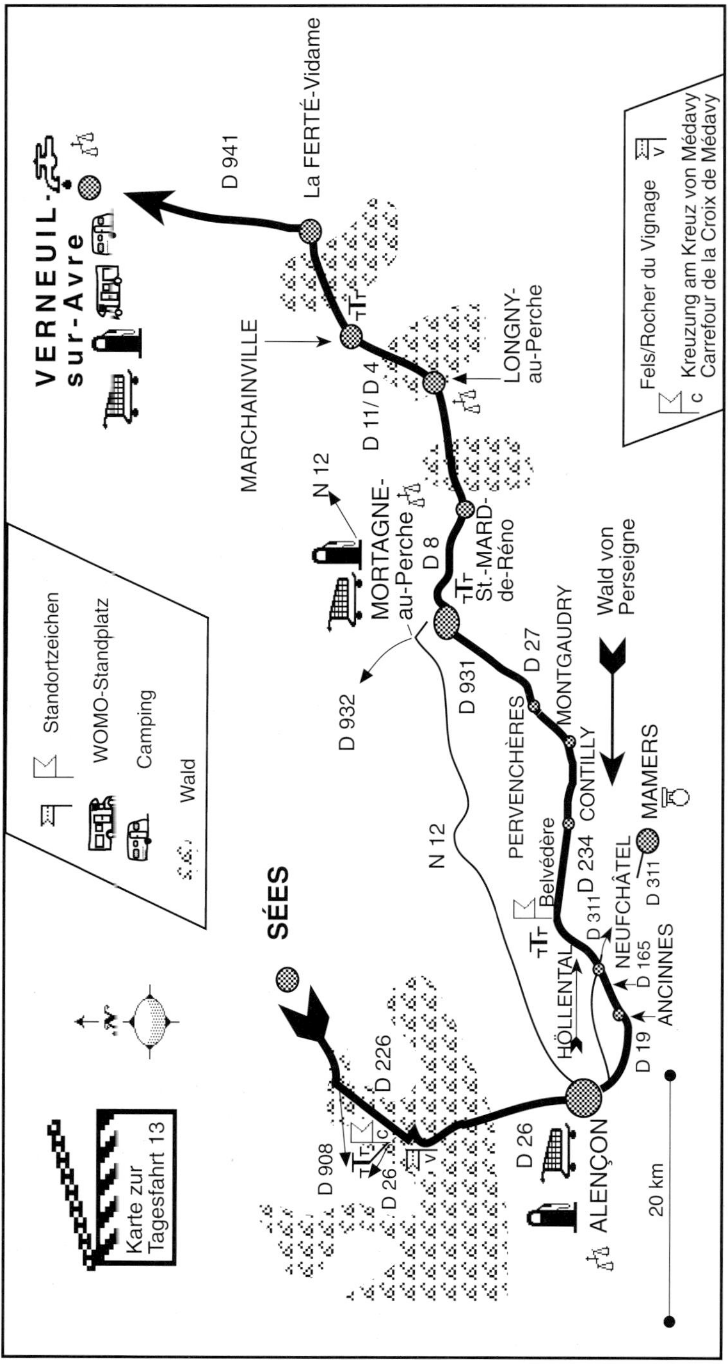

SÉES - VERNEUIL-sur-Avre

Strecke:	**SÉES** * Carrefour de la Croix de Médavy * ALENÇON * ANCINNES * NEUFCHÂTEL-en-Saosnois * CONTILLY * PERVENCHÈRES * MORTAGNE-au-Perche * LOGNY-au-Perche * La FERTÉ-Vidame * **VERNEUIL-sur-Avre**.
Entfernung:	120 km
Besichtigen:	ALENÇON (1h); Höllental/val d' Enfer; MORTAGNE-au-Perche (30 min); VERNEUIL-sur-Avre (1h).
Wandern:	markierte Rundwanderung im Höllental am Belvédère (1h-2h)
Picknick:	a) am Carrefour de la Croix de Médavy; b) Belvédère im Wald von Perseigne; c) an der Dorfkirche von St.-GERMAIN, östl. von MORTAGNE; d) Fischteich nord-östl. Ortsrand von MARCHAINVILLE.
Wasser:	VERNEUIL: a) Außenmauer zum Eingang der Tribühne des Stadions, Umgehungsstraße Rtg CHARTRES, Ausschilderung Stade/Piscine. b) Toiletten des Rathausgartens, Rtg Bahnhof/gare.
Übernachten:	VERNEUIL: Camping; WOMO-Standplatz: Parkplätze am Freibad/Ausschilderung s. Wasser (a). Sonst: Picknick (c)+(d).
Einkauf 1:	Supermärkte in ALENÇON, MORTAGNE, VERNEUIL.
Einkauf 2: Märkte	ALENÇON, Do + Sa + So, jeweils morgens; LONGNY, So-morgen; MORTAGNE, Sa-vormittag; Ende Juli/August Mi-morgen; VERNEUIL, Sa-morgen.
Abwasser:	MAMERS, 20 km süd-östl. von ALENÇON: aire de MAMERS, an der D 955, in der Nähe eines Sees. Ausschilderung: camping municipal, dann noch 200 m.

Rtg SÉES-Bahnhof/CARROUGES auf die N 138/Rtg ALENÇON. 200 m nach dem Bahnhof rechts Rtg CARROUGES/ D 908. Durch ein kleines Gewerbegebiet von SÉES, das die Stadtverwaltung noch beträchtlich erweitern will. Die Landschaft ist zwar wellig, aber nicht mehr so abwechslungsreich wie in der normannischen Schweiz. Durch Les CHOUX. Links steht ein Laubwald rechts ein Tannenwald.

Wald von Écouves

Nach links auf die D 226/Rtg MEDAVY. Sie führt weiter in den Mischwald rein. Der Wald ist in unserem Fahrbereich nicht sehr hochgewachsen. Farnkräuter am Weg vermitteln Dschungelambiente. Ab und zu lichtet sich das Gehölz. Lange

In der Orne: Und wenn alle Fischelein hinter dem Mann vorbeischwimmen?

Stämme, die am Straßenrand auf ihren Abtransport warten, zeugen von der wirtschaftlichen Bedeutung des Waldes. Äste ragen über die Straße. Wir befinden uns im Wald/Forêt d' Écouves. Der breitet sich auf 14. 000 ha zwischen SÉES und ALENÇON aus. Der höchste Berg ist mit 417 m das Signal d' Écouves. Das kommt schon an unsere Mittelgebirge heran. Neben dem weiter westlichen Signal des Avaloirs ist das Signal d' Écouves die höchste Erhebung Westfrankreichs. Der Wald birgt Hochwald, Eichen, Buchen, Fichten, Kiefer. Hirsche,

Wassertürme vor ALENÇON

Rehe usw. bevölkern die Zwischenräume. Von Oktober bis Ende März veranstalten die Naturfreunde der Jäger meist dienstags und samstags Treibjagden. Ansonsten ist der Wald mit markierten Wanderwegen durchzogen. Die D 226 steigt. Weiter die D 226/MEDAVY.

Spitzenkunst und Kunst der Spitzen

Wir kommen an die Kreuzung/Carrefour La CROIX-MEDAVY. Seitlich in den Büschen droht ein echter Panzer heraus wie ein Trupp berittener Sioux auf Kriegspfad. Nicht ganz so farbig und ohne Federschmuck. Zudem laufen unifomierte Leute herum. Bei näherem Hinsehen entpuppt sich das Stahlfahrzeug als ein Sherman des 2. Weltkrieges. Da die Franzosen trotz schlechter Haushaltslage und kostspieliger

Atomrüstung wohl modernere Panzer haben, mag dieser Sherman weniger zur strategischen Reserve gegen germanischen Übermut aufgestellt worden sein. Ein kerniger, mutmachender Spruch an der Feindseite des Kolosses könnte dennoch der Abschreckung dienen: On ne passe pas. Keiner kommt vorbei. Vielleicht arbeitete der Denkspruchgeber auf dem (französischen) Finanzamt. Wie auch immer, das Gerät dient dem Lande aller Wahrscheinlichkeit nach als Denkmal.

Fußgängerzone in ALENÇON. Daß die Dame im Vordergrund vor der WOMO-Linse flüchtet, ist nicht bewiesen.

Es sei denn, er wurde nach Kriegsschluß einfach vergessen. Der vermutete Denkmalpanzer trägt die Aufschrift "Valois". Das ist eine alte Grafschaft aus vorrevolutionären Zeiten bei AMIENS. Einige Könige Frankreichs stammten aus dem Hause Valois. An einer weiteren Ecke der Kreuzung ist eine Tafel angebracht, wo farbig und deutlich die Aktivitäten der Franzosen bei den Kämpfen um ALENÇON 1944 grafisch dargestellt sind.

Wir biegen ein in Richtung ALENÇON/D 26. Der Wald/Forêt d'Écouves wird höher. Der Wald bleibt schließlich hinter uns. Wir fahren durch landwirtschaftliches Gebiet. Die Fahrt wird schneller. Zwei sportliche Radfahrer kämpfen gegen Wind und Steigung. Durch LAMIGNY. Der Ort liegt bereits an der Stadtgrenze zu ALENÇON und präsentiert ein Wasserturmdreigestirn, einen dreifachen Wasserturm, einen Wasserturmdrilling. Die D 26 hat hier sogar auf beiden Seiten einen Fahrradweg.

Irgendwo unterwegs: Rathaus, Sparmodell aber bezahlt.

Dies ist sonst in Frankreich selten anzutreffen, trotz der großen Tradition der Radsportler. Wir sehen die drei Wasserhochbehälter wieder, wenn wir ALENÇON verlassen. Die Stadt wirkt ruhig. ALENÇON liegt an der Grenze des Naturparks Normandie-Maine. Die einstige wirtschaftliche Grundlage der heute über 30. 000 Einwohner zählenden Stadt war die Spitzenkunst, der Spitzenstich von ALENÇON/point d'A. Starke Konkurrenz waren die Damen in Le-PUY-en-Velay in der Auvergne (WOMO-Bd 11). Doch mit dem Untergang der adligen Welt infolge der Revolution von 1789 und der späteren industriellen Konkurrenz war es damit vorbei. Heute erinnert noch eine Schule für die Spitzenkunst an diese Glanzzeit. Das Museum für die Schönen Künste und für die Spitzenkunst/Musée des Beaux

Arts et de la Dentelle stellt die Arbeiten der Schülerinnen aus. Der runde Getreidespeicher/Halle aux Blés aus den Anfängen des letzten Jahrhunderts markiert ebenso das Stadtbild wie der repräsentative Justizpalast, die Herzogsschloßtürme (heute Eingang zum Gefängnis, deshalb freier Eintritt), die Kathedrale Notre-Dame aus dem 15. Jahrhundert und die nicht unübliche Fußgängerzone. Diese (secteur piétonnier) schließt sich an Rathaus und Kathedrale an. Wie in anderen normannischen Städten finden wir alte und neue Gebäude in der Innenstadt. Die Fußgängerzone wird beschallt wie Kaufhäuser und andere Konsumtempel. Wir durchziehen den Stadtkern ca 1 Stunde. Im maison de la presse sind auch deutsche Tageszeitungen zu sehen.

In die Berge und Wälder

Wir verlassen ALENÇON auf der Spur autres directions. Wir suchen und finden die Abzweigung nach MAMERS/ CHARTRES/D 311. Der überquerte Fluß heißt Sarthe. Die fließt zunächst 285 km, dann mit der Mayenne zur Maine zusammen und anschließend in die Loire. Am Stadtrand von ALENÇON, im Ortsbereich St.-PATERNE, bei den drei Wassertürmen, geht es nach rechts Rtg ANCINNES/D 19. In St.-PATERNE Rtg ANCINNES mit verschiedenen Straßenbezeichnungsangaben, dann auf die D 19/Rtg ANCINNES nach links aus PATERNE raus. An La Ferme jolie/ hübscher Bauernhof vorbei. Pferde auf der Wiese. Die Landschaft wird abwechslungsreicher mit Wiesen und Baumstükken, Kornfelder. Am Straßenrand ist zu beiden Seiten eine Vielfalt von Blumen. Die Straße D 19 führt durch ein Waldtunnel. Hinweisschilder auf den Verkauf von Häusern stehen in Sichtweite. Durch ANCINNES, das SCHWARME/Niedersachsen als Partnerstadt hat. Weiter Rtg NEUFCHÂTEL-en-Saosnois. Die Straße bleibt klein und wird kleiner.

In NEUFCHÂTEL kommen wir auf die D 311, biegen nach rechts auf die D 311/Rtg MAMERS ein und verlassen sie nach 200 m (rechts ist eine Total-Tankstelle) nach links Rtg Abbey de Perseigne. Vorbei an netten Einfamilienhäuschen, dazu Schafe. Auf die Rue Luragot nach rechts. Ca 1 km nach Ortsende weiter Rtg forêt de Perseigne/Belvédère **geradeaus, nicht** nach rechts Rtg Abbey/1.200 m. Kühe von rechts. Durch La Grande Vente. Dann in den Wald von Perseigne. Das Waldgelände umfaßt 5. 000 ha. Kleinere Täler wechseln mit Hügelketten. Die Geschwindigkeit ist auf 40 km/h begrenzt. Rtg

Magdalenenturm in VERNEUIL

Belvédère/Aussichtspunkt. Der GR 22c/Tour de la Sarthe geht hier vorbei. Wir sind jetzt auf der Route de la Vallée d'Enfer, auf der Höllentalstraße. Am Waldrand ist ein kleiner Picknickplatz mit Wetterhütte. Wir fahren dieses Höllental durch bis zum

Am Marktplatz von VERNEUIL. Die Herren sind von PARIS.

Belvédère. Zuvor durchqueren wir eine abgeforstete, baumlose Fläche. Das Höllental ist teufelfrei, wie es scheint, bislang wenigstens. Ein Bach durchplätschert das Tal. In dem Wald sind ausgesprochene Ruhezonen festgelegt, die von jedem Verkehr frei sind. Für die Wanderer sind zahlreiche Wetterhäuschen aufgestellt. **Kein Feuer!!** Das ist höllisch verboten. Der Wald ist mit zahlreichen markierten Wanderwegen durchzogen. Der Belvédère ist ein großzügig angelegter Waldrastplatz mit einem 30 m hohem Turm und einer Überblickskarte. Nur auf dem Turm hat man allerdings eine große Aussicht. 340 m steht das Gebilde über dem Meer. Den Eingang zum Aufgang fanden wir verschlossen, wie im sonstigen Leben halt. Nichts darf weggeworfen werden. Überall Papierkörbe, die auch regelmäßig geleert werden.

In die Gegend Perche

Weiter Rtg AILLIÈRES-Beauvoir /D 234. Wenn man vom Turm/Belvédère zur Straße geht, nach rechts. Durch AILLIÈRES mit Straßenhindernissen, biegen wir auf die D 3 nach links Rtg BLÈVES. Dann, nach 100 m nach rechts Rtg CONTILLY/C 1, eine Berg- und Talstraße, eine offene Landschaft mit Baumreihen. Durch CONTILLY. Wir erreichen eine Vorfahrtstraße in CONTILLY, biegen auf diese nach rechts ein und gleich wieder nach links Rtg MONTGAUDRY/C 6, dann D 297. Große dicke Hecke, Klatschmohn an der Straße. Links oben erblicken wir das Dorf MONTGAUDRY mit einer schwarzgedeckten Kirche. Weiter die D 295/Rtg PERVENCHÈRES, dann Rtg /D 27, dann D 931. Wir kommen in die Gegend mit dem historischen Namen Perche. Die einstige Grafschaft Perche ist eine feuchte und bewaldete sanfte Hügellandschaft. In früheren Zeiten waren die Pferde des Perche berühmt. Von hier kommt die kräftige Zugpferdrasse Le Percheron. Heute herrschen Rindviehzucht und Milchprodukte vor.

Schönste Kleinstadt, beste Blutwurst

Zwei Städte auf unserer Strecke tragen den Perche in ihrem Namen: MORTAGNE-au-Perche(im Perche), LONGNY-au-Perche. Durch GRAVELLE. Kühe, Kühe, Kühe. Die D 931 ist belebt und wackelig. Durch PARFONDEVAL. In MORTAGNE steht das Einkaufszentrum am Ortseingang. Links ist eine hochmoderne Mehrzweckhalle zu entdecken. Als Kontrast dazu die mittelalterliche Befestigungen und ein altes Kloster. MORTAGNE begrüßt uns mit zwei Ortsschildern. Die ehemalige gräfliche Residenzstadt des Perche zählt 5. 000 Einwohner. Das Gräfliche zeigt sich noch im öffentlichen Park und an den Baulichkeiten der Stadt (Kirche Notre-Dame, Krypta, Porte St.-Denis, Hôtel de Receveur des Tailles/Steuereintreiber, Museum etc), die MORTAGNE zur schönsten Kleinstadt Frankreichs gemacht haben sollen. Sie hat seit 1967 zum Partner BOUCHERVILLE/Metzgerstadt, einen Vorort von MONTRÉAL in Canada mit 33. 000 Einwohnern. Diese wurde von Pierre Boucher/Metzger gegründet. Er stammte aus MORTAGNE, wanderte 1662 nach Canada aus und lebte 1622-1717.

Das lokale gastronomische Produkt von Rang ist die Blutwurst, le Boudin de MORTAGNE. Sogar eine Bruderschaft existiert seit dem 23. März 1963. Die Herrn, falls im Dienst in hellroten Roben mit schwarzen Hüten, haben auch Schwestern, die jedoch in dunkelroten Talaren. Der Orden veranstaltet jedes Jahr am 3. Märzwochenende anläßlich des jährlichen Blutwurstmarktes die Wahl der international besten Blutwurst. Dabei beteiligen sich auch die Produzenten der ganzen Blutwurstwelt. Jedes Schweineblutwurstgeschwisterordensmitglied hat sich verpflichtet, mindestens wöchentlich einmal eine Blutwurst zu verzehren und sie überall ständig zu preisen. Die Herkunft dieser Wurst soll über die maurischen Eroberer bis an die Ufer des Euphrat im alten Babylonien zurückzuverfolgen sein. Der Blutwurst-Internationale, Völker hört die Signale.

In den Nachttopf des Perche

Weiter Rtg LONGNY-au-Perche/D 8. In St.-GERMAIN liegt an der Kirche ein Picknickplatz, schattig, klein, aber mit lauschigen Kastanienbäumen. Das Ausschilderungs-Logo ist der Brotkorb. Erstmals in der Normandie sehen wir, 10 km vor LONGNY, Leitplanken aus Holz, ähnlich wie vor VÉZELAY in Burgund. Durch St.-MARD. Nach MARD kommen wir durch den Wald von Réno-Valdieu. Valdieu heißt Gottestal. Der Wald bedeckt 1. 600 ha. Er steht auf einer Tonschicht. Die Eiche ist zu 64%, die Rotbuche zu 22% am Baumbestand beteiligt. Kiefer und Douglasbäume gedeihen auf dem schlechteren Bodenteil den Sandböden des Perche. Ob diese aber mit des alten Reiches Streusandbüchse, mit Brandenburg zu vergleichen sind ist nicht sicher. Dann passieren wir ein Seitental der Huisne, die einige Kilometer südlich über 130 km lang fließt und in die Sarthe mündet. Schließlich in LONGNY-au-Perche. Das ist ein kleines Landstädtchen, liegt im Tal der Jambe und wirkt ruhig und verlassen. Das Tal soll recht feucht sein. Daher erhielt LONGNY den gewiß ehrenvollen Beinamen "der Nachttopf des Perche"/Pot de chambre. Aus dem französischen Wort wurde im Schwäbischen der "Botschamber". Hier wohnen 1.600 Menschen. Die Verwaltung sitzt in einem Rathaus mit 13 Arkaden. Das war in seinen Anfängen um 1300 mal ein Krankenhaus. Der heutige Bau entsprang einer Restaurierung von 1852. Weiter Rtg La FERTÉ-Vidame/D 11. Eine blumengeschmückte Baumallee verabschiedet uns von LONGNY. Wieder durch einen Wald. Das ist sinnigerweise der Wald von LONGNY. Durch MARCHAINVILLE. Am Ortsrand von MARCHAINVILLE Rtg VERNEUIL ist ein großer Parkplatz mit Tel.-Zelle angelegt. Er hat einen Zugang für Fußgänger zu einem angrenzenden Fischteich oder Fischsee. Dort schöne Picknickmöglichkeit. WOMO-Platz. Die Autozufahrt ist gesperrt. Solche Fisch-Seen treffen wir noch öfter. Sie sind für die örtlichen Angler gebaut und seltener für den Durchgangstouristen zugänglich. Das Pferdedépartement Orne endet. Das Wappen mit Kutsche steht an der Grenze zum Département l' Eure-et-Loir, in das wir jetzt reinkommen. Dieser Landesteil gehört nicht mehr zur Normandie, sondern zur Region "le Centre". Die D 11 wird so zur D 4.

Memoiren über Sex und Laif/life

Diese Ecke war das einstige Lehensgebiet des Herzogs und Schriftstellers Saint-Simon (1675-1755). Er lebte lange am Hofe des absoluten Ludwigs XIV. Seine 80-jährige Lebensspanne umfaßt die Blütezeit der absolutistischen Herrschaft Ludwigs, nach dessen Tod die Regentschaft Philipps für den kleinen Ludwig XV. und endlich den Ludwig XV. selbst. Saint-Simon schrieb in den letzten 30 Jahren seines Lebens seine berühmten Memoiren. Darin gab er manche, pikante Geschichte des Hoflebens weiter. Über den Sonnenkönig Ludwig XIV. urteilte er, daß dessen Geist unter der Mittelmäßigkeit gelegen sei. Des Sonnenkönigs Regierung sei die Herrschaft des niedrigen Bürgertums gewesen.

Der adlige Schriftsteller und Herzog schrieb allerdings auch in dem Gefühl, von der Welt im allgemeinen und von Ludwig im besonderen unter Wert gehandelt worden zu sein. Der geistvolle, alles begreifende, nichts beeinflussende Schreiber haßte eben nichts mehr als den "unfähigen" Mächtigen und die diesen stützenden Spießer. Es graßt eben zu allen Zeitläufen. Mittelpunkt des Saint-Simon' schen Feudalbesitzes war La FERTÉ-Vidame. Es wurde sein Alterssitz. Zu beiden Seiten der

Der alte Festungsgraben in VERNEUIL

anfänglichen Ortsdurchfahrt sind die Schloßruinen und klassisch französischen Parkanlagen des ehemaligen Hofschreibers von VERSAILLES zu sehen. Die Feudalstraße setzt sich fort in der Charles-de-Gaulles-Straße. Zu beiden Seiten der Charles-de-Gaulle-Straße nur Feudal-Ruinen und abgewrackte Klassik. Weiter Rtg VERNEUIL-sur-Avre/D 941. Diese Strecke ist recht gerade wie auch die Gegend nicht sonderlich hügelig ist. So sehen wir schon von Ferne die Türme der Kathedrale von VERNEUIL. Rechts sind Kornfelder mit fast quadratischen Waldstücken dazwischen. Kurz vor VERNEUIL liegt rechts eine Moto-Cross-Anlage. TREBUR/Hessen ist die Partnerstadt.

Unser Tagesziel VERNEUIL/7. 000 Einwohner war im Mittelalter ein gut befestigter Platz, der das französische Kronland gegen die Normandie decken sollte. Teile von Wall und Graben sind noch erhalten. Auf den Wällen - genannt Promenades - kann man schön spazierengehen. Der graue Turm/Tour Grise aus dem 13. Jahrhundert rührt auch daher. Beim empfehlenswerten Stadtbummel fällt der große Marktplatz auf. An der Stirnseite ragt der Turm der Magdalenenkirche 60 m hoch. Das Innere der Kirche ist recht dunkel und verleitet zur Stille. Als wir uns das Kircheninnere ansahen, waren wir ganz allein. In einem solchen Augenblick muß man sich hinsetzen und nur schweigend die Atmosphäre auf sich wirken lassen. Richtung Bahnhof steht das Rathaus, ein Prestige-Bau des 19. Jahrhunderts. Dahinter ist ein nicht sonderlich attraktiver Park angelegt.

Nackt vor dem Freund ?

Während des losen Stadtbummels fällt das Auge auf die Titelseite einer Jugendzeitschrift. Dort teilt die kesse Zwanzigjährige per dicker, fragender Schlagzeile dem besorgten Leser Unerhörtes mit : "Est-ce qu'il nous faut déambuler nues devant nos mécs? Müssen wir vor unseren Freunden nackt herumwandeln?" Gemeint ist wahrscheinlich die einzelne vor ihrem einzelnen. Denn die Zeit der Kollektive ist beendet, wenn sie je so existierte, als möglicherweise die eine Gruppe vor der anderen Gruppe in der jetzt problematisierten Aufmachung herumturnte. Haltende Autos des ruhenden Verkehrs mit laufendem Motor stören die problemlösungssuchende Kenntnisnahme empfindlich.

TAGESFAHRT VIERZEHN

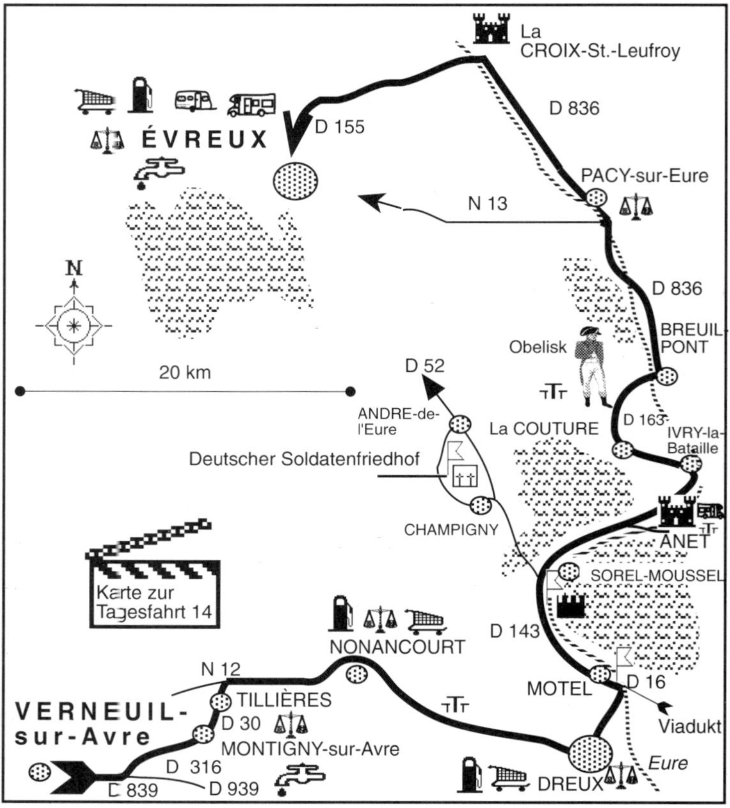

VERNEUIL-sur-Avre - ÉVREUX

Strecke:	**VERNEUIL** * MONTIGNY-sur-Avre * TILLIÈRES-sur-Avre * NONANCOURT * DREUX * MOTEL * MARCILLY-sur-Eure * CROTH * ANET * La COUTURE-Boussey * PACY-sur-Eure * La CROIX--St.-Leufroy * **ÉVREUX**.
Entfernung:	90 km
Besichtigen:	DREUX (1h); Wasserviadukt über die Eure, 10 km nördl. von DREUX; Schloß von ANET (1h); Obelisk d'IVRY (15 min); Tal der Eure bis La CROIX-St.-Leufroy; ÉVREUX (1h).
Picknick:	a) 1 km nach St.-RÉMY an der N 12; b) Rastwiese am Schloß von ANET; c) am Obelisk von IVRY;
Wasser:	a) MONTIGNY, gußeiserne, alte Wasserpumpe100 m westl. des Einganges der Dorfkirche; b) ÉVREUX, vom Rathaus Rtg Parking Leclerc, dann über die Rue d' Isambart in das Quartier Tilly, nach der Schranke rechts Backsteinhaus, Wasserhahn an der kleinen Freitreppe.
Übernachten:	ÉVREUX: Camping; WOMO-Standplatz: Parkplätze in der Innenstadt, z. B. an der Kathedrale an der Rue d' Horloge Rtg Rathaus. Sonst: Picknick (b).
Einkauf 1: + Tanken	Supermärkte in NONANCOURT, DREUX, SAUSSAY, PACY, ÉVREUX.
Einkauf 2: Märkte	DREUX, Mo+Fr; ÉVREUX-Zentrum, Mi+Sa; NONANCOURT, Mi; PACY-sur-Eure, Do; TILLIÈRES-sur-Avre, Fr;ÉVREUX, So; EZY-sur-Eure, So.

Start in VERNEUIL-sur-Avre/ Département 27/l' Eure. Eine aus ostdeutschen Landen bekannte Regelung treffen wir auch in VERNEUIL an, den grünen, blinkenden Pfeil. Er gibt den Weg frei für Rechtsabbieger, wenn geradeaus rot ist. In VERNEUIL Rtg DREUX/ CHARTRES/D 839, dann D 938. Das ist dieselbe Straße nur jetzt im Département 28/l' Eure-et-Loir.

Avre-Tal

Die D 939 führt auf einen Wald zu und in das Tal der Avre. In einem Waldstück von der D 938 nach links Rtg MONTIGNY-sur-Avre auf die D 316. Diese ist recht klein, wohnwagenbreit.

Wasser im Avre-Tal

Durch RUEIL-la-Gadelière. Vorbei an einem kleinen Kirchlein, einem Gehöft, das fast in die Straße hereinfällt. Ein weiteres ist malerisch in Efeu verpackt. Wir fahren in S-Kurven durch das Tal der Avre, über drei Brücken, dem Walde entlang. Links fließt träge die Avre. Der Wald bietet Schatten, während das Tal der Avre sonnenbeschienen ist. Die Avre fließt in einem Wechselspiel von Licht und Schatten. Das Sträßchen streift nicht bloß die Départementsgrenze, sondern auch Ferienhäuschen mit sauber hergerichteten Hecken. Vor uns dampft ein Traktor vor sich hin. Wir erreichen die D 102 nach MONTIGNY. Èin roter Radfahrer keucht. In MONTIGNY ist ein nettes Häuschen am Straßenrand zu kaufen. Die Kirche bildet den Ortsmittelpunkt. Weiter Rtg TILLIÈRES-sur-Avre/D 102. Wir kommen wieder durch den Wald. An einer Fabrik und einem erlesenen Hotel vorbei. Am Wegesrand zeigt sich wieder ein schöner Fisch-See, aber nicht für jedermann zugänglich. BÉROU empfängt uns. Es ist ein Straßendorf, das sich in das Tal reinschmiegt. Links blitzt ab und zu die Avre durch. Ein kleines Schlößchen, ein Dornröschenschlößchen bereichert das verträumte Tal. Weiter Rtg TILLIÈRES/D 30. Dies ist ein Touristenort mit einem Kirchturm mit drei verschiedenen Dachansätzen und 1. 300 Bewohnern. Diese Stätte war im Mittelalter ein befestigter Normannen-Punkt in der Avre-Linie. Die Kirche brannte 1969. Sie wurde wieder hergestellt. Rtg DREUX/ Rtg N 12. Der Reiz der Landschaft verblaßt. Wir sind zwischen Kornfeldern angelangt. La France agricole überall. Rechts lagert ein Waldstück. Inzwischen rollen wir auf der vierspurigen N 12. Eine abrupte Umstellung von dem verträumten Avre-Tal in die breite Betonwelt. Geschwindigkeitsbegrenzung auf 90 km/h. Durch Dörfer mit Geschwindigkeiten bei 40/50 km/h. Durch Le ROUSSET. Ein eingemauertes Waldstück deutet auf alten Adelsbesitz. Die Geschwindigkeitsgrenze pendelt zwischen 50 und 110 km/h. Waldstücke und Kornfelder wechseln sich ab, als ob sie auf dem Reißbrett geplant worden sind. Die Nationalstraße führt an NONANCOURT vorbei, das einst ebenso ein normannischer Stützpunkt war. Heute wohnen dort 1. 800 Menschen.

Dreispurig, reine Nervensache

Die N 12 ist dreispurig mit all den damit verbundenen Reizen. In früheren Jahren waren drei Spuren die Regel. Überholen entpuppte sich als eine reine Nervensache. Über einen Kreisel Rtg DREUX/N 12. Übrigens, auf den kleinen, verträumten Sträßchen sieht man erstaunlicherweise selten ein Wohnwagengespann oder ein Wohnmobil, während sich auf den schnellen Nationalstraßen die Urlaubsfahrzeuge beachtlich häufen. Wieder sorgten Wald und Feld für Abwechslung in der Landschaft. Durch St.-RÉMY-sur-Avre. Jetzt mal vierspurig. Die Gegend wird ebener. So kann man weit übers Feld sehen. Die Tankstellen an der N 12 haben Autobahnpreise. Ein tafelloser Obelisk steht an der N 12. Kein Vorbeifahrender erfährt, an wen er jetzt gerade denken soll. 1 km nach St.-RÉMY liegt ein autobahnähnlicher Rastplatz. Wir schauen uns DREUX an. Die Partnerstadt ist MELSUNGEN in Hessen. Die Innenstadt wirkt etwas eintönig. Mitten drin breitet sich ein großer Parkplatz aus. Die Bedienungsanleitung für den Parkautomat ist echt mittel/west/süd-europäisch-sprachig ausgelegt. Deutsch, Italienisch leuchtet bei Bedarf auf. Die Überwachende des ruhenden Verkehrs macht einen eifrigen Eindruck. Die 36.000 Einwohner zählende Stadt lebt nicht allein davon. Elektro- und Metallbetriebe geben einen mittelständischen Rückhalt. Um den alten Festungsturm/Beffroi - heute Rathaus - herum erstreckt sich die Fußgängerzone. Rtg MANTES/ ANET aus DREUX heraus.

Wir verlassen die Stadt durch einen Straßentunnel. DREUX bedankt sich sogar auf deutsch für unseren Besuch. Links entdecken wir im Vorbeifahren noch eine Kunstausstellung unter freiem Himmel. Wir fahren an der Eure vorbei. Nach links auf die D 16.1/Rtg COCHERELLE/St.-GEORGES-Motel in das Tal der Eure. An dem Wegweiser ist eine ganze Latte von Ortsnamen. Der oberste ist COCHERELLE. Nach fünfhundert Metern sehen wir einen relativ modernen Wasserviadukt über die Eure. Durch St.-GEORGES-Motel. Die D 16.1 wird zur D 143. Wir sind jetzt wieder im Département Eure und so in die Normandie zurückgekehrt. Die kleinen Gemeinden hier längs der Eure haben gewaltige Hügel in den Straßen. So ist die Geschwindigkeit auf 30 unumgänglich, oder fast. Gewiefte einheimische Burschen, war zu beobachten, fuhren auf den Gehweg, wo möglich, und behielten ihr höheres Tempo bei. Gehweg als Mutprobe. Weiter Rtg MARCILLY-sur-Eure/D 143. Die Ecke wird zunehmend touristischer. Zahllose Stromleitungen überspannen die Straße. Weiter Rtg EZY-sur-Eure/ D 143. Endlich taucht mal wieder ein Sonnenblumenfeld am Wege auf. Durch CROTH, das ist mit BRENSBACH im Odenwald verbunden. In CROTH Rtg ANET. Über die Eure zur D 116. Wir verlassen wieder das Département Eure. Der Fluß ist hier Grenze. Am anderen Ufer liegt SAUSSAY und dort ist ein Einkaufs-+Tankzentrum. In diesen Supermärkten dieser Ferienecke laufen während der Urlaubszeit viele Leute mit Zeit herum. ANET begrüßt uns mit einem Gewerbegebiet. Das Schloßdorf ist mit HOHENSACHSEN verbunden. Und dieses

Schloß ist Start und Ende von Diane de Poitiers. Besichtigung der Schloß-Reste: 1. April - 30. Oktober: jeden Tag Führungen, 10h00 - 11h30, 14h30 - 18h30.

Der Liebhaber ist 20 Jahre jünger

Die Attraktion im Leben und so in der Geschichte sind nicht allein Bauwerke. Es sind die Menschen oder wenigstens einige. Hier in ANET treffen wir Diane de Poitiers. Die Dame lebte 1499 bis 1566. Sie starb in ANET. Die Schloßgebäude waren ein Geschenk des französischen Königs Henri II. Seine Zeit: 1519 bis 1559. Er kam bei einem Turnier ums Leben. Sein 11 Jahre jüngerer Gegner, der ihn tödlich traf, war Gabriel Montgomery, Chef der schottischen Palastwache in PARIS. Montgomery schwang sich später zu einer Leitfigur der französischen Protestanten auf. Die waren im damaligen Frankreich ziemlich deckungsgleich mit dem Adel, der gerne gegen den

Reste des Schlosses von Diana. Ihr Wappentier ist der Hirsch.

König revoltierte. Der Monti des 16. Jahrhunderts begegnete uns bereits in DOMFRONT/Tagesfahrt 10. Dort wurde er 1574 kassiert und noch im gleichen Jahr in PARIS enthauptet.

Diane war zunächst Ehefrau des Ludwig von Brézé. Der bekleidete das Amt eines Seneschalls der Normandie und war Herr auf Schloß ANET. Das stellte alles in allem eine mittlere Position in der damaligen Adelswelt dar. Ludwig starb 1531. Diane, jetzt 32 Jahre alt, ging an den Pariser Königshof. Dieses

Alter galt in der Szene als etwas ungeeignet. Die Damen bei Hofe starteten zu diesen Zeiten ihre Karriere meist mit 16-17 Jahren. Noch im 19. Jahrhundert schrieb Balzac ein ganzes Buch, um zu zeigen, daß die Frau um 30 noch voll konkurrenzfähig sei. Doch die entscheidende Wirklichkeit spielt sich hin und wieder im Herzen des Mannes ab. Diane geriet als 32-jährige Witwe in das Blickfeld des Kronprinzen Heinrich. Der Junge war gerade 12 Jahre. Diane im Blickfeld, dabei blieb es zunächst Zwei Jahre später durfte, mußte Heinrich ordentlich heiraten.

Die politische, wirtschaftliche Auserwählte, Katharina, kam aus FLORENZ. Sie war eine Tochter der berühmt berüchtigten, mächtigen Familie Medici. Der Katharina sollen die Damen die Unterbekleidung verdanken. Auf Jagden begnügte sie sich nicht mit dem Damensitz auf dem Rücken der Pferde. Sie schob ihre Rockvielfalt zurecht und ritt los. Unter den weiten Röcken galt Textilfreiheit. So kamen die Jagdherrn in optischen Genuß. Daraufhin gelangte die bis dahin männliche Unterhose, ein Chauvistück aus der Kelten- und Germanenzeit, mutiert in den weiblichen Kleiderschrank und nicht nur dorthin.

1572 beschränkte sich Katharina, nun Königsmutter, weniger auf die Mode. Ihre Intrigen haben eine Mordserie losgetreten. Eine Adelshochzeit in PARIS war als Versöhnung zwischen Protestanten und Katholiken gedacht. Katharina sorgte dafür, daß auf dem Fest über 2.000 protestantische, hugenottische Adlige ermordet wurden. In der Provinz kamen weitere 20. 000 Hugenotten zu Tode. Der Protestantismus in Frankreich war im Unterschied zu Deutschland keine Volksbewegung, sondern eine Angelegenheit des Adels. So gerann die religiöse Auseindersetzung zu den üblichen Machtkämpfen Adel gegen König und den König tragenden adligen Familien. Zurück zu Diane.

Mit knapp 20 schritt Heinrich zur Verwirklichung seines Kindheitstraumes. Er mühte sich um Diane. Die Dame hatte die Vierzig erreicht. Lebensklug und vorsichtig wartete sie ab. Die Szene verfolgte die Szene. Heinrich erzielte Wirkung. Diane wandelte sich. Sie wechselte von der jahrelang gepflegten Trauerkleidung zu fröhlicheren Farben. Sie zeigte, wie ein wacher Zeitgenosse glaubte bemerkt zu haben, "fortes démangeaisons". Das ist "unbändiges Verlangen". Diane lebte nicht den zweiten Frühling, sie wurde zur Frühlingsbotin selbst. Während die örtliche Konkurrenz zwar mit neueren Produktionsdaten aufwarten konnte, war diese ebendrum mit den Erlköniginnen anhaftenden Kinderkrankheiten belastet. Porscheversuchsfahrzeugsfahrerinnen mit Zweitagepraxis. Ganz anders Diane. Sie erahnte, was so ein Mann braucht und setzte auf Rundumversorgung. Alles aus einer Hand. Die reife Kameradin des die Wege des Lebens suchenden Kronprinzen, die sanfte, vieles verstehende, wenn auch nicht alles begreifende Mutter des aus einer politischen Ehe entsprungenen Königssohnes, die langfristig angelegte Gefühlspfade weisende Liebespartnerin, wo Jugendliches nur Kurzsprint mit anschließendem Streckenende offeriert. Sie erkannte sehr wohl ihre Chance, den jungen Mann zu formen. Wurde sie ihm als Persönlichkeit unentbehrlich, heißt das, Diane wird zur politisch wichtigsten Person im Königreich.

Krieg der Damen

Wo soviel Glück, können die Götter nicht untätig bleiben. Der Vater des Kronprinzen, König Franz I., Jahrgang 1494, war selbstredend kein Kostverächter und hatte eine Geliebte, die Herzogin von Estampes, 1508 geboren. Die Geliebte des Vaters war 9 Jahre jünger als die Herzensdame des Sohnes. Des Franzen Meisterin sorgte sich um ihre Macht und Zukunft. Bis zum Tode des Franz I. lieferten die beiden Damen dem Hofe und der Politik Auseinandersetzungen, die unter der Bezeichnung "Krieg der Damen" nur unvollständig umschrieben sind. Da vom Franz in den letzten Jahren seines intensiven Lebens nur noch ein bloßer Schatten übrigblieb, verfügte die schattengeliebte Herzogin über königliche Macht.

Das politische Frankreich spaltete sich fast in zwei Gruppen, für Diane oder für die Herzogin. Als Heinrich als Befehlshaber einer französischen Armee in Flandern gegen die Heere des Deutschen Kaisers Karl V. kämpfte bzw kämpfen ließ, griff Madame Herzogin ein. Sie spielte über Leute ihres Vertrauens dem Deutschen Kaiser Informationen zu. Damit konnte Karl V. die französischen Truppen zurückdrängen und den Kronprinz Heinrich recht unvorteilhaft aussehen lassen. Nach dem Tode des Herrschers verzichtete Diane die jetzt franz- und vogelfreie Herzogin zu vernichten. Vielleicht wollte sie ein Beispiel geben für ein möglicherweise eigenes Schicksal. Der seit 20 Jahren funktional außer Dienst gestellte Ehemann, ein Adliger aus der Bretagne, bot Heimstatt und Heimbett. Er nahm die Herzogin zurück und ließ sich das ihr belassene Vermögen überschreiben. Sie überlebte Diane um 14 Jahre und starb 1580.

Wie es Diane mit der Fitneß hielt, ist überliefert. Jeden Morgen stand die Dame um 6 Uhr auf. Sie erfrischte sich im kalten Badewasser. Dann stieg sie aufs Pferd und ritt 1 Stunde. Sie kehrte um 8 Uhr wieder zurück, legte sich hin, nahm ein leichtes Frühstück zu sich, blieb im Bett und las daselbst

Ergötzliches bis Mittag. Schönheit ohne Geist, ein Rolls Royce ohne Motor. Am Spätnachmittag lief das gesellschaftliche Leben bei Hofe an. Die Liebe des Kronprinzes hielt bestens. Er trug ihre Farben an seiner Kleidung, entwarf ein gemeinsames Monogramm/heute: Logo. Sein "H" vermischte er mit dem "D" von Diane. Dieses Zeichen tauchte während seiner Regie-

Schwan n der Mitte von EVREUX. Lohengrin kam nicht vorbei.

rungszeit an seinen Schlössern, seinen Waffen und sogar an seinem Königsmantel auf. Heinrich verfaßte Gedichte. Er kenne nur Gott und sie, schrieb er Diane, bat, ihr Diener sein zu dürfen, sie solle ihn so nennen. All sein Wohlsein hinge von ihr ab. So Heinrich in Briefen. Der 1547 König gewordene Heinrich II. wollte und konnte auf Diane zeitlebens nicht verzichten. Diane füllte mit dem König und der in dieser Hinsicht duldsamen Königin eine Dreierbeziehungskiste. Als Heinrich 1559 zu Tode kam, war Diane bereits 60 Jahre. Die Heinrichswitwe Katharina ließ ihr das Schloß ANET. Dort starb Diane 1566. Ihre Überreste liegen in der romanischen Dorfkapelle am Ortsrand von ANET im Tombe de Diane begraben.

Der Obelisk im Wald

Am Schloß ist eine große Wiese mit etwas Baumbestand. Dort weitet sich eine touristisch besuchte Park- und Raststraße mit Baumreihe. Keine San.-Anlagen. Das Schloß steht übrigens an der touristischen Protokollstrecke. Weiter nach EZY. Wir müssen zunächst aus ANET wieder raus wie wir reingekommen sind. Rtg IVRY-la-Bataille/D 143. Diese Stadt ist mit Laudenbach/Hessen verbunden. In IVRY verläuft eine Rue des Belles Femmes/Straße der schönen Frauen. In der Nähe steht eine Mehrzweckhalle.

Weiter Rtg PACY-sur-Eure/D 836. Nach IVRY ist auf Gemeindegemarkung ein Fischsee, Zugang mit Parkkarte oder zu Fuß, wenn man am Eingang parkt. Allerdings kaum Schatten. In IVRY Rtg La COUTURE-Boussey/D 833. In La COUTURE nach rechts Rtg EPIEDS/Obélisque d'Ivry/ D 163. Das ist eine kleine Straße, die nach einer Ampelanlage nach rechts abzweigt. Die D 163 ist ein asphaltierter Feldweg. Nach einigen 100 m kreuzen wir eine andere ähnlich kleine Straße und 100 m danach geht nach links in ein Waldstück eine Allee zu unserem gesuchten Obelisk. Neben der historischen Motivation bietet sich dieses Plätzchen als netter Rastort an. Die Baumallee ist schön schattig. Es weht ein angenehmer Wind. Der Obelisk ist in einem Kreis von Bäumen aufgestellt. Hier ist die Stätte, wo sich Heinrich IV. aufgehalten hat. Währenddessen legte er sein Haupt auf dieses Stückchen normannischer Erde. Und zwar am Abend der Schlacht von IVRY am 14.3. 1590 gegen seine Widersacher. Napoleon noch Erster Konsul, seiner Vorstufe zum Kaiserdienstgrad, hat Heinrich IV. diesen Obelisk errichten lassen. Heinrich sei, so die Inschrift, siegreich gewesen und zwar gegen die Feinde des Staates. Das waren damals die Katholiken. Napoleon sah das offenbar ähnlich. Und so kann es zu einem Obelisken kommen. Wie ging der gute Heinrich mit dem Liebhaber seiner Frau um? Er ließ den frischen Hauptmann gefangennehmen, an den Füßen aufhängen. Der Kopf wurde dabei eingegraben.

Eure-Tal

Wir verlassen den Obelisk nach links über EPIEDS Rtg GARENNES/D 67, dann Rtg NEUILLY/D 71. 30er Geschwindigkeit. Im Tal ein altes Schlößchen. Durch MOULINS auf der D 71. Dann Rtg LOREY/C 36. In LOREY tasten wir uns über eine Holzbrücke über einen Seitenarm der Eure. An der Holzbrücke überrascht ein idyllischer Uferplatz. Nicht möbliert. Nach BREUILPONT/D 58 und über eine alte Bahnlinie, dort auf die D 836. In BREUILPONT an einem guteingezäunten Fischteich vorbei. Ich wußte gar nicht, daß Fische ohne Zaun so leichtflossig davonlaufen könnten. Die D 836 ist ungemütlich schnell. Durch HÉRCOURT. Rechts das alte Bahngleis. Durch PACY-sur-Eure. Im ständigen Wechsel mit dem Bahngleis. Weiter auf der D 836. Rtg LOUVIERS. Zahlreiche Fischteiche. Wir fahren noch einige Kilometer die Eure entlang. Die D 836 hat abwechselnd Wald. In MENILLES wird gerade farbenprächtig geheiratet. Der Bürgermeister in voller Schärpe empfängt das Brautpaar auf den Stufen des Rathauses. Wir passieren COCHEREL. Dort liegt Aristide Briand begraben. Er war nach dem Ersten Weltkrieg der französische Außenminister. Briand betrieb zusammen mit seinem deutschen Kollegen Stresemann eine Politik der Verständigung und der Aussöhnung zwischen Deutschland und Frankreich. Durch CHAMBRAY bis La CROIX-St.-Leufroy. Dort nach CRÈVECŒUR und weiter nach ÉVREUX.

Der Urlaub geht zu Ende

In der Umgebung der Kathedrale hat es Parkplätze. Die sind nach 19h00 gebührenfrei bis 08h30. An der Kathedrale schwimmen Schwäne in einer reizvollen Parkteichanlage. In der nahgelegenen Fußgängerzone sind zwei nette Straßenlokale. Dort trifft sich die Jugend der Uni-Stadt. Die Atmosphäre ist genau richtig, um die letzte Phase des Urlaubs anklingen zu lassen. Wen die Besichtigungspflicht ruft, soll nicht unerfüllt bleiben. Die Kathedrale steht gleich nebenan. Über die Rue du Horloge, die von der Kathedralennordseite rue Charles Corbeau abzweigt, gelangt man zum Rathaus/Hôtel de Ville der knapp 50. 000 Einwohnerstadt. Das Gebäude steht in der Reihe der Rathäuser des 19. Jahrhunderts, als Frankreich sich und

Europa trutzig sein republikanisches Selbstbewußtsein zeigte. Nahe dem Rathaus fließt der Iton. Das Ufer ist parkähnlich gestaltet. Die Stadt beherbergt neben einer Universität Betriebe der Elektroindustrie und der Autozubehörproduktion. Adieu EVREUX.

Vor der Kathedrale in EVREUX

HINWEISE alphabetisch

- Ablaufphasen
- Anschriften
- Autobahn
- Brot
- Einreise
- Filmen und Fotografieren
- Gas
- Hilfsdienste
- Karten
- Krankenversicherung
- Medikamente
- Öffnungszeiten
- Packliste
- Parken
- Rundfunk
- Telefon
- Unfall
- Verständigung
- Wohnwagen
- Wortschatz
- Wortschatz bio

ABLAUF - PHASEN

1) 6 Monate vor Abfahrt

• Mietvertrag über Wohnmobil oder Wohnwagen abschließen, nachfolgenden Ablaufplan an eigene Bedürfnisse anpassen.

2) 4 Monate

• Festlegung des Termines (2 Wochen vor der Abfahrt) der technischen Überprüfung von Kfz und Wohnwagen bzw Wohnmobil bei der Werkstatt.

3) 2 Monate

~ Zusammenstellen oder Überprüfen der Packliste, Anpassung an den aktuellen Bedarf, ggf „nötige" Käufe tätigen.

4) 2 Monate

• Papiere überprüfen: Personalausweis, Campingcarnet, Grüne Versicherungskarte, Schutzbrief, ggf in Ordnung bringen.

5) 1 Monat

• Zeitungen abbestellen, ggf Auslandskrankenschein E 111 + „Merkblatt für Versicherte, die sich vorübergehend im Ausland/Frankreich aufhalten" bei der Krankenkasse besorgen, ggf Impfungen vornehmen lassen bzw mit dem Arzt absprechen, Anfrage an Krankenkasse, über Leistungen der Kasse und Abrechnungsmodalitäten bei Krankenhausaufenthalt in Frankreich, Karten, Informationsmaterial über das Reiseziel zusammenstellen bzw besorgen, Kopien der Personalpapiere anfertigen lassen jeweils zwei Exemplare, davon eines zu Hause lassen), Nachbarn wegen Haus- und Wohnungsbetreuung ansprechen, falls zum ersten Mal sollte dies früher geschehen.

6) 2 Wochen

• Werkstatt-Termine für Wohnmobil, Kfz und Wohnwagen wahrnehmen, Herstellen der Fahrtüchtigkeit von Wohnmobil oder Wohnwagen. Aufgaben für die restlichen Phasen verteilen bzw zuteilen.

7) 1 Woche

• Wohnwagen bzw Wohnmobil reinigen, ausländische Zahlungsmittel besorgen.

8) 4 bis 2 Tage

• Wohnwagen, Kfz bzw Wohnmobil technisch aufrüsten und nach Packliste einräumen, Ablaufplan und Packliste in Ruhe durchlesen, ob etwas fehlt oder unterlassen wurde. Erledigtes streichen.

9)1 Tag vor der Abfahrt

• Tanken, Wasser einfüllen, Mülleimer leeren, Haustier abgeben, Blumen versorgen, Antennen herausziehen, dringendste Rechnungen bezahlen. Nächste Anverwandte ggf informieren.

10) Abfahrtstag

• Packliste Abfahrtstag ausführen, Wasser abstellen, Kühlschrank abstellen, Türen von Terrassen und Balkon verschließen, Fenster verschließen, ggf Zeitschaltuhr für Lampen) einschalten, alle elektrischen Geräte abstellen, Gas abstellen, Haus- / Wohnungstüre verschließen, Schlüssel dem Nachbarn geben und sich mit Übergabe eines Papiers mit Reiseziel, Rückkehrdatum, Autokennzeichen und eventueller Erreichbarkeit verabschieden. Checkliste Ankuppeln (s. Wohnwagen) sorgfältig ausführen. Im Auto nochmal Packliste Abfahrtstag, Checkliste Haus / Wohnung, Checkliste Wohnwagenankuppeln überprüfen. Erledigtes streichen.
Die Fahrt soll man langsam und in Ruhe beginnen. Das heißt, keiner hat das Recht, aus Lust und Tollerei auf Kosten der Nerven der Mitfahrer verrückt zu spielen. Nach 10 km soll man halten und das Gespann und das Innere des Wohnwagens kontrollieren. (s. auch Kontrolle unterwegs)

• Grundsatz: Der Urlaub beginnt mit dem ersten Meter - und zwar für alle!!

ANSCHRIFTEN

Französisches Fremdenverkehrsamt (Tel. 06975-60830)
Postfach 1001 28
D 60001 Frankfurt 1

Französisches Verkehrsbüro (Tel. 022 328610)
2 rue Thalberg
CH 1201 Genf

Anfragen an einzelne Gemeinden können an das office du tourisme der Gemeinde gerichtet werden. Die nötige Postleitzahl ist die Nummer des Département (s. Karte Normandie).

Trödelmarkt in CIERRY bei EVREUX

AUTOBAHNEN

Die Autobahnen sind in Frankreich halbstaatlich gebaut und verwaltet. Ihre Benutzung kostet Gebühren (péage), die an Mautstellen/barrières de péage abkassiert werden; zu zahlen in bar oder - auch bei kleinen Beträgen - mit Kreditkarte/carte bancaire (cb).Mit Kreditkarte ist für Gespanne und Wohnmobile die Spur rechtsaußen vorgesehen. Ratsam ist auf jeden Fall, den nötigen Betrag in bar bereitzuhalten, da die Kreditkartenautomaten der Mautstellen ab und zu ausfallen. Die

Preise werden im Rahmen der allgemeinen Inflationsrate angepaßt. Gespanne/attelage/caravane fahren in der Preisklasse 2, Wohnmobile/ Camping-Car in der Klasse 3. Im Großbereich PARIS sind die Autobahnen gebührenfrei.
Wer preiswert tanken will, soll sich von Supermarkt zu Supermarkt außerhalb der Autobahn durchtanken.
Ungefähr alle 2 km steht eine gelbe, nummerierte Notrufsäule. Der kostenlose Anruf führt zunächst zur Polizei, kann aber bei Bedarf das Rote Kreuz/Samu, die Feuerwehr/pompiers oder einen Abschleppdienst/dépanneur erreichen. Die Tarife für den Abschleppdienst sind weitgehend einheitlich.
Alle 10 bis 15 km sind großzügige Parkplätze eingerichtet. Diese verfügen über Wasser und - oft verschmutzte - Toiletten. An Parkplätzen sollte man jedoch nicht übernachten. Hier drohen Überfälle. Es kommt nicht pausenlos vor, aber es kommt vor! Die Autobahnauffahrten/ausfahrten sind nummeriert und liegen mitunter weit auseinander. Wenn eine Straße eine Autobahn kreuzt, muß dort noch lange nicht eine Auffahrt sein. Hier gilt es, sich genau auf der Karte zu informieren. Richtungsschilder zu Autobahnauffahrten sind bis zu 40 km davor bereits aufgestellt.

Die Raststätten/Aires an den Autobahnen (Achtung, mit "aire" wird in Frankreich alles angekündigt, von dem vergammelten Parkplatz an einer Provinzstraße bis zur besten Autobahnraststätte) sind aufwendiger als in Deutschland gebaut. Alle 30 bis 40 km ist eine Raststätte anzutreffen. Neben den Tankstellen werden Mini-Supermarkt, Werkstätte, Restaurant, Toiletten im Mini-Supermarkt + Restaurant, Spielplätze etc angeboten. In den Raststätten sind auch Abschleppunternehmen/Dépannage zu erreichen. Um den Reifendruck kostenlos zu überprüfen, stehen "gonflage"-Vorrichtungen zur Verfügung. Die Sicherheitslage für Übernachtungen ist günstiger.

Bei dreispurigen Autobahnen dürfen Gespanne nur die beiden rechten Spuren befahren.

BADEN

Die **nobleren Badestrände** sind zwischen DIEPPE und ETRETAT und von TROUVILLE-sur-Mer bis CABOURG. Zwischen ETRETAT und DIEPPE herrscht Kies am Wasser vor. An der Côte Fleurie, der Blumenküste zwischen CABOURG und TROUVILLE-sur-Mer treffen wir auf Sandstrände. Vereinzelte heiße männliche Blicke wärmen nackte Brüste. Zum Sonnenbaden kommen eher die Schlechtwetter gewohnten Briten. Das Baden wird im örtlichen Bereich überwacht.
Die übrige Küste des **Calvados** und der **Halbinsel Cotentin** ist eine Mischung von Sand, Fels und Kies. Dort fühlt sich der Camper wohler. Zwar finden die Küstenstreifen vor allem im Sommer immer mehr Freunde, doch wirken diese Strände recht verlassen. Der Badefreund kann jedoch im Notfall ohne Hilfe sein. An der Westküste finden wir die Badeorte St.-PAIR-sur-Mer, CARTERET und COUTAINVILLE.
Die Strände sind Sand- oder Kieselstrände. Isomatten mitnehmen.

Wichtig für Ihre Sicherheit sind die **Warnzeichen der Badewacht:**
•Eine rote Fahne bedeutet, Baden verboten;
•eine gelbe, Baden ist gefährlich, wird aber überwacht;
•eine grüne Farbe heißt, Baden ist erlaubt.
•Die senkrecht rotgestreifte Flagge kündet Sandsturm an.
•Eine schwarz-weiße Fahne sagt, daß nach Wetterbericht vom Baden, Surfen abgeraten wird. Dabei trägt der Badende die alleinige Verantwortung.

BROT

Wenn Franzosen nach Deutschland kommen, verzweifeln sie fast an unserem Schwarzbrot. Ähnliche Erlebnisse haben Deutsche bei einem Besuch in Frankreich: nur Weißbrot. Das berühmteste ist die „baguette" (eingedeutscht: das Baguette oder Pariser Brot). Diese wird zu 200 g und zu 250 g (mit dem Namen,,flûte=Flöte") angeboten und zum staatlich verordneten Preis verkauft. Das Brot zu 500 g ist „le pain". Eine „Flöte" reicht für ein Frühstück mit zwei nicht allzu hungrigen Menschen aus. Das Weißbrot hat nur seinen Reiz, wenn es frisch ist. Nach einem halben Tag ist es allerdings noch gut eßbar. Was uns die Weckle oder Schrippen oder Semmeln oder Brötchen sind, sind für den Franzosen die "croissants". Daß der Verzehr von croissants zum Frühstück erst den Menschen zum Kulturwesen macht, ist ein Gerücht. Aber es stimmt.
Handwerklich hergestellte Baguettes tragen den Schutztitel "pain maison" oder "pain de tradition". Dieses Brot wird gänzlich dort hergestellt, wo es verkauft wird. Als Zutaten sind nur Weizenmehl, Trinkwasser, Küchensalz und Hefe erlaubt. Das Brot darf zu keinem Zeitpunkt seiner handwerklichen Herstellung einem Tiefkühlprozeß unterzogen werden.

EINREISE

Die Grenzen sind fast gefallen. Die Maginotlinie ist außer Betrieb. Die Franzosen räumten ihre bis Mitte 1992 in OBERHOFFEN bei STRAẞBURG und BELFORT stationierten Atomraketen für STUTTGART und WURZBURG in die Keller. Die frisch produzierten Hadesraketen für PRAG und LEIPZIG werden erst gar nicht aufgestellt. Wir fahren nach Frankreich - fast - wie nach MÜNCHEN in Bayern oder MITTELSDORF in Thüringen. Dennoch muß der Personalausweis mitgeführt werden. Dinge des täglichen Bedarfs sind zollfrei. Tabakwaren und Alkoholika sind in kleinen Mengen ebenso problemlos. Für Haustiere mußeine Tollschutzimpfzeugnis von mindestens 1 Monat und höchstens 12 Monaten Geltungsdauer vorliegen.

FILMEN und FOTOGRAFIEREN

Die Filme sind im Touristenland Frankreich nahezu unverschämt teuer. Eine entsprechende Menge lassen sich aufbewahrungssicher im Kühlschrank mitführen. In Kirchen, Museen herrscht aus gewerblichen Gründen oft Fotografierverbot. Man tut's trotzdem.

GAS

Mit manchen Dingen läßt sich nicht spaßen. Dazu gehört das Gas. Preiswert und sicher soll der Gesamtbedarf zu Hause eingekauft werden. Schätzen Sie Ihren Bedarf. Drei Kilogramm reichen einer 4köpfigen Familie mit Kühlschrankbetrieb und gelegentlicher Heizung eine Woche im Sommer. Im Winter kann das für einen Tag reichen. Hier einige Verbrauchszahlen pro Stunde: Gaslicht 35-55g, Kochstelle 135 g, Heizung (12.600 kJ) 30-290g, Kühlschrank 7-10g.
In den kleinen Flaschen befinden sich knapp 5 kg, in den großen knapp 11 kg Propangas. Unser- nicht unbedingt übertragbarer - Erfahrungswert besagt: Zwei 5 kg-Flaschen bzw eine 11 kg-Flasche reichen für 3 Wochen im Sommer allemal.
Während der Fahrt ist der Gasbetrieb, zum Beispiel Kühlschrank, verboten.

Eine juvenile Passantin konnte nicht glauben, daß nur das Auto fotografiert werden soll. Ihre Begleiterin zog sie aus der Perspektive. Gesehen in SÉES.

Zur Sicherheit soll das Behälterventil an der Flasche bei Nichtbedarf immer geschlossen bleiben. Wir schalten nachts und bei längerem Verlassen des Wohnwagens das Gas ab. Der Kühlschrank läuft je

nach Witterung gar nicht oder auf 220 Volt. Tip für Kühlschrank, Kochstelle und Heizung: Bedienungsanleitung in unmittelbarer Nähe ankleben.
Umfassende Vorschriften für den Gasbetrieb - wie Kochen nur bei offenem Küchenfenster etc - sind beim Gasprüfer, der alle zwei Jahre die Gasanlagen überprüfen muß und bei Ihrer Werkstätte erhältlich, ebenso bei der Bedienungsanleitung für Wohnwagen und Wohnmobil zu finden. Es lohnt sich, diese durchzulesen.

HILFSDIENSTE

Polizeiruf (police secours): 17 - Anruf kostenlos
Feuerwehr (pompiers): 18 - Anruf kostenlos
Tel. Auskunft (renseignement): 1 - Anruf kostenlos
Rotes Kreuz (SAMU): 15 - Anruf kostenlos

ADAC-MÜNCHEN: 19-49-89/22 22 22
Pannenhilfe in deutscher Sprache: 05 10 61 06
Deutsche Botschaft in PARIS: (1) 42 99 78 00
Generalkonsulate in NANCY, BORDEAUX, LILLE, LYON, MARSEILLE

Der ADAC hat einen deutschsprachigen Notrufdienst in Frankreich eingerichtet:
PARIS (1) 45 00 42 95, AVIGNON 90 8616 09, von Juni bis September:
BORDEAUX 56 44 46 81, PERPIGNAN 68 35 64 66

Schweizer Botschaft PARIS: (1) 55 03 4 46
Österreichische Botschaft PARIS: (1) 55 59 5 66

Ein Auslandsschutzbrief ist ratsam. Eine Liste der Vertragswerkstätten sollte man sich beim Autohersteller besorgen.

KARTEN

Die im Handel erhältlichen Karten des ADAC, des französischen Instituts Géographique National und die Michelin-Karten entsprechen den notwendigen Anforderungen. Die Fülle der Informationender Michelin-Karten gehen auf Kosten der Übersicht und der Klarheit.

Für die Anfahrt und den großen Überblick empfehlen sich Karten im Maßstab 1 : 800.000 oder 1 : 1 Mio. Für die einzelne Region, so für die Normandie, sind Karten im Maßstab 1: 250.000 notwendig. Das Institut Géographique National **(ign)** hält Karten in diesem Maßstab für die Normandie (102/Top 250) und von 1: 100.000, 1: 50.000 zu 1: 25.000 für Teile der Normandie bereit. Die Karte 1 : 250.000 hat ein ausführliches Ortsregister, ein Verzeichnis aller größeren Museen und -wichtig- **Stadtpläne** der Innenbereiche von 7 normannischen Städten (ROUEN,CHERBOURG, BAYEUX,

Kleine Künstler am Wasserfall im Wald von MORTAIN

LISIEUX, CAEN, Le HAVRE, DIEPPE). **Michelin** bietet eine Karte für einen großen Teil der Normandie im Maßstab 1 : 200.000 (Nr. 102) und Karten im gleichen Maßstab für die Teilbereiche DIEPPE-ROUEN (Nr. 52), Contentin (Nr. 54), ROUEN-PARIS-Le HAVRE-CAEN (Nr. 55), Nordbretagne und Mont Saint-Michel (Nr. 59).

Wie die **Michelinkarten** enthalten die **„cartes ign“** Hinweise auf alle bedeutendere Burgen, Kirchen, Campingplätze, Freizeitparks etc. Dazu bieten sie, im Unterschied zu Michelin, mehrsprachige darunter **deutsche** Erläuterungen an und sind wohl so am ehesten zu empfehlen. **Michelin** hat infolge des Maßstabes 1:200.000 und des Kartenformates keine Karte, wo die ganze Normandie drauf ist. Die Karten sind an den Tankstellen der französischen Autobahnen und an allen Zeitschriftkiosken in Frankreich erhältlich - in Deutschland über den Buchhandel (allerdings etwas teuerer).
Hilfreich ist ein Kurvenmesser mit den einschlägigen Maßstäben. Der Klarschriftmarkierer oder Memomarker erleichtert die Übersicht auf der Karte ganz wesentlich. Karten anderer Hersteller enthalten keine mit cartes- ign oder Michelin vergleichbare Informationsbreite.

KLIMA

Das Wetter ist an der Küste launig und oft recht lausig kalt. Aber Regen, Wind, wir lachen drüber, wenn mit Gummistiefel und entsprechender Kleidung versehen. Die übliche wärmere Jahreszeit, jedoch, gibt es auch in der Normandie. Im Frühjahr zur Blüte der Calvadosbasisgewächse ist der Besuch der rauen Normandiefelsen für den wettergestählten Camp immer eine markige Abwechslung zum beheizten Bürostuhl.

Krankenversicherung

Für **Privatpatienten** läuft es wie in Deutschland. Nur mit dem kleinen Unterschied, der Doktor will sein Geld gleich haben. Seine Rechnung heißt „feuille de soins". Für Krankenhausaufenthalte ist sicher die Klinikkarte nützlich. Doch sollte vor Reiseantritt bei der jeweiligen Krankenkasse die mit einem eventuellen Krankenhausaufenthalt zusammenhängenden Leistungen der Kasse erfragt werden. Die Kosten werden anschließend bei der Kasse eingereicht.

Alle **Kassenpatienten** können bei ihrer Versicherung den europäischen Krankenschein / Auslandskrankenschein E 111 + »Merkblatt für Versicherte, die sich vorübergehend im Ausland/ Frankreich aufhalten" anfordern (Österreich SE 11007). Damit können Sie in Frankreich - nach Bezahlung des Arztes oder des Rezeptes (ordonnance) - zur nächsten Geschäftsstelle der Caisse de Sécurité Sociale gehen (Anschrift beim Rathaus - mairie erfragen). Die zahlt ca 70% zurück. Der Rest muß in Deutschland bei der Kasse eingereicht werden.

Der Krankenschein kann auch direkt bei Ihrer Kasse in Deutschland eingereicht werden.

Eine Zusatzversicherung mit eventuellem Rücktransport ist zu empfehlen. Die Zustände in den französischen Krankenhäusern sollen nicht immer unserem Niveau entsprechen.

MEDIKAMENTE

Das Klima ist wie in Deutschland. Der ADAC-Arzt steht telefonisch zur Verfügung: 19-49-89/22 22 22.

ÖFFNUNGSZEITEN

Einzelhandel

Verbindliche Ladenschlußzeiten wie in Deutschland sind in Frankreich nicht üblich. Der Ladenbesitzer entscheidet selbst, wann er öffnet und schließt. Sonntags dürfen vormittags nur Lebensmittelgeschäfte öffnen.

Lebensmittelläden in der Normandie öffnen morgens zwischen 8 und 9 Uhr. Von 12 bis 14 Uhr oder 14.30 Uhr ist Mittagspause. Gegen 19.30 Uhr ist Schluß. Wenn nach 19.00 Uhr niemand mehr kommt, kann auch zugernacht werden. Das gilt für Montag bis Samstag. Der Einzelhandel und zuweilen auch Supermärkte haben sogar Sonntag vormittag auf. Einmal in der Woche, am Wochenanfang oder am Samstagnachmittag, haben die Geschäfte geschlossen.

Gastronomie

Restaurants öffnen meist nur um die Mittagszeit (12-14 Uhr) und gegen Abend (19-21 Uhr). Das sind auch die Essen~ zeiten in Bar/ Cafés. Sonst sind Cafés ebenso wie die Geschäfte den Tag über geöffnet. In den Einkaufszentren, den (centres commerciaux oder grande surface), sind in DIJON und NEVERS vorhanden. Dort werden

Eigentlich wollte ich Ihnen Gute Fahrt wünschen. Aber Hannah ist halt hübscher, sagt sie.

TELEFON

Wie bei uns ist die Telefonkalte, die télécarte, in Frankreich voll im Durchmarsch. Der Münzfernsprecher ist die seltene Ausnahme. Die télécarte ist in Tabakgeschäften (tabacs), bei der Post und an Bahnschaltern zu kaufen. Dort hängt das Schild: TELECARTE EN VENTE ICI. Es werden Telephonkarten mit 50 und 120 Einheiten angeboten. Wenn man von der Provinz in die Pariser Region telefoniert: 16+1 +Teilnehmer. Sonst in Frankreich: Départementsnummer + Teilnehmer. Die Départementsnummer sind die letzten beiden Ziffern der Autokennzeichen. Um ins deutschsprachige Ausland zu gelangen, wählt man die 19, dann für Deutschland die 49, für Österreich die 43, für die Schweiz die 41, dann die Ortskennzahl ohne die Null, dann die Rufnummer des Teilnehmers. Beispiel Stuttgart: 19-49-711-Teilnehmernummer.

Auslandsgespräche (Volltarif): Die Minute kostet für Deutschland, Schweiz 4,50 FF (Tarif A), für Österreich 6,57 FF ~Tarif B)

Achtung Schleichreklame. Doch Logistik ist alles.

Billigtarif: 3,04 FF pro Minute (für Österreich 4,38 FF) von Montag bis Freitag 21h30-08h00, am Samstag von 14h bis Montag morgens 08h00 .
Inlandsgepräche (Volltarif): Ortsgespräche pro 6 Minute 0,80 FF, bis 100 km: 2,19 FF, über 100 km Entfernung: 2,92 FF jeweils pro Minute.
Billigtarif: Reduzierung von 30%: Mo bis Fr. 12h30-13h30 und 18h00 - 21h30, Samstag 12h30-13h30
von 50%: Mo bis Fr. 21 h30 - 22h30 und Sa 06.00 - 08.00 Uhr, 1 3h30-22h30, Sonntag 06h00-21 h30 und
Reduktion von 65% täglich von 22h30 - 06h00. (alles Stand 1994)

Der Fortschritt rast. So taucht mitten in irgendeinem Dorf eine Telefonzelle auf, in der man angerufen werden kann. Nach Frankreich kommt man von Mitteleuropa mit der Vorwahl 0033, dann die Nummer des Departements, dann die Teilnehmer-Telefonzellennummer (außen und innen angegeben). Für die Pariser Region 0033+16+1 +Teilnehmer. Auskunft (renseignements) 12, **Polizei (police) 17**. etc (s. Hilfsdienste)

UNFALL

Gleich zu Anfang: Eine Rechtsschutzversicherung, die Verkehrsrechtsschutz gewährleistet, sollte schon sein. Bei Bagatellschäden taucht in Frankreich die Polizei nicht auf. Das Wichtigste ist, herauszubekommen, mit wem man es zu tun hat. Dazu genügt ein ausführlicher Blick auf die Windschutzscheibe. Dort finden sich Versicherungsgesellschaft und Versicherungsnummer. Aufschreiben! Zur Unfallaufnahme sind Fotoapparat, Skizze und ein Aufnahmevordruck empfehlenswert. Der französische Halter ist laut Gesetz mindestens bei Personenschäden mit 1,5 Mio DM und bei Sachschäden bis 893.000 DM versichert. In Frankreich gibt es wie in Deutschland die Möglichkeit, ein gemeinsame Unfallaufnahme zu machen, das constat amiable d'accident automobile. Vorsicht bei der Unterschrift. Die Ansprüche an den Unfallgegner sind bis heute nur über einen französischen Rechtsanwalt durchzusetzen. Die Herrn und Damen arbeiten für teures Geld. Der Unschuldige muß seinen Anwalt selbst bezahlen, nicht der schuldige Gegner. Kosten für ein Gutachten werden - so liest man - ersetzt. Mietwagenanspruch besteht nur bei beruflicher Nutzung

Ein gemeinsames Unfallprotokoll constat amiable d'accident automobile ist empfehlenswert. Der ADAC hält dafür mehrsprachige Vordrucke bereit. Jeder Unfallpartner sollte ein solches Unfallblatt ausfüllen. Die Zeichnung sollte zweifach angefertigt werden und - falls alles einvernehmlich verläuft - müssen die Unfallgegner jeweils auch beim Blatt des Gegners unterschreiben.

VERSTÄNDIGUNG

Von der Normandie aus wurde mal England erobert und die Angelsachsen mußten sich Herren und Damen unterwerfen, die damals nur französisch sprachen. Das ist lange her. Heute sind die englischsprachigen Touristen in der Normandie die stärkste Gruppe. Und die können meist nur Englisch. So ergibt sich die für Frankreichs Lande kuriose Lage, daß einige Franzosen mit Englisch ansprechbar sind. Wenn sie am Geldtopf der Touristen hängen, verstehen und sprechen sie es bisweilen überraschend gut. Falls Sie aber beim Französischen bleiben wollen, oder mit sicherer englischer Grundlage reisen woller, kann ein kleiner Sprachführer nützlich sein. Mir gefallen die Sprachführer Englisch (ISBN 3-468-22122-3) oder Französisch von Langenscheidt (ISBN3-46822152-5). Sie sind mit 10 x 15 cm in einem handlichen Format. Der Inhalt deckt die meisten, normalen Urlaubssituationen mit Redewendungen und einschlägigem Wortschatz. Etwas Grammatik, ein kleines Wörterverzeichnis ergänzen

den auf Urlaubssituationen aufgebauten Sprachführer.
Die in der Reiseführern angebotenen Sprachhilfen lesen sich zwar ganz gut und wirken kompetent, taugen aber im Anwendungsfalle nichts. Da sie mehr als Nichts sind und weniger als etwas. Zudem kann jemand, der kein Franz. kann, mit der Aussprache nichts anfangen und der Franzose noch weniger, wenn er sie hört. Geeignetes Mittel ist das Wörterbuch. Im Zweifelfall langsam und gestenreich deutsch sprechen und konkret im dt-frz/frz-dt Wörterbuch bzw Sprachführer zeigen, was man will. Im Rahmen der Psychologie kann man sich gut verständigen, wenn man sich sicher und normal ausdrückt. Und das geht am besten in der Muttersprache. Zahlen immer schreiben bzw aufschreiben lassen. Block und Bleistift bereithalten.

WOHNWAGEN

Für die Abfahrt soll für das Gespann eine Checkliste angelegt werden. Die ist nach jeder Rast sehr nützlich. Am besten wird die Liste an die Innenseite der Wohnwagentüre angeheftet und vor jeder Abfahrt danach verfahren.
Zu überprüfen:
Dachluke schließen, Tische herunterlegen, Hängelampen abnehmen, Schranktüre verschließen, Fenster zu, Gas zu, Kühlschrank verriegeln, ggf Antenne einziehen, Ersatzzündschlüssel in den Wohnwagen, alles sonst rutschfest?
Ankuppeln: Stützen hoch, ankuppeln, Kupplung sichern, Bremsseil anlegen,
Handrad hoch, Elektrokabel einstecken,
Handbremse lösen, ggf Stabilisatoren anlegen,
Zugfahrzeug: Außenspiegel einstellen, Beleuchtungsprobe
alle Mann/Frau an Bord ?? Auf zehn zählen und starten.

WORTSCHATZ

accotement meublé (m) aufgeschütteter Straßenrand
aire de pique-nique (m) Rastplatz
attention aux chiens Warnung vor den Hunden
autres directions übrige Richtungen
bacs à linge Wäschebecken
bacs à vaisselle Geschirrbecken
bande (f) Straßenrand
bande (f) d arrêt d´urgence Notspur auf der Autobahn
barrage Staudamm
berge (f) steile Böschung
bords (m) de l' Orne Ufer
bouchée (f) Stau
camping municipal (m) Gemeindecampingplatz
camping-car (m) (auch autocaravane) Wohnmobil
carburant (m) Benzin
carte bancaire Kreditkarte
cartouche (f) Stange Zigaretten
cédez le passage Vorfahrt achten
centrale nucléaire (m) Kernkraftwerk

charbon (m) de bois Holzkohle
chariot (m) Einkaufswagen im Supermrkt
chasse gardée (f) privates Jagdgebiet
chasse (f)
circulation alternée (f) Wechselverkehr
créneau(x) de dépassement Überholabschnitt(e)
défense d´entrer Betreten verboten
descente longue et dangereuse lange und gefährliche Abfahrt
dir. = direction (f) Richtung
dispositif expérimental in Orten probeweise angelegte Hindernisse
disque obligatoire (m) Parkscheibe
distributeur de billets Geldautomat
distributeur de tickets Parkautomat
eau potable (f) Trinkwasser
écrévisse (f) Krebs
en service (f) im Betrieb
entrée (f) Vorspeise
essence (f) Normalbenzin
éteignez vos phares Scheinwerfer ausschalten
fauchage (m) Mähen
feu du salage Feuer des Reifungsprozesses bei Käsefabrikation
feux interdits Feuer verboten
fin (f) de chantier Ende der Baustelle
fin de doubler Ende der Überholstrecke
forêt (f) Wald
gazole, gasoil Diesel
gens (m) du voyage Nomaden
gonflage (m) Reifendruckdienst
goudronage (m) Teeren
graissage (m) Schmierdienst
guichet automatique (m) Geldautomat
horodateur (m) Parkautomat
hors gabarit, Übergröße (bei Fahrzeugen) Hinweis vor Brücken, Tunnel und Unterführungen
hypermarché (m) Supermarkt
intermarché (Eigenname) Supermarkt
itinéraire conseillé (m) empfohlene Strecke
des jours fériés (m)
lac (m) See
laissez libre la bande d´arrêt d´urgence Notspur freihalten
libre frei
hors service außer Betrieb
livraisons réglementées Zulieferung eingeschränkt gestattet
maison (f) de la presse Geschäft für Zeitungen und Zeitschriften
mascaret (m) Springflut
mont (m) Berg
obligation de stationner en marche arrière nach vorn einparken
occupé besetzt
office (m) de (du) tourisme Verkehrsbüro
passage protégé Fußgängerüberweg
péage (m) Maut, Mautstelle

pic (m) Berg
piscine (f) Freibad/Hallenbad
prière de ne pas stationner Parken verboten
priorité (f) Vorfahrt
propriété privée (f) Privateigentum
rappel Erinnerungsschild an ein vorausgehendes Verkehrsschild
refuge (m) Haltebucht mit Telefon an der Autobahn
rond point (m) Kreuzung, runder Platz, Kreisverkehr
roulez au pas Schrittfahren
sans plomb bleifrei
sauf rivérains außer Anlieger
serrez à gauche links einordnen
sortie de voitures Ausfahrt für Kraftfahrzeuge
stationnement en épi Schrägparken
stationnement payant gebührenpflichtiger Parkplatz
super carburant Superbenzin
syndicat d initiative Verkehrsbüro (Abk. S.I.)
télécarte Telefonkarte
temple protestant (m) evangelische Kirche
toboggan nautique (m) Wasserrutschbahn
toutes directions (f) alle Richtungen
trafic ralenti (m) Geschwindigkeitsbegrenzung
un train peut en cacher un autre Vorsicht, ein Zug kann einen weiteren verdecken.
utilisez votre frein moteur Motorbremse benutzen
vedette (f) panoramique Ausflugsschiff
véhicules lents (m) langsame Fahrzeuge
vent latéral (m) Seitenwind
vente de fromage de chèvre Verkauf von Ziegenkäse
voie express (f) Schnellstraße
voie piétonne (f) Fußgängerzone
vous n´avez la priorité Vorfahrt achten

biologisch-dynamisch bio-dynamique

WORTSCHATZ bio

Bioabteilung rayon(m) biologique
Biokost aliments(m) de l'agriculture biologique
Bioprodukte écoproduit(m), produit(m) allégé
Butter, fettarm beurre(m) allégé
Fettgehalt teneur (m) en lipides
Heilkräuter herbes(f) médicinales
kalorienarm hypocalorique
Milch, fettarm lait(m) écremé
Müsli muesli(m)
Obst, unbehandeltes fruits(m) non-traités
Reformprodukt spécialité(f) diététique
Sechskornbrot pain(m) aux six céréales
Sonnenblumenkernbrot pain(m) au tourne-sol
Süßstoff, künstlicher édulcorant(m) de synthèse
Umweltschutzpapier papier(m) recyclable
Vollwertroggenmehl farine(f) complète de seigle
Vollkorn céréale(f) complète
Vollkornweizen grain(m) de blé entier

WUPS - der WOMO-Urlaubs-Partner-Service

Regelmäßig zur Vorurlaubszeit liest man sie in Zeitungen und einschlägigen Zeitschriften, die Suchannoncen der Wohnmobilfamilien, die sich nicht allein auf weite Tour wagen wollen:

> Portugal, 4 Wo.Jul./Aug. Wir 42/43/12 männl./ Hund, mit Wohnmobil suchen Begleitfamilie/n mit Kindern 9-13 J. u. eig. Wohnmobil, Tel.....

Ob sie wohl Erfolg haben? Wir wünschen es ihnen!
Was aber sind die Beweggründe für die "Partnersuche auf (Ferien-) Zeit"?
Sie können sich selbst die Gründe zusammensuchen, denn Sie hatten ja auch schon mal diese Idee. Da ist die lange Fahrt mit ihren Tücken, bei der man sich bei Problemen helfen kann. Übernachtungen in einsamer Umgebung - mit einem Partner wäre einem da viel wohler. Gemeinsame Unternehmungen machen viel mehr Spaß; den Grill wirft man abwechselnd an (und nimmt nur einen mit), Einkäufe und Wasserholen, gemeinsam oder im Wechsel, aber nur mit einem Auto; abends, da hat man den passenden Gesprächspartner und ganz wichtig: die Kinder haben Spielgefährten im passenden Alter.
Die Liste der Vorteile gemeinsamen Reisens ließe sich noch erheblich verlängern - und so waren wir auch gar nicht verwundert, daß wir geradezu mit der Nase darauf gestoßen wurden:

„WOMO-Verlag, unternehmt da mal etwas!“

Wir haben uns zusammengesetzt und beraten, entwickelt, verworfen und verbessert. Was wir ausgebrütet haben, läßt sich am einfachsten mit folgendem Sätzchen umschreiben:
Durch WUPS soll jeder Interessent mit geringstem finanziellen Aufwand eine passende Urlaubspartnerfamilie finden!

Um die Unkosten so gering wie möglich zu halten, werden wir zunächst nur einen Einsendetermin anbieten - den 30. April jeden Jahres. Wer bis zu diesem Datum seinen Fragebogen eingeschickt hat, bekommt bereits 14 Tage später einen Computerausdruck zugesandt, auf dem alle Einsendungen verzeichnet sind.
Es liegt nun an jedem einzelnen, den passenden Partner aus den angegebenen Daten, ergänzenden Telefongesprächen oder Briefen zu ermitteln.
Jedem Einsender ist es selbst überlassen, wie viele der aufgeführten Daten er angeben möchte oder nicht (bei uns ist jeder sein eigener Datenschützer).

Wie nimmt man teil?

Fragebogen auf der letzten Seite fotokopieren oder herausschneiden, ausfüllen und im Fensterumschlag an uns einsenden. Wir wünschen Ihnen schon jetzt doppelten Spaß im gemeinsamen WOMO-Urlaub.

ZU-PACKLISTE

Papiere
•Pässe,
•Personalausweise,
•Führerscheine,
•Grüne Versicherungskarte,
•Kfz-Schein,
•Fahrzeugschein Wohnwagen,
•Impfpaß,
•Tierpaß,
•Reservierungsbestätigung von Campingplätzen,
•Kopien der Papiere,
•Bargeld, Brustbeutel,
•Devisen,
•Euroschecks,
•Postsparbuch,
•Kreditkarte(n),
•Auslandskrankenscheine,
•Klinikkarte,
•Schutzbrief,
•Zusatzversicherung,
•Schreibmaterial,
•Bedienungsanleitungen (Womo, Wohnwagen)
•Autohandbuch,
•Campingführer,
•Reiseführer,
•Fremdsprachenlexikon,
•Fahrtentagebuch,
•Kompaß, •Karten,
•Informationsmaterial über Reiseziel,
•neues Werkstättenverzeichnis,
•neues Campingcarnet,
•Reserveschlüssel für Auto und Wohnwagen,
•Checkliste Urlaubsgrüße.

Haushalt
•Wecker,
•Einkaufstasche,
•Kaffee-, Teekanne,
•Geschirr, •Gläser,
•Vesperbrettchen,
•Bestecke,
•Brotmesser,
•Schöpflöffel,
•Schneebesen,
•Töpfe, •Pfanne,
•Sieb,•Topflappen, •Butterdose,
•Flaschentrage, •Thermoskanne,
•Eierbehälter, •Küchenpapier,
•Alufolie, •Nähzeug, •Schere,
•Wäscheleine, •Klammern,
•Waschpulver, •Plastikschüsseln,
•Schuhabtreter, •Handfeger,
•Putzlappen, • Zündhölzer,
•Taschenlampen, •Kerzen,
•Insektenspray, Insektenlampe,
•Moskitogaze (Fenster/Türe),
•Klopapier,
•Toilettenchemikalien, (formaldehydfrei),
•Spülmittel, •Bürste,
•Scheuerpulver, •Geschirrtücher,
•Wasserentkeimungsmittel,
•Müllbeutel, •Mülleimer,
•Tischtuch, •Trichter,
•Rechaud, •Meßbecher,
•Flaschenöffner für Bier- und Weinflaschen,
•Wasserkanister, •Windlichter.

Technik
•Kabeltrommel,
•Verbindungskabel,
•Stecker-Satz,
•Kabelzwischenstück mit CEE-Stecker,
•Doppelstecker,
•Klappspaten,
•Taschenmesser,
•Ersatzbirnen 12 V, 220V
•Ersatzsicherungen,
•Feuerlöscher,
•Leim, 5 cm Schnur,
•gefüllter Werkzeugkasten,
•Gasflaschen (für 11 kg)
•Holzblöcke, Trittstufe,
•ggf Beil, • Säge,
•Wasserwaage,
•Scherenwagenheber für Wohnwagen,
•Radkreuz,
•Kupplungsabdeckplane,
•Kupplungsfett, •Draht,
•Pannenband,

mit Druckmeßgerät,
•Abwasserbehälter
•Ladegerät für Zweitbatterie im Womo oder Wohnwagen,

Toilette
•Hand, Badetücher,
•Waschlappen,
•Tempo-Taschentücher,
•Kämme, Bürsten,
•Rasierzeug,
•Hygieneartikel,
•Empfängnisverhütung,
•Seife, Handwaschmittel,
•Sonnencreme
•Labello,
•Zahnbürste, -pasta,
•Haarwaschmittel,
•Fön

Kleidung
•warme Jacke,
•Turnschuhe,
•Jeans, •Unterwäsche
•Badezeug,
•Gummistiefel, Wanderstiefel,
•sonstige Schuhe
•Sportanzug,
•Socken, Strümpfe,
•Kleider, Röcke,
•Hemden, T-Shirts,
•Pullover.

Für die Nacht
•Schlafanzüge,
•Schlafsäcke,
•Bettzeug.

Campingartikel
•Sonnensegel, •Vorzelt,
•Stühle, •Tische,
•Grill, •Grillzubehör,
•Holzkohle,
•Sonnenschirm,
•Luftmatratze, Luftpumpe,
•Schlauchboot.

Unterhaltung
•Foto/Film/Video-ausrüstung, •Filme
•Kinderspielzeug,
•Spiele für Erwachsene,
•Lektüre, •Cassetten,
•Kassettenrecorder,
•Fahrräder,
•Federball etc.

Apotheke
•Mittel gegen Insektenstiche,
•Husten- und Schnupfmittel,
•Fieberzäpfchen,
•Mittel gegen Durchfall, Verstopfung, Kopfweh,
•Nasen- und Brandsalbe,

•Wunddesinfektionsmittel,
•Sprühpflaster,
•Elastikbinden,
•Salbe gegen Prellungen,
•Fieberthermometer,
•Pinzette,
•Autoverbandskasten o.k.?

Auto
•Wörterbuch, Reiseführer,
•Karten,
•Streckenkarten,
•Zwei Außenspiegel,
•Pannenausrüstung,
•gefüllter Reservekanister
•Brille, •Ersatzbrille (in Frankreich für Autofahrer vorgeschrieben),
•Sonnenbrille,
•1-2 Liter Reserveöl {HD 20W 50),
•Abschleppseil,
•passender Wagenheber,
•Arbeitshandschuhe.

Lebensmittel
•Getränke,
•Wurst-, Fischdosen,
•Fertiggerichte, Suppen,
•Tee, Kaffee,
•Butter, Margarine,
•Brot, Dosenbrot,
•Reis, Nudeln,
•Essig, Öl,
•Gewürze, Zucker, Salz,
•Kartoffeln etc.

Packen am Tag der Abfahrt

- •Papiere,
- •Geld, etc.,
- •Wertsachen,
- •Reserveschlüssel,

Ins Auto:

•Karten, •Reiseführer,
•Streckenkarten,
•Bordverpflegung,
•Mülltüte,
•Brillen,
•Personalausweis,
•Führerschein,
•Fahrzeugschein,
•Tagesgeld,
•Bedienungsanleitungen
•Packliste.

Ergänzungen:

Hannah Simone Maren (links) wünscht Gute Fahrt,
falls es Napoleon zuläßt. Doch wer ist Napoleon ?

Literaturauswahl:
Michelin, Guide vert, Normandie 1 + 2
Speidel, Invasion 1944, Tübingen, Stuttgart 1949
Boussel, Histoires et légendes de la Normandie mystérieuse, Paris 1987
Bédarida Hrsg., Normandie 44, Paris 1987
Faber, Die Normannen, München 1976

STICHWORTE

Ablaufphasen 214f
Alençon 186ff, 191f
Anet 71, 204ff
Anreise 7f
Anschriften 215f
Argentan 176ff
Arromanches 112f
Arthus 158ff
Autobahnen 216
Avranches 134ff
Avre 202f

Baden 217
Barfleur 110ff
Barneville-Cart. 126ff
Bayeux 113f
Bellencombre 31f
Blücher 69
Blutwurst 195f
Bocage 138ff
Brot 218

Caen 92ff
Camembert 86f
Camping 9
Carentan 110ff
Champrebus 142f
Charentonne 80
Château Gaillard 23ff
Cherbourg 126ff
Cotentin 120f
Coutances 134ff

Deauville 92ff
Diane de Poitiers 205f
Dieppe 20ff
Dolmen 132f
Domfront 148ff, 160f
Dreux 200ff

Ecouis 26f
Einreise 218
Eleonore von
Aquitanien 89f
Êtretat 38ff
Eure 210
Evreux 210f

Fähre 63
Falaise 162ff
Fécamp 38ff
Filmen etc 218
Flers 162ff
Flers 164f
Forêt d'Eawy 21ff
Forges-les-Eaux 20ff
Fortune 44

Gas 219
Gastronomie 227
Geld 18
Geschichte 12
Granville 143f

Hannah 227, 236
Haras du Pin 182f
Heinrich II. 89ff
Hilfsdienste 220
Honfleur 92ff

Invasion 100ff

Jeanne d'Arc 74
Jubilee 34ff
Jumièges 54ff

Karl V. 207
Karten 220
Klima 226
Krankenversicherg.
226

L es Andelys 20ff
La Cambe 119f
La Feuillie 27
La Hague 130
Le Havre 54ff
Le Neubourg 79f
Lisieux 76ff
Livarot 87
Lyons-la-Forêt 28f

Manneporte 50
Merville 93f
Modelleisenbahn
169f
Mont d'Huisnes 149f
Mont-St.-Michel 148ff
Mortain 157f

Naturparks 14
normannische
Schweiz 167ff

Obelisk Nap. 209
Öffnungszeiten 226

Packliste 233
Patton 146f
Perche 195f
Pferde 184ff
Pont-d'Ouilly 179ff
Potigny 170f
Pourville 40f

Quettehou 123

Rhododendron 167
Richard Löwenherz
23ff
Rommel 86, 165
Rouen 66ff

Saint-Simon 197f
Sankt Michael 142ff
Schulte Karl M. 174
Sées 176ff
Seine-Brücken 60ff
St.-Valéry 38ff

Telefon 228
Theresia 88
Tiger I 83f

Unfall 229

Verkehr 16
Verneuil-sur-Avre
186ff
Verständigung 229
Veules-les-Roses 43
Vimoutiers 76ff

**Wilhelm der Erob.
113f, 174f**
Wohnwagen 230
WOMO-Super-
wasserstelle 125
Wortschatz 230
Wortschatz bio 232

Wasserfall bei MORTAIN.
Früher wären wir da locker hinaufgeschwommen

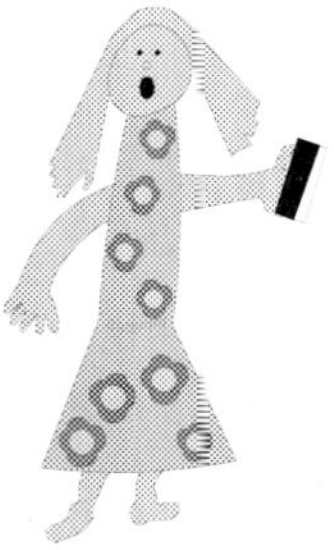

Reisenotizen

Sammler

Nicolas Le Cacheux

12, Rue Paul le Cacheux

F 50310 Montebourg

IHRE BEIDEN STARKEN PARTNER:

Alles über
Test & Technik
Computer-Technik
Reise · Zubehör

* WUPS * * WUPS * * WUPS * * WUPS * * WUPS *

Absender: ☐ Familie ☐ Ehepaar ☐ Frau ☐ Herr

Datum

Unterschrift

WOMO-VERLAG
Urlaubs-Partner-Service

Hornstraße 4

74336 Brackenheim

Wir möchten nicht allein mit dem Wohnmobil verreisen. Nehmen Sie folgende Daten in Ihren WUPS-Computer auf und senden Sie uns die Liste aller Teilnehmer bis zum **15.5.** zu.

Urlaubsland:

Mögliche Reisezeit:

Adresse angeben: ☐ ja ☐ nein

Telefonnummer:

Eigene Altersgruppe:

20	25	30	35
40	45	50	55
60	65	70	75

Alter mitreisender Kinder: Mädchen: Jungen:

Lieblingsaktivitäten:

Wir müssen nicht alle Felder ausfüllen! Ohne Angabe von Tel.-Nummer **oder** Adresse ist jedoch die Kontaktaufnahme unmöglich. Einsendeschluß für WUPS ist stets der 30.4. eines jeden Jahres. Teilnahmegebühr z. Zt. DM 25,-, bitte Rechnung abwarten!

Weitere Bände der WOMO-Reihe:

MIT DEM WOHNMOBIL . . . .

- Durchs ganze Land in vielen Touren.
- Die schönsten Badestrände, die noch nicht jeder kennt – mit uns finden Sie hin.
- Freies Camping – kein Problem!
- Bergtouren für groß und klein.
- 300 Tricks und Tips für Ausrüstung, Reisevorbereitung und Urlaub.
- Ausgefeilte Packliste.
- Die besten Anreiserouten, Fähren, usw. usw.
- Gesicherte Trinkwasserversorgung durch Hinweise auf über 50 Brunnen.
- Die besten Fährverbindungen.
- Genaue Kennzeichnung schöner Bade-, Picknick- und Wanderparkplätze.

ALLGEMEINES WOHNMOBIL-HANDBUCH

- Beratung bei Wohnmobilkauf oder -miete.
- Einweisung in die Gas-, Wasser- und Elektroinstallation.
- Einrichtung des Wohnmobils.
- Tips und Tricks für wohnmobile Wochenende.
- Freies Camping in Deutschland – Stellplatztips.
- Zubehörtips, Ver- und Entsorgungsratschläge.
- Urlaubsvorbereitung mit Profipackliste.
- Tips und Tricks für die große Fahrt mit Informationen über freies Camping in ganz Europa.
- Rezepte f. d. Wohnmobilküche./Ratschläge f. Reisen m. Kindern.
- Mit dem Wohnmobil zum Wintersport./Alle Wohnmobilclubs.
- WUPS – der WOMO-Urlaubs-Partner-Service.
- Adressen der Wohnmobilhersteller, -händler, -vermieter, Campingzubehör, Gastankstellen

Absender:

Datum Unterschrift

WOMO-VERLAG
Versandabteilung
Hornstraße 4
74336 Brackenheim

Wir bestellen:

__ Ex.: Mit dem Wohnmobil nach Griechenland ..... DM 22,80
__ Ex.: Mit dem Wohnmobil nach Nord-Spanien ..... DM 24,80
__ Ex.: Mit dem Wohnmobil nach Korsika ..... DM 22,80
__ Ex.: Mit dem Wohnmobil nach Schweden ..... DM 22,80
__ Ex.: Allgemeines Wohnmobil Handbuch ..... DM 24,80
__ Ex.: Mit dem Wohnmobil ins Elsaß ..... DM 24,80
__ Ex.: Mit dem Wohnmobil nach Sardinien ..... DM 22,80
__ Ex.: Mit dem Wohnmobil in die Toskana ..... DM 22,80
__ Ex.: Mit dem Wohnmobil nach Thüringen ..... DM 24,80
__ Ex.: Mit dem Wohnmobil in die Bretagne ..... DM 22,80
__ Ex.: Mit Wohnwagen/Mobil in die Auvergne ..... DM 19,80
__ Ex.: Mit dem Wohnmobil in die Provence ..... DM 24,80
__ Ex.: Mit dem Wohnmobil in die Pfalz ..... DM 24,80
__ Ex.: Mit Wohnwagen/Mobil durch Burgund ..... DM 22,80
__ Ex.: Mit dem Wohnmobil nach Norwegen ..... DM 24,80
__ Ex.: Mit dem Wohnmobil in den Schwarzwald ..... DM 24,80
__ Ex.: Mit Wohnwagen/Mobil in die Normandie ..... DM 24,80

Unsere Bücher erhalten Sie in jeder Buchhandlung oder portofrei und auf Rechnung direkt vom Verlag. Hier gibt´s auch die aktuellsten Infos über unsere ständigen Neuerscheinungen (Preisänderungen vorbehalten).

Bestell-Telefon (24 Std.): 07135 / 14553, Fax: 07135 / 14652.